Edition
Consulting

Herausgegeben von Prof. Dr. Christel Niedereichholz

Bisher erschienene Werke:

Niedereichholz, Unternehmensberatung, Band 1:
Beratungsmarketing und Auftragsakquisition, 3. Auflage
Niedereichholz, Unternehmensberatung, Band 2:
Auftragsdurchführung und Qualitätssicherung, 2. Auflage
Niedereichholz (Hrsg.), Internes Consulting

Internes Consulting

Grundlagen
Praxisbeispiele
Spezialthemen

Herausgegeben
von

Prof. Dr. Christel Niedereichholz

Professorin für Betriebswirtschaftslehre,
insbesondere Unternehmensberatung

R. Oldenbourg Verlag München Wien

Die Deutsche Bibliothek – CIP-Einheitsaufnahme

Internes Consulting : Grundlagen – Praxisbeispiele – Spezialthemen /
hrsg. von Christel Niedereichholz. – München ; Wien : Oldenbourg, 2000
  (Edition Consulting)
  ISBN 3-486-25470-7

© 2000 Oldenbourg Wissenschaftsverlag GmbH
Rosenheimer Straße 145, D-81671 München
Telefon: (089) 45051-0
www.oldenbourg-verlag.de

Gedruckt auf säure- und chlorfreiem Papier
Druck: Grafik + Druck, München
Bindung: R. Oldenbourg Graphische Betriebe Binderei GmbH

ISBN 978-3-486-25470-9

Inhaltsverzeichnis

Grundlagen

Praxisbeispiele

Spezialthemen

Geleitwort

Steven A. Clark, President,
Association of Internal Management Consultants (AIMC)

Internal Consulting in the United States

In this book you will find examples of how successful corporations in Germany have organized to use internal consultants to effect change and improve performance. Here in the United States, we are seeing more and more companies establish internal consulting units in their firms.

The Association of Internal Management Consultants (AIMC.ORG) was created in 1972, and has more than 200 members in the United States with a growing membership in Canada as well. As President of the AIMC, I have seen many members benefit from networking with their peers and I strongly encourage our friends in Germany to create to interact with each other professionally.

Internal consultants in the AIMC represent a variety of companies. Large, multi-national corporations such as AT&T, DuPont and Dow, regional companies like Tucson Electric in Arizona and public agencies such as the New York City Board of Education all have found value in developing an internal consulting practice. Several of our members are management consultants for the United Nations. What they have in common is the desire and skills to make a difference in their firm.

Interestingly, the internal consulting practices at several firms have become so skilled, they are beginning to offer their services to other corporations – competing directly with external consultants for engagements. Internal Consultants at United Parcel Service and DuPont now offer consulting services to external clients and more companies are expected to follow suit.

The AIMC's research practice has developed a model for establishing successful internal consulting groups which a number of corporations have used to establish in their organizations. More recent research has concentrated on developing measures to demonstrate the value of Internal Consulting Groups. The AIMC also has a professional certification program through which internal consultants can become Certified Management Consultants as well.

As the Corporate Executive Board noted in their 1999 study entitled Strategic Internal Consulting Groups, Developing Organizational Knowledge and Leadership, "companies that formalize their internal consulting activities raise the quality of their strategic service delivery, seed their line ranks with world-class talent and improve their knowledge management systems; these advantages build cumulatively and powerfully across time, culminating in unrivalled organizational insight for SICG Leaders."

The value of internal consulting is growing in recognition in North America and across the world. It provides a competitive edge for firms as they face the challenges of the new millenium.

Vorwort

Immer mehr Unternehmen und Konzerne gründen interne Consultingeinheiten, um bei wiederkehrenden Problemstellungen vom externen Beratermarkt unabhängiger zu werden und Beratungs-Know-how im eigenen Unternehmen zu entwickeln und zu halten.

Das Thema „Internes Consulting" ist in Deutschland hochaktuell, im internationalen Kontext aber nicht neu. In den USA besteht schon seit 1972 ein Verband, der AIMC (Association of Internal Management Consultants) in dem sich ausschließlich interne Managementberater, inzwischen auch aus Kanada, zusammengeschlossen haben. Zwischen diesem Verband, seinem derzeitigen Präsidenten Steve Clark (New Jersey Transit) sowie seinem Vorgänger Vic Revenko (Chevron) und der Herausgeberin besteht seit 1997 Kontakt und Gedankenaustausch. Ihre erste IC-Konzeption hatte die Herausgeberin schon im Jahre 1989 für die Firma Würth in Künzelsau entworfen.

Diese Impulse aus der Praxis haben zu einer Folge von MBA-Dissertations zum Thema Internes Consulting im MBA-Studiengang Internationale Unternehmensberatung an der Hochschule für Wirtschaft in Ludwigshafen geführt. Eine wichtige Erkenntnis dieser Untersuchungen war, dass ein Bedarf an Erfahrungsaustausch zwischen den Mitarbeitern der Unternehmen besteht, die sich mit diesem Thema beschäftigen.

Die Herausgeberin nahm dies zum Anlass, im November 1998 ein Symposium zu veranstalten, zu dem die Unternehmen eingeladen wurden, die sich an den Untersuchungen beteiligt hatten. Am Ende dieser Veranstaltung wurde der Vorschlag zur Gründung eines Arbeitskreises „Internes Consulting (AIC)" nach dem Vorbild des AIMC gemacht. Bereits bei der Anmeldung hatten 30 Teilnehmer ihr Interesse bekundet, Gründungsmitglieder dieses Arbeitskreises zu werden. Der Zusammenschluss soll Plattform sein für Networking und Benchmarking zwischen den Unternehmen unterschiedlichster Branchen, er soll Qualifizierungsstandards, wie den CMC (Certified Management Consultant) vermitteln und eine wissenschaftliche Begleitung nach dem Best Practice-Ansatz fördern. Der derzeit noch lockere Arbeitskreis (Niedereichholz.HAfU@t-online.de), aus dem sich für die inzwischen etwa 300 Mitglieder keinerlei Verpflichtungen ergeben, kann nur die Vorstufe eines Berufsverbandes nach AIMC-Vorbild sein.

Auf Wunsch der AIC-Mitglieder soll zweimal jährlich ein Erfahrungsaustausch stattfinden, wobei die Leiter der IC-Einheiten Räumlichkeiten in ihren Unternehmen bereitstellen. Die wichtigsten Vorträge und Präsentationen dieser Veranstaltungen sollen in weiteren Werken der „Edition Consulting" des Oldenbourg-Verlages dokumentiert werden.

Prof. Dr. Christel Niedereichholz   Heidelberg

Business Plan zur Positionierung einer internen Beratungseinheit

Prof. Dr. Christel Niedereichholz
MBA-Studiengang Internationale Unternehmensberatung,
Hochschule für Wirtschaft Ludwigshafen

Inhaltsübersicht

1   Grundlagen

Interne Beratungseinheiten entstehen in den seltensten Fällen durch eine strategisch geplante Neugründung. Die meisten dieser Einheiten haben eine „Vergangenheit", eine evolutionäre Entstehungsgeschichte, die wesentlichen Einfluß auf ihre gegenwärtige Positionierung im Markt hat. Die unterschiedlichen Beratungsformen, -inhalte und -stile ergeben sich ebenfalls aus dem Ursprung der jeweiligen Einheit. So wird eine interne Consultinggruppe, die aus dem Controlling oder aus der Betriebsorganisation hervorgegangen ist, anders agieren als ehemalige Personal- und Organisationsentwickler oder „Hinterbliebene" eines abgeschlossenen internen Großprojektes. Dies wirft die Frage auf: Wie entstehen eigentlich interne Beratungseinheiten (IBE)?

1.1   Entstehungsgeschichten und Definition

Interne Beratungseinheiten entstehen
– durch Transformation von Stabs-, Linien- oder Serviceeinheiten, oft als Ersatz für Outsourcing (**Beispiel**: Betriebsorganisation/Betriebswirtschaftliche Abteilung in Finanzdienstleistungsunternehmen) [1],
– durch Aufgabenergänzung von Stäben (**Beispiel**: Konzernplanung bei Energieversorgern und Personal-/Organisationsentwicklung bei Automobilherstellern),
– durch Aufgabenergänzung von Geschäftsbereichen (**Beispiel**: Einkaufsabteilung eines Elektrokonzerns berät andere Einheiten in „Procurement & Logistics"),
– durch Institutionalisierung von Projektteams („Hinterbliebene") nach Abschluss eines umfangreichen internen Projektes (**Beispiel**: Porsche Consulting),
– als Kaderschmiede für High Potentials und Wissenspool (**Beispiel**: Pfleiderer, ABB),
– als Vorruhestandsmodell im Sinne von Wissens- und Erfahrungsmanagement für Manager der 1. und 2. Führungsebene (**Beispiel**: Xerox, Sulzer, Deutsche Bank Management Support GmbH),
– als „Puzzle", d.h. das Unternehmen zieht alle Funktionen und Aktivitäten, die Beratung anbieten oder diesem Bereich eng verbunden sind, über mehrere Standorte hinweg zu einer neuen Organisationseinheit zusammen (**Beispiel**: Betrieb „Unternehmensgestaltung" der Telekom).

Das breite Spektrum der Erscheinungsformen des Internen Consultings und die Tatsache, dass einige von ihnen rechtlich selbstständig sind, erschwert eine allumfassende Definition. Um sowohl ein rechtlich selbständiges Unternehmen wie Porsche Consulting GmbH als auch die beratende interne Controllingabteilung fassen zu können, gilt folgende Definition: [2]

Unternehmensintern sind Beratungseinheiten, die – auch wenn sie rechtlich selbständig und auf dem externen Markt tätig sind – der Willensbildung einer Unternehmens- oder Konzernleitung unterliegen.

1.2   Interne Beratungskulturen

Internes Consulting im weiteren Sinne existiert seit dem Zeitpunkt, an dem Unternehmen die ersten Stäbe eingerichtet haben. Stabsabteilungen haben die gleichen Aufgaben wie Unternehmensberater: Sie bereiten Entscheidungen des Mangements vor und unterstützen ihre Umsetzung.

Von dieser Urform ausgehend hat sich die interne Beratung, wesentlich ausgeprägter als die externe Beratung, in zwei kulturelle Richtungen entwickelt, die eng mit dem Ursprung der jeweiligen Beratungseinheit zusammenhängen:

Richtung A:
Internes Consulting als Synonym für Organisationsentwicklung (OE)[3], häufig mit systemischen Ansätzen und den Prämissen:

–   Betroffene sollen den Veränderungsprozeß selbst gestalten:
     Hilfe zur Selbsthilfe,
–   Betroffene müssen selbst Veränderungsregeln bestimmen:
     Betroffene werden zu Beteiligten,
–   Streben nach besserer Qualität des Arbeitslebens durch Erleichterung der individuellen Entfaltung: Humanitär-emanzipatorischer Ansatz.

Der interne Berater sieht sich als „Prozeßbegleiter" oder „Prozeßberater", der das Kommunikationsverhalten der von Veränderungsprozessen Betroffenen beeinflußt, aber keine inhaltlichen Problemlösungshilfen bietet. Der Klient muss die Lösung seines Problems selbst finden und die „Berater" treten weder als fachliche Experten noch als Ratgeber auf. Mit Methoden wie Moderation, Coaching, Supervision und Training versuchen sie das Problemlösungsverhalten der Betroffenen motivierend zu beeinflussen.

Diese Beratungskultur vertreten vor allem die internen Berater, die aus den Funktionen des Human Resource Development heraus entstanden sind, wie zum Beispiel die VW Coaching GmbH und DaimlerChrysler EMD.

Richtung B:
Internes Consulting ist kulturell ebenso ausgerichtet wie externes Consulting. Die Berater sind Experten und entwickeln nach sorgfältiger Analyse des Problembereichs für ihre Auftraggeber inhaltliche Lösungsvorschläge, die realisierbar sind. Sie setzen ihre Lösungsvorschläge um oder begleiten zumindest deren Umsetzung. Durch ihre fachliche und technische Kompetenz sind sie in der Lage, auch externe Klienten zu beraten. Der humanitär-emanzipatorische Beratungsansatz tritt zugunsten einer nutzenorientierten Beratungskultur in den Hintergrund.

Die **Synthese** beider Beratungskulturen ist der richtige Weg: In jüngster Zeit ist es in vielen internen Beratungseinheiten zu einer Verschmelzung beider Ansätze gekommen: Interne Berater, die ihren Ursprung im Controlling oder der Betriebsorganisation haben , eignen sich die soft skills der Organisationsentwickler an und umgekehrt erkunden die Prozessbegleiter die Analyse- und Problemlösungsmethoden der „harten" Experten, um darin auch für sie passende Vorgehensweisen zu entdecken.

1.3 Erfolgsfaktoren und Nutzen

Der Boom des internen Consultings zeigt, dass Unternehmensleitungen weltweit bestimmte Erfolgsfaktoren dieser Leistungsform erkannt haben und darin einen Nutzen für das Unternehmen sehen.

Als wichtigste Erfolgsfaktoren im internen Markt werden immer wieder herausgestellt:

- Innenkenntnis der Kultur, Regularien und Abläufe,
- Kein Know how-Abfluß, bessere Geheimhaltung,
- Offenerer Umgang als mit Externen durch Vertrauen,
- Kürzere Vor- und Anlaufzeiten durch Insiderwissen,
- Verfügbarkeit auf Zuruf,
- Meist beteiligungsorientierter Beratungsansatz,
- Kennen den Betriebsrat und seine Präferenzen,
- Sehen den Schwerpunkt ihrer Beratung in der Umsetzung, auch der Projekte, die vorher von Externen durchgeführt wurden.

Bieten die internen Berater ihre Vorgehensweisen und Beratungsprodukte auch im semi-internen (Kunden, externe Teile der Vertriebsorganisation und Lieferanten) und externen Markt an, so werden folgende Erfolgsfaktoren wirksam:

- Der etablierte, vertrauenerweckende Name des eigenen Unternehmens (es gibt keine, auch im externen Markt agierende interne Beratungseinheit, die darauf verzichten würde),
- Überzeugende Referenzen aus dem eigenen Haus (z.B. die Turnaround-Erfolge der Porsche AG),
- Klima der Kooperation („Wir bringen Euch die gleichen Erfolge, die wir im eigenen Unternehmen erzielt haben"),
- Qualität wird fast automatisch unterstellt,
- Folge: Minimierter Akquisitionsaufwand.

Die spezielle Situation der internen Berater als Teil eines Ganzen ergibt für ihre Klienten und das Unternehmen auch besonderen Nutzen:

- Interne Consultants können sich keine Flops leisten. Im Gegensatz zu externen Beratern, die sich schnell zu einem anderen Klienten zurückziehen können, verbleibt der Interne immer in der Zugriffssphäre seiner Klienten und muss unter Umständen so lange nachbessern, bis das Ergebnis stimmt.
- Als Gehaltsempfänger unterliegen Interne nicht in gleicher Weise dem Akquisitions- und Cash-Flow - Druck wie externe Berater. Dies hat zur Folge, daß sie meist gelassener an die Aufgabe herangehen und sich auch die Zeit nehmen, betroffene Kollegen einzubeziehen und zu motivieren.
- Die Funktion des Internen Consultings stellt eine hervorragende Trainings-Plattform für künftige Führungskräfte dar. In keinem anderen Bereich können High Potentials so viel und so schnell über das Unternehmen in seiner Gesamtheit lernen.

1.4   Hemmnisse

Der Einsatz interner Berater trifft in der Praxis auch auf Widerstände und Vorurteile, die folgenden Bereichen zuzuordnen sind:

a. Insider - Position
– Interne haben meist keine branchen- und unternehmensübergreifende Vergleichserfahrung und sind damit Externen immer dann unterlegen, wenn ihre Klienten und die spezielle Problemstellung gerade diese Expertise benötigen.
– Interne können bei unternehmenspolitisch brisanten Themen nicht herangezogen werden (Ein Top-Manager: „Zum Verheizen holen wir uns Externe!").
– Interne sind der Unternehmenskultur zu stark verhaftet um gravierende Änderungen herbeizuführen.
– Interne sind persönlich nicht bindungsfrei und neutral, dadurch ergeben sich auch bei unkritischen Themenstellungen häufig Konflikte und psychische Belastungen.
– Arbeitszeitregelungen und starker Einfluss der Personalvertretungen verhindern einen Einsatz in gleicher Intensität wie bei externen Beratern.

b. Insider Image
– Der „Philosoph im eigenen Lande" wird nicht so ernst genommen wie der Top-Berater eines der führenden externen Beratungsunternehmen.
– Die Linie blockt ab, läßt sich nur „begleiten" , coachen und motivieren aber nicht wirklich beraten.
– Es gibt Fälle, in denen interne Klienten Negativberichte sammeln, um weiterhin Externe beschäftigen zu können, denn einen Internen zu holen gilt als Billigversion und hat keinen Zusatz- und Geltungsnutzen.

2   Business Plan für interne Beratungseinheiten

Die stufenweise Entwicklung eines Business Plan [4] hat sich in der Praxis für die Vielfalt interner Beratungseinheiten als geeignetes Instrument erwiesen, eine nachhaltige Basis erfolgreicher strategischer Positionierung zu schaffen.
Durch die gemeinsame Erstellung eines Business Plan wird sichergestellt, dass
– kein wesentlicher Aspekt übersehen wird,
– die strategischen Dimensionen ausgeleuchtet werden,
– der weitere Handlungsbedarf transparent wird,
– alle Betroffenen beteiligt werden können.
Selbst schon seit Jahren agierende Beratungseinheiten haben das Nachvollziehen der einzelnen Planungsschritte als hilfreich empfunden, um noch Teilaspekte ihrer Marktpositionierung, die bisher noch nicht ausreichend berücksichtigt worden waren, nachzubessern.
Die Erstellung des Business Plan erfolgt am effizientesten in einem gemeinsamen Workshop über die klassischen Stufen (siehe Abb. 1)
– Analyse unserer Ausgangssituation,
– Entwicklung unseres Strategiekonzeptes,
– Erstellung unserer Marketingkonzeption,
– unsere Finanzen,
– unsere operative Planung.

Maßnahmen

Ausgangssituation	Strategiekonzept	Marketingkonzept	Finanzen
• Wie sind wir entstanden?	• **Grundstrategie** - Vision, Leitbild - SEP	• **Dienstleistungsmix** - House of Competence - Klienten-/Markt-/ Produkt-Matrix	• Finanzplan • Finanzierungsplan • Break even • Budgetierung • Kostenziele • Umsatz- und Ertragsziele, - insgesamt - pro Berater • Rechnungswesen und (Projekt)controlling
• Wer sind wir heute, wer wollen wir künftig sein?	• **Strategische Ziele zur Optimierung der Marktposition** - Bedarfsgerechte Beratungsprodukte - Zufriedenere Klienten - Höherwertige Aufträge - Wettbewerber kennen	• **Distributionsmix** - Leistungsformen - Vertriebswege (Intranet/Internet) • **Kommunikationsmix** - Werbekonzept - Akquisitionsstrategie	
• Klientenstruktur, -bedarf, -anforderungen			
• Dienstleistungen und Märkte			**Operations**
• Mitarbeiterstruktur	• **Strategische Ziele zur Optimierung interner Funktionen** - Rentabilität - Qualitätssicherung - Organisation - Mitarbeiter	• **Konditionenmix** - Tagessatzgestaltung - Interne Verrechnungspreise	• Operative Planung • Auftragsabwicklung • Standardverträge/ Dienstleistungsvereinbarung/AGB • Performance Monitoring
• Wettbewerbssituation			

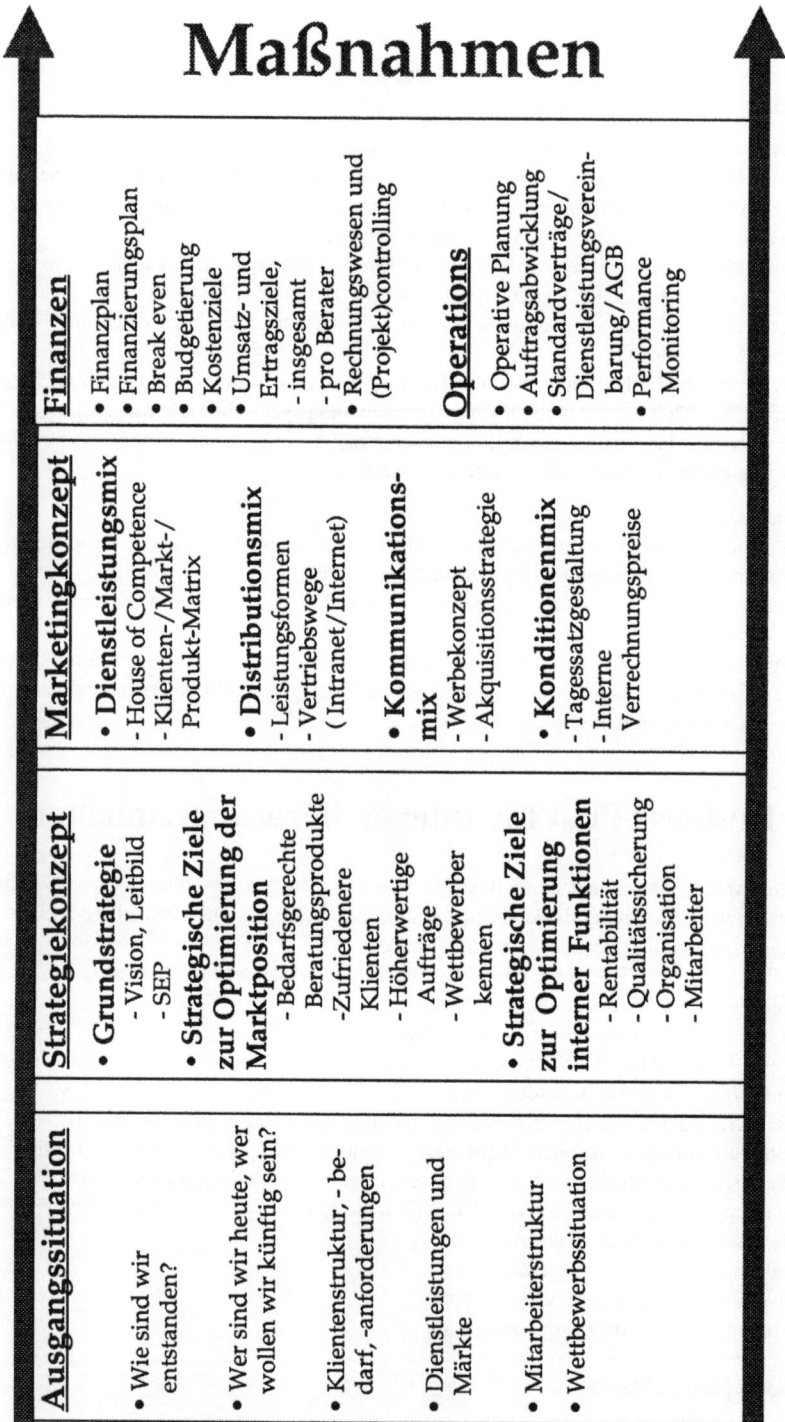

Abb. 1: Phasenstruktur der Erstellung eines Business Plans für interne Beratungseinheiten.

2.1   Analyse der Ausgangssituation

In der Analyse des Ist-Zustandes soll unter anderem Klarheit über folgende Fragen geschaffen werden:
- Haben wir das 100 % Commitment des Managements?
- Wie sind wir entstanden?
- Wer sind wir heute, wer wollen wir künftig sein?
- Wissen wir, wer unsere internen Klienten sind und was sie brauchen?
- Wie ist unsere Mitarbeiterstruktur und -qualifikation?
- Wer sind unsere Wettbewerber?

2.1.1   Analyse des Grundverständnisses

Die einleitende und alles entscheidende Frage ist zunächst:

Haben wir das 100 % Commitment des Managements?
In der Praxis zeigt sich immer wieder, dass sich nur die internen Beratungseinheiten dauerhaft erfolgreich entwickeln, die auf die volle Unterstützung durch das Top-Management bauen können. Leiter besonders erfolgreicher Beratungseinheiten haben Methoden entwickelt, wie zum Beispiel eine Impact-Analyse (siehe Beitrag von Dr. Kayser, Siemens Unternehmensberatung) , durch die sie der Führungsebene immer wieder neu den Wert und Nutzen ihrer Tätigkeit nachweisen können.

Die genaue Analyse der Ausgangssituation ist als Einstieg in die Business Plan - Entwicklung insbesondere dann wichtig, wenn die Beratungseinheit aus verschiedenen Ressorts oder Bereichen zusammengewürfelt wurde (siehe 1.1 „Puzzle"). Es gilt, jede Gruppe dort abzuholen, wo sie steht und Aussagen wie „Es war eine feindliche Übernahme" oder „Wir kannten uns vorher überhaupt nicht und haben keine Ahnung, was die eigentlich machen" zum Anlass zu nehmen, die ganze Gruppe zusammenzuführen und die Frage zu stellen:

Wie sind wir entstanden?
Es geht vor allem darum, durch Präsentationen der einzelnen Gruppen und anschliessende Diskussionen, die unterschiedlichen kulturellen Hintergründe, Wissens- und Erfahrungsbereiche darzustellen, Vorbehalte abzubauen und gemeinsam Synergiepotentiale aufzudecken. Durch die darauf folgende Fragestellung

Wer sind wir heute, wer wollen wir künftig sein?
werden die Aussagen
„Wir sind ...."
„In Zukunft wollen wir..............."
gemeinsam im Konsens ausformuliert. Ziel ist es, ein einheitliches Selbstverständnis in Bezug auf die künftige Positionierung im Unternehmen zu schaffen. Die sich daraus ergebenden Diskussionen sind besonders wichtig für die gemeinsame Willensbildung.

Als unterstützende Gruppenarbeit kann die Aufgabe gestellt werden, gemeinsam für einen internen Klienten ein Angebot auszuarbeiten, das sich auf eine Problemstellung bezieht, die zwangsläufig eine gruppenübergreifende Vorgehensweise erfordert.

1.	Größenklassen nach **potentieller** Beratungsnachfrage	**A** ab:	**B** von: bis:	**C** unter:
	Typische Beratungsnachfrage-Größenklassen bilden und alle internen Klienten diesen Größenklassen zuordnen.			
2.	Interner Klient ist	1 **Aufsteiger** wächst überdurchschnittlich	2 **Mitläufer** wächst im Durchschnitt	3 **Absteiger** stagniert, ist rückläufig
	Jedem Kunden Wachstumsgrad zuordnen			
3.	Bindung an die Interne Beratungseinheit (IBE)	**Stark** Kann ein Stammkunde werden	**Mittel** Wechselkunde, der sich auch von anderen beraten läßt	**Gering** Konkurrenzkunde, wird immer Externe bevorzugen
	Jedem Kunden potentiellen Bindungsgrad zuordnen			

Abb. 2: Dreistufige Klientenbewertung.

2.1.2 Klientenstruktur

Nach dieser Anwärmphase muss das Interesse der internen Berater sofort auf die Identifikation ihrer Klienten und deren Beratungsbedarf gerichtet werden.

Die Klienten werden nicht nur als Gruppe identifiziert („Unsere 86 Geschäftsbereichsleiter"), sondern auch einer dreistufigen Bewertung unterzogen (siehe Abb. 2):

Stufe 1: Die internen Klienten werden nach ihrem potentiellen Beratungsbedarf in die Gruppen A, B und C eingeteilt. Dabei ist es wichtig, nicht die Methodik der klassischen, vergangenheitsorientierten A-, B-, C-Analyse anzuwenden, sondern nach künftigem Nachfragevolumen in Bezug auf Beratungsleistungen zu kategorisieren.

Stufe 2: Die internen Klienten werden nach ihrem eigenen Wachstum und Erfolg plakativ in Aufsteiger, Mitläufer und Absteiger klassifiziert. Diese Bewertung steht in engem Zusammenhang mit dem Beratungsbedarf. Kurzfristig werden vor allem die Absteiger einen hohen Beratungsbedarf haben. Dies sind die klassischen Vorstandsaufträge mit dem Thema „Geschäftsfeldanalyse".

Die interne Beratungseinheit muss trotzdem darauf achten, ein möglichst ausgewogenes Klientenportfolio zu haben.

Stufe 3: Der potentielle Bindungsgrad der Klienten wird eingeschätzt.
Die Ergebnisse der dreistufigen Klientenbewertung werden anschliessend in Klientenportfolios (A-, B- und C-) zusammengeführt (siehe Abb. 3). Durch Diskussion der Zuordnung ein-

Wachstum / Bindungsgrad	1 **Aufsteiger** wächst überdurchschnittlich	2 **Mitläufer** wächst im Durchschnitt	3 **Absteiger** stagniert, ist rückläufig
Stark Kann ein Stammkunde werden	*Geschäftsbereich XZ 3*	*Zweigwerk SB*	*Abteilung SPK*
Mittel Wechselkunde, der sich auch von anderen beraten läßt		*Geschäftsbereich AK 4*	
Gering Konkurrenzkunde, wird immer Externe bevorzugen	*Niederlassung Frankreich* *Geschäftsbereich PL 1*		*Unterabteilung ZKV*

Abb. 3: Das A (B, C)- Klientenportfolio.

zelner Klienten in das Neunerfeld ergeben sich für die interne Beratungseinheit zielgruppenspezifische Akquisitions- und Vertriebsstrategien.

Durch die Zusammenführung der Ergebnisse der Kundenbewertung und der Kundenbedarfs- und -anforderungsanalyse werden die Grundlagen für das nachfolgende Strategie- und Marketingkonzept gelegt.

2.1.3 Interne Marktanalyse zur Beratungsbedarfsermittlung

Bei der Aufstellung interner Beratungseinheiten hat es sich als sinnvoll erwiesen, die strategische Ausrichtung **nicht** aus Sicht der Angebotsseite (Was können wir, was wollen wir anbieten?) zu entwickeln, sondern gezielt auf die Nachfragesituation (Wie ist der konkrete Beratungsbedarf?) auszurichten.

Interne Berater sind in der vorteilhaften Situation, zur Ermittlung des Beratungsbedarfs eine interne Marktanalyse durchführen zu können.

Mit der Befragung potentieller interner Klienten kann nicht nur deren Beratungsbedarf, sondern gleichzeitig auch deren Anforderungen an die Beratungsleistungen (z.B. spezielle Leistungsformen, Umsetzungsanforderung, Beteiligungsorientierung usw.) erkundet werden.

Weiterhin können wettbewerbsbezogene Informationen und imagerelevante Einstellungen hinterfragt werden.

Wenn die Analyse von den internen Beratern im Zuge einer Befragung selbst durchgeführt wird, ergibt sich ein dreifacher Nutzen:

- Ermittlung des Beratungsbedarfs als Basis für die eigene Strategie und möglicherweise notwendige zusätzliche Qualifizierung,
- Befragung als Mittel der persönlichen Akquisition und Positionierung,
- Befragung als Marketinginstrument („Sich bekanntmachen") für die interne Beratungseinheit.

Ein Gesprächsleitfadens zur Ermittlung des Beratungsbedarfs kann folgende Inhalte haben:

1 Imageanalyse

1.1 Was halten Sie grundsätzlich davon, zur Lösung zeitlich befristeter Aufgaben und Problemstellungen Berater einzusetzen? (Allgemeines Beraterimage)

1.2 Was sind aus Ihrer Sicht **imageprägende Faktoren** bei Beratern?

1.3 Wie **erfüllt** die interne Beratungseinheit im Vergleich mit anderen Anbietern diese imageprägenden Faktoren?

2 Bedarfsanalyse

2.1 Welche **Projekte** werden **derzeit** mit Hilfe von Beratern durchgeführt?
- Problemstellung
- Laufzeit
- Honorarvolumen
- Wer sind die Berater?

2.2 Welche **Projekte** sollen **künftig** mit Hilfe von Beratern durchgeführt werden?
- Problemstellung
- Geplante Laufzeit, ca.
- Geplantes Honorarvolumen, ca.
- Beraterauswahl schon getroffen?

2.3 Welche **Projekte** werden **derzeit** mit eigenen Ressourcen durchgeführt?
- Problemstellung
- Laufzeit
- Budget
- Personelle Kapazität ausreichend?

2.4 Welche **Projekte** sollen **künftig** mit eigenen Ressourcen durchgeführt werden?
- Problemstellung
- Geplante Laufzeit, ca.
- Geplantes Budget, ca.
- Geplanter Personaleinsatz
- Quantitative Kapazität ausreichend?
- Qualitative Kapazität ausreichend?

2.5 Welche weiteren **Probleme** bestehen **derzeit**, zu deren Lösung Berater eingesetzt werden könnten? (Frage zum „Problemstau" mangels Ressourcen)

2.6 Welche **künftigen Probleme** zeichnen sich ab, zu deren Lösung Berater eingesetzt werden könnten?

3 Wettbewerbsanalyse

3.1 Wie haben Sie bisher Ihren **Bedarf** an Beratungsleistungen **gedeckt**?
- Welche Problemstellungen (Bedarf)?
- Welche Berater?
- Einsatz eigener Ressourcen?

(Die Eigenerstellung der Beratungsleistung durch den Klienten/ seine Mitarbeiter selbst muß auf jeden Fall in die Wettbewerbsanalyse einbezogen werden)

3.2 Nach welchen **Kriterien** suchen Sie die Berater aus?

3.3 Wie verschaffen Sie sich einen **Marktüberblick**?

3.4 Welche **Wettbewerbsvorteile** haben die anderen Anbieter im Vergleich zur internen Beratungseinheit?

3.5 Welche **Wettbewerbsvorteile** hat die interne Beratungseinheit im Vergleich zu seinen Mitbewerbern?

3.6 Können Sie sich die interne Beratungseinheit als **Vermittler** von externen Beratern, bzw. als zentrale Clearingstelle von Beratungsnachfrage und Beratungsangebot vorstellen?

3.7 Können Sie sich die interne Beratungseinheit als **Controller und Qualitätsmanager** bei externem Beratereinsatz vorstellen?

4 Erfahrungsanalyse

4.1 Was kennzeichnet gute und erfolgreiche Beratung?

4.2 Welche negativen Erfahrung haben Sie in der Zusammenarbeit mit Beratern gemacht?

4.3 Welche Erkenntnisse und Konsequenzen haben Sie daraus gezogen?

4.4 Woran messen Sie Beratungserfolg?

5 Anforderungsanalyse (Erwartungen)

5.1 In welcher **Rolle(n)** sehen Sie den idealen Berater?
- Change Manager
- Vordenker
- Katalysator
- Prozeßbegleiter
- Analytiker
- Konzeptentwickler
- Umsetzer
- Projektleiter/Projektmanager
- Know how - Transferträger
- Coach
- Moderator
- Supervisor

5.2 Welche **Kompetenzfelder** muß ein Berater(team) unbedingt abdecken?
- Branchenkompetenz
- Funktionale Kompetenz (z.B. Logistik, Marketing, Informationsverarbeitung)
- Methodenkompetenz, inkl. Projektmanagement
- Soziale Kompetenz
- Weitere?

5.3 Welche **Leistungsform** der Beratung erwarten Sie?
- Umfassende, konventionelle Beratung mit Vollrealisierung
- Eingeschränkte konventionelle Beratung mit Teilrealisierung oder Realisierungsbegleitung
- Eingeschränkte konventionelle Beratung ohne Realisierung

Märkte (Wo?) / Services (Was?)	intern	semi-intern*	extern
• Inhaltlich- konzeptionelle Beratung mit Schwerpunkt: - - - -	X	X	X
• Prozeßbegleitung/PE/OE	X	X	X
• Coaching	X	X	X
• Training	X	X	X
• Agenturfunktion	X		
• Controlling/ Qualitätsmanagement bei externem Beratereinsatz	X		

* Semi-interner Markt: Kunden, externe Teile der Vertriebsorganisation(z.B. Händler, Agenturen bei Versicherungsunternehmen) und Lieferanten.

Abb. 4: Dienstleistungskategorien und Märkte.

- Prozeßbegleitung / Problemlösungsmoderation
- Coaching
- Supervision

5.4 Wie sind Ihre **inhaltlichen Anforderungen** an die einzelnen Phasen des Beratungsprozesses?

5.5 Erwarten Sie auch nach Auftragsabschluß eine individuelle Kundenpflege durch die Berater? Wie stellen Sie sich diese idealerweise vor?

5.6 Wie sind Ihre **qualitativen** Anforderungen an die Beratung insgesamt?

5.7 **Ökonomische** Anforderungen
- Welche **Tagessätze** halten Sie für branchenüblich?
- Welche **Honorarformen** bevorzugen Sie?
  - Zeithonorar (Festpreis oder variabel nach Aufwand mit Obergrenzen)?
  - Erfolgshonorar
  - Mischform (Grundhonorar + Erfolgskomponente)

2.1.4 Dienstleistungen und Märkte

Durch diese Fragestellung wird analysiert, welche Dienstleistungen gegenwärtig in welchen Märkten angeboten werden und welche weiteren Möglichkeiten sich aus der Auswertung der Marktanalyse ergeben (siehe Abb. 4).

Im internen Markt können, dem Bedarf entsprechend, alle Kategorien von Dienstleistungen der internen Beratungseinheit angeboten werden. In den semi-internen und externen Beratungsmärkten ist naturgemäss die Dienstleistung „Agenturfunktion" und „Controlling/Qua-

Kriterien Mitarbeiter	Alter	Qualifika- tion	Funktion
Modell			
"High Potentials"	bis 32	Absolventen	verschiede- ne
Transformation • Stäbe • Linie	mix	Ergibt sich aus der Kern- kompetenz	Ergibt sich aus der Kernfunk- tion
"Hinterbliebene"	mix	s.o. + Projekt- management	s.o.
Vorruhestand	ab 50	Führungs- kräfte	Senior- Experten

Abb. 5: Mitarbeiterstrukturmodelle.

litätsmanagement bei externem Beratereinsatz" nicht oder nur mit Einschränkungen zu vermarkten.

In der Praxis ist festzustellen, dass gerade diese beiden Dienstleistungskategorien am leichtesten von den internen Beratern zu erfüllen sind, deren Ursprungs- und Kernkompetenz im Controlling liegt (vgl. Beitrag von Herrn Heuck, BASF).

2.1.5 Mitarbeiterstruktur

Interne Beratungseinheiten haben, wiederum in Abhängigkeit von ihrer Entstehungsgeschichte und ganz anders als externe Beratungsunternehmen eine spezifische Mitarbeiterstruktur, die ebenfalls Inhalt der Ausgangsanalyse sein muss (siehe Abb. 5).

Mit diesem Analyseschritt wird die ganze Bandbreite des internen Consultings deutlich. Jedes Mitarbeiterstrukturmodell hat seine spezifischen Stärken und Herausforderungen.

Die Erkenntnisse der internen Marktanalyse zeigen, ob mit der bestehenden Struktur und den damit verbundenen Qualifikationen und Funktionen der Bedarf der Kunden überhaupt erfüllt werden kann, oder ob im Zuge eines Strategiekonzeptes in diesem Bereich Änderungsbedarf entsteht.

Dieser Bedarf kann durch gezielte Qualifizierung der eigenen Mitarbeiter, Anwerbung oder Kooperation mit Externen gedeckt werden.

Wichtigste Wettbewerber	Produkte	Stärken/Besonderheiten	Schwächen
Externe Berater:			
Interne Wettbewerber:			
FAZIT:			

Abb. 6: Bewertung der Wettbewerbssituation aus den Erkenntnissen der internen Analyse.

2.1.6 Wettbewerbssituation

Im Zuge der internen Marktanalyse wird auch die aktuelle Wettbewerbssituation der internen Beratungseinheit deutlich. Dabei stellt sich in vielen Fällen heraus, dass die Annahme, die wichtigsten Wettbewerber seien externe Unternehmensberater, falsch ist. Die häufig überraschende Erkenntnis nach Auswertung der Befragung ist, dass sehr viel ernster zu nehmende Wettbewerber im eigenen Hause sitzen. Besonders in Konzernen werden die weiteren internen Beratungseinheiten, die häufig auch von anderen Standorten aus agieren, auf diese Weise erst „entdeckt". Hier liefert die interne Marktanalyse konkrete Hinweise darüber, wo die Schnittstellen zu diesen anderen Beratungseinheiten liegen oder wo eindeutige Überlappungen bestehen, die in Sondierungsgesprächen bereinigt werden könnten (siehe Abb. 6).

Nur in den seltensten Fällen ist es wie bei der BASF, wo durch das Zentrale Controlling nicht nur alle externen Beratereinsätze koordiniert, sondern auch alle internen Anbieter in einer „Beraterrunde" zusammengeführt werden (vgl. Beitrag von Herrn Heuck).

2.2   Strategiekonzept

Bei der Entwicklung eines Strategiekonzepts beginnt man zunächst mit der Vision, entwickelt dann die Grundstrategie, die aus dem Leitbild und der Strategische Erfolgsposition (SEP)[5] besteht. Daraus werden die auf den Markt gerichteten Geschäftsstrategien und die nach innen, auf die interne Beratungseinheit selbst gerichteten funktionalen Strategien abgeleitet (siehe Abb. 7).

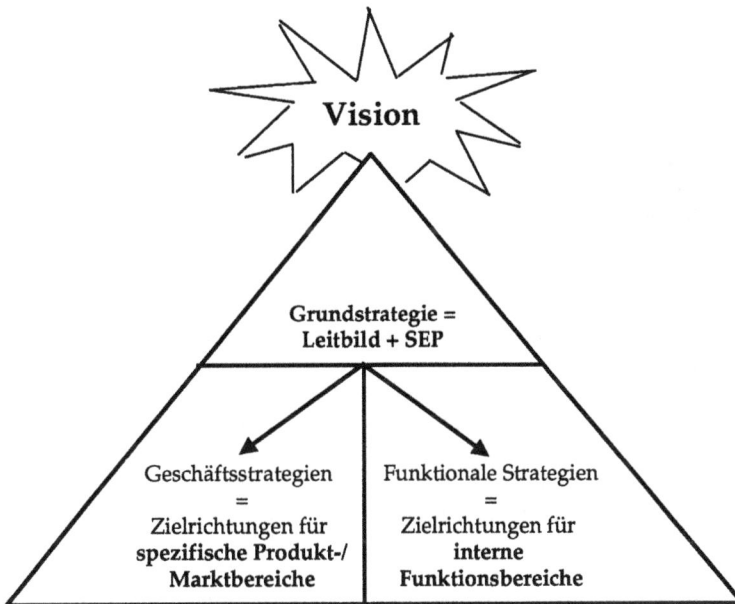

Abb. 7: Zusammenhänge Vision, Leitbild, Strategien.

2.2.1 Grundstrategie

Die Entwicklung der Grundstrategie für die interne Beratungseinheit beginnt mit der Frage nach der Vision. Das Wesen einer **Vision** liegt in den Richtungen, die sie weist. Richtungen sind unbegrenzt und zeitlos, sie münden ins Unendliche. Die Vision ist ein konkretes Zukunftsbild, nahe genug, dass wir die Realisierbarkeit noch sehen können, aber schon fern genug, um die Begeisterung der Organisation für eine neue Wirklichkeit zu wecken. Hinterhuber [6] verwendet das plastische Bild von der wegsuchenden Karawane in der Wüste, deren Landschaftsbild sich in Sandstürmen ständig ändert und die sich schließlich am Kreuz des Südens ausrichtet, um sicher in die Oase zu gelangen.

Dieser Definition entspricht das Beispiel der **Vision** einer neu aufgestellten internen Beratungseinheit, die von den Mitarbeitern in dem schlichten Satz gefasst wird:

Unsere Vision: Wir wollen zu den 20 umsatzstärksten Beratungsunternehmen gehören!

Es fehlt, und das ist richtig, die zeitliche Dimension und die genaue Festlegung, ob der Pro-Kopf-Umsatz oder der Gesamtumsatz gemeint ist.

Das **Leitbild** setzt die Vision in Unternehmensgrundsätze um, durch die auch ethische Werte und Normen kommuniziert werden.

Diese Grundsätze beziehen sich auf

– Zweck, Tätigkeitsbereich und Marktanspruch der internen Beratungseinheit (Auf welchen Märkten wollen wir überhaupt mit welchem Anspruch tätig sein?).

– Verantwortung gegenüber Klienten, Mitarbeitern, Muttergesellschaft (Was wollen wir für diese Interessengruppen leisten?).

– Wirtschaftliches Ergebnisse der Strategien (Was wollen wir zum Unternehmensergebnis beitragen?).

Diesem inhaltlichen Anspruch entspricht folgendes Beispiel:

Unser Leitbild: Wir unterstützen unsere Klienten durch fachlich fundierte Beratung und konsequente Umsetzung bei der Erreichung ihrer Ziele.

Die Beteiligung, Motivation und Befähigung der Mitarbeiter unserer Klienten ist uns ein wichtiges Anliegen.

Durch den Erfolg bei unseren Klienten sind wir die erfolgreichsten Berater in unserem Unternehmen.

Durch die Qualität unserer Arbeit tragen wir wesentlich zu einem positiven Betriebsergebnis unseres Unternehmens bei.

Während sich das Leitbild mehr auf die Tätigkeitsschwerpunkte und Grundausrichtungen der Beratungseinheit bezieht, soll durch die Ermittlung und Stärkung der Strategischen Erfolgsposition (SEP) eine erfolgssichernde Alleinstellung gegenüber den wichtigsten Wettbewerbern erreicht werden.

Die SEP ist definiert als die besondere Fähigkeit oder Stärke, die es der Beratungseinheit ermöglicht, langfristig überdurchschnittliche Ergebnisse zu erzielen und damit besser zu sein als alle Wettbewerber. Die SEP darf vor allem durch externe Wettbewerber noch nicht besetzt sein und muss von diesen schwer angreifbar sein.

Unter diesen Prämissen ist das Beispiel der SEP einer Beratungseinheit lupenrein, die für sich festlegt:

Unsere Strategische Erfolgsposition: Wir sind interne Berater, die das Geschäft ihrer internen Klienten kennen, ihre Sprache sprechen und ihre Probleme verstehen. Dadurch sind wir die Nr.1 für Beratungsleistungen bei der XY AG.

2.2.2   Geschäftsstrategie

Die Geschäftsstrategie oder Geschäftsfeldstrategie legt die nach aussen, in diesem Fall auf den internen, semi-internen und externen Markt, gerichteten strategischen Stoßrichtungen fest, formuliert daraus Ziele und bestimmt Maßnahmen, durch die diese Ziele erreicht werden können (siehe Abb. 8). Dieser sehr pragmatische Ansatz, der auf wissenschaftliche Theorien wenig Rücksicht nimmt, hat sich in der Praxis nachhaltig bewährt.

Bei der Beantwortung der Frage, welche strategischen Stoßrichtungen für ein Beratungsunternehmen oder eine interne Beratungseinheit sinnvoll und ausreichend sind, hat der Guru der Unternehmensberater, David Maister [7)8)] mit einer Minimalversion Hilfestellung geleistet: „If you are making process on client satisfaction, skillbuilding, profitability and getting better business- you've got all strategy you need."

In der Praxis der Strategieberatung von Beratungseinheiten hat es sich als sinnvoll erwiesen, Maisters Minimalvorschlag von je zwei Geschäftsstrategien und funktionalen Strategien um je zwei weitere zu ergänzen (siehe Abb. 8 und 11).

Für jede der Geschäftsfeldstrategien werden zunächst im Konsens **Ziele** festgelegt:

1. **Bedarfsgerechte Beratungsprodukte anbieten**
   – **Wir wollen** bis zum 31. 6. 200X unsere bestehenden Produkte und Methoden dokumentiert und ein Marketingkonzept (siehe 2.3) für den internen und semi-internen Markt entwickelt haben.
   Anmerkung: Bei den meisten internen Beratungseinheiten sind die bestehenden, häufig schon seit Jahren eingesetzten Vorgehensweisen nicht dokumentiert. Wie auch in vielen externen Beratungsunternehmen existieren sie nur in den Köpfen einzelner Mitarbeiter und in der tägliche Anwendung. Eine Dokumentation und Überprüfung der bestehenden

Höherwertige Aufträge akquirieren				
Interne und externe Wettbewerber kennen				
Zufriedenere Klienten haben				
Bedarfsgerechte Beratungsprodukte anbieten				
Maß-nahmen	Verant-wortlich	Termi-ne	Mach-barkeit	Fort-schritts-kontrolle

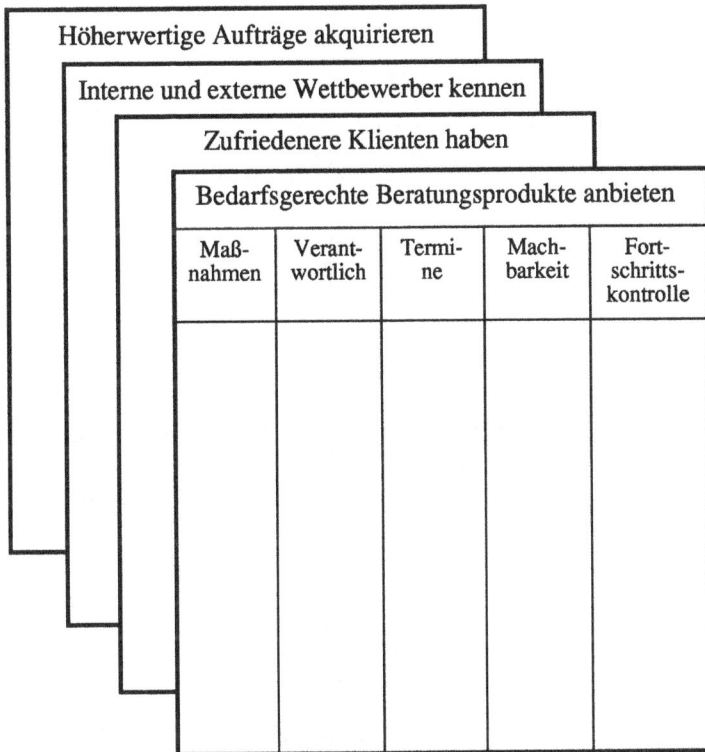

Abb. 8: Geschäftsfeldstrategien und Massnahmenkataloge.

Angebotspalette ist die unabdingbare Basis für die Entwicklung einer Marketingkonzeption (siehe 2.2.3) und das Human Resource Development der eigenen Mitarbeiter.
– **Wir wollen** bis zum 31. 12. 200X bedarfsgerechte, hochwertige Beratungsprodukte und -dienstleistungen marktfähig entwickelt haben und dabei Vordenker sein. Die interne Marktanalyse liefert uns dafür den notwendigen Input.
Anmerkung: Was versteht man eigentlich unter Beratungsprodukten? Beratungsprodukte sind standardisierte Vorgehensweisen zur Lösung von Standardproblemen. Kein Beratungsunternehmen wird bei Standardproblemen der Klienten immer wieder innovativ vorgehen und das Ei des Kolumbus neu erfinden.

Es wird sehr häufig die Frage gestellt, wie eigentlich Beratungsprodukte entwickelt werden, oder wie überhaupt die Forschungs- und Entwicklungsfunktion in Beratungsunternehmen wahrgenommen wird. Es gibt grundsätzlich drei Modelle:

a) Modell Vordenkerfunktion:
Die Produktentwicklung ist in der Art und Weise institutionalisiert, das sich in regelmässigen Abständen Führungskräfte und Senior-Berater zusammensetzen und in einer Kreativitätssitzung ein klassisches Zweistufen-Brainstorming durchführen.
   In der ersten Stufe werden Ideen generiert, auf die Fragestellung, welche Probleme eine bestimmte Klienten- Zielgruppe voraussichtlich in zwei bis drei Jahren hat. Nach einer Ideen-

Ergebnisse der internen Marktanalyse

2- Stufen-Brainstorming:

1. Stufe: Welche Probleme hat unsere Klientengruppe X in 3 Jahren?

- •
- •
- •
- •

2. Stufe: Welche Lösungsansätze können wir heute schon vordenken?

- •
- •**Ansatz A**
- •
- •**Ansatz B**

Eigenprojekte planen, kalkulieren, starten und durchführen

1. Lösungssatz A zu einem Beratungsprodukt entwickeln.

2. Lösungssatz B zu einem Beratungsprodukt entwickeln.

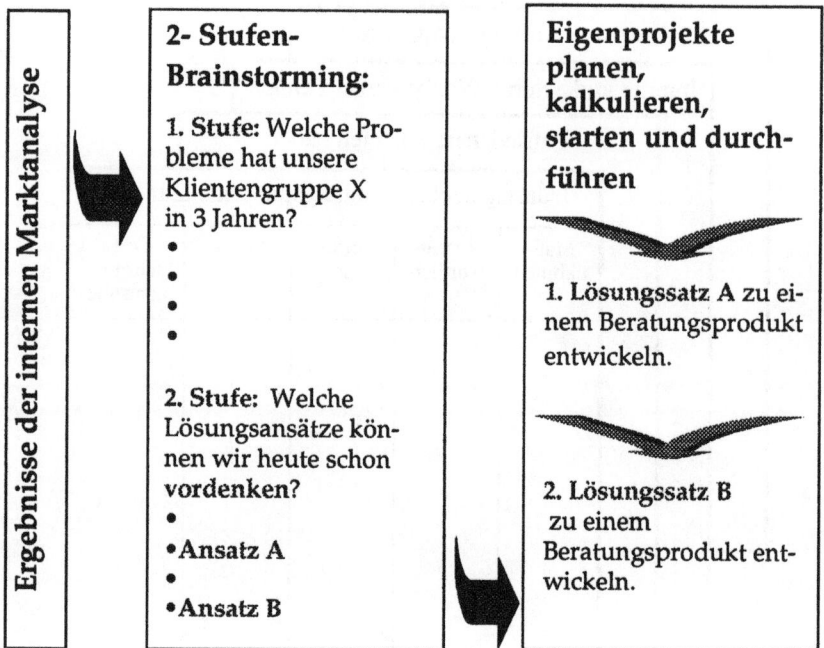

Abb. 9: Produktentwicklung mit Vordenkerfunktion.

sammlung werden die Probleme unter dem Aspekt der Eintrittswahrscheinlichkeit bewertet. Für die 2-3 Probleme mit der höchsten Eintrittwahrscheinlichkeit werden in der zweiten Stufe des Brainstormings Lösungsansätze vorgedacht. Die Lösungsansätze mit dem höchsten Problemlösungspotential werden dann in Eigenprojekten zu Beratungsprodukten weiterentwickelt (siehe Abb. 9). Dabei wird das bei Beratungsprojekten übliche Phasensturkturdiagramm (siehe Abb. 10) mit Inhalten gefüllt.

Interne Beratungseinheiten haben gegenüber Externen den ernormen Vorteil, dass sie bei dem Brainstorming nicht nur auf ihre Erfahrungen und Vermutungen angewiesen sind, sondern durch die gezielte interne Marktanalyse künftigen Beratungsbedarf abfragen können (Vgl. 2.1.3).

b) Modell wissenschaftliche Analyse

Eine weitere Methode zur Entwicklung von Beratungsprodukten ist die Aufnahme und wissenschaftliche Verarbeitung von Trendthemen, die meist aus den USA angeregt werden. Aktuelle Beispiele sind Wissensmanagement und Performance Measurement mit Balanced Scorecard.

Etablierte Beratungsunternehmen bilden bei dieser Vorgehensweise ein Projektteam oder eine Task Force, mit der Aufgabe durch Literaturstudium und ergänzende Gespräche mit Gurus des jeweiligen Trendthemas sich in dieses einzuarbeiten und daraus ein Beratungsprodukt zu entwickeln

Als Denk- und Vorgehensmuster dient auch wieder die Schablone des Phasensturkturdiagramms (Siehe Abb. 10). Je tiefer man in das neue Thema einsteigt, je schneller füllen sich die Felder des Diagramms. Zunächst entsteht ein Vorgehensentwurf, der dann immer weiter verfeinert wird. Selten wird das neue, am grünen Tisch entwickelte Produkt im eigenen Unternehmen getestet. In der Mehrzahl der Fälle wird es sofort im Markt umgesetzt.

Phase	Segment *Was?*	Arbeits-schritt *Was?*	Methoden *Wie?*	Hilfsmittel *Womit?*
1. Voruntersuchung oder Vorbereitung	*1.1 Projektinitialisierung* • •	*1.1.1 Einweisung in die Problemstellung* • •	*Workshop*	*Moderationstechnik*
2. Ist-Analyse oder Diagnose	*2.1 Umfeld - Analyse* • •	*2.1.1 Umfelder und Deskriptoren festlegen* • •	*Szenariotechnik Branchenvergleiche*	*Internet Online-Datenbanken*
3. Soll-Konzeptentwicklung	*3.1 Grobentwurf eines Strat. Frühwarnsystems* •	*3.1.1 Identifikation der "Radarschirme"* • •	*Gruppendiskussion Morphologie*	*Muster Assessments Quervergleiche*
4. Realisierungsplanung	*4.1 Massnahmenkataloge erstellen* • •	*4.1.1 Einzelmassnahmen formulieren 4.1.2 Machbarkeit prüfen*	*Workshop Gruppenarbeit mit Massnahmenverantwortlichen*	*Formulare Massnahmenkatalog Fortschrittskontrollblätter*

Abb. 10: „Schablone" für die Entwicklung von Beratungsprodukten.

c) Modell Development by Doing

Die älteste und verbreitetste Form der Produktentwicklung ist die, sich dem Problem eines Klienten zu stellen, ohne von dessen inhaltlichem Lösungsweg eine Ahnung zu haben. Ist der Berater der festen Überzeugung, dass auch der Rest der Beratungsbranche von dem Lösungsvorgehen keine oder nur eine schemenhafte Vorstellung hat, so wird er, praktisch am lebenden Objekt, sich nur durch Methodeneinsatz Schritt für Schritt zum vereinbarten Beratungsergebnis vortasten. Auch in diesem Fall wird wieder das Denkmodell des Phasensturkturdiagramms genutzt. Der Vorteil dieser Vorgehens, das in der Praxis schlicht mit „Blut, Schweiss und Tränen" umschrieben wird, liegt darin, dass bei erfolgreicher Durchführung praktisch ein neues Beratungsprodukt entstanden ist. Der Berater entfernt dann von dem Skelett der inhaltlichen und methodischen Vorgehensweise die klientenspezifischen Details, er macht praktisch das Phasensturkturdiagramm klientenneutral. Die neue inhaltliche Problemlösungsmethode, das Beratungsprodukt kann dann allen Klienten in gleicher Problemsituation angeboten werden. Der Marktvorsprung beträgt etwa zwei Jahre.

Aus den beiden Zielformulierungen „Wir wollen..." werden durch die Frage „Wie erreichen wir das?" Massnahmen generiert, ohne dass dabei ein logischer Bruch entsteht.

2. Zufriedenere Klienten haben
– **Wir wollen,**
   – dass der Klient umfassend über die Beratungsleistung informiert wird,
   – den internen Klienten seinen Vorstellungen entsprechend betreuen,

- dass der Klient in der vereinbarten Zeit, zu den abgestimmten Kosten das erwartete Beratungsergebnis erhält,
- unseren Klienten gegenüber ein neues, eigenständiges Profil entwickeln,
- Faktoren, die aus Sicht unserer Klienten imageprägend sind, besonders beachten.

Anmerkung: Wesentliche Hinweise für dieses strategische Ziel und seine Subziele liefert auch in diesem Fall wieder die interne Marktanalyse. Darin werden sowohl Anforderungsprofile als auch imageprägende Faktoren hinterfragt.

3. Interne und externe Wettbewerber kennen

- **Wir wollen** bis zum Jahresende unsere Wettbewerber noch genauer identifizieren, sie beschreiben und uns mit ihnen vergleichen. Intern tätige externe Berater wollen wir verdrängen, interne Wettbewerber wollen wir in ihrem Angebot nutzenstiftend ergänzen und dabei unseren eigenen Marktanteil erhöhen.

Anmerkung: Bei der Formulierung von Wettbewerbsstrategien wird meist zwischen drei Kategorien von Wettbewerbern unterschieden: Interne, dezentral agierende Wettbewerber, externe Berater, die im eigenen Unternehmen tätig sind und externe Berater, die bisher noch nicht im eigenen Unternehmen tätig waren, aber eine vergleichbare Angebotspalette haben und deshalb in den drei Marktsegmenten intern, semi-intern und extern künftig als Wettbewerber auftreten könnten.

4. Höherwertige Aufträge akquirieren

- **Wir wollen** bis zum Jahresende bei unserem Top-Management und beim Top-Management von externen Grosskunden mindestens je 3 Aufträge akquiriert haben.

Anmerkung: David Maister sagt einfach „getting better business" sei eine strategische Zielrichtung für Beratungseinheiten und jeder, der Beratung macht, weiss sofort, was er damit meint. Bei der Definition dessen, was höherwertiges Geschäft ist, lässt uns der Meister jedoch allein.

Höherwertige Aufträge sind durch folgende Aspekte gekennzeichnet:
- Der Klient gehört zur Zielgruppe und rundet unsere Referenzliste glaubwürdig ab.
- Die Problemstellung erlaubt uns eine Verbesserung unseres Methoden - Know hows.
- Die Problemstellung ist aktuell und erlaubt uns die weitere Verbesserung eines unserer Beratungsprodukte.
- Die Problemstellung ist hochaktuell und erlaubt uns die Entwicklung eines neuen Beratungsproduktes mit hohem Vermarktungspotential.
- Die Problemstellung erlaubt uns die weitere Qualifizierung unserer Berater.
- Die Laufzeit und der Honorarumfang sind in einer Größenordnung, die ein befriedigendes monetäres Ergebnis erwarten lässt.
- Es sind jetzt schon Anschluß- und Folgeaufträge erkennbar.

Dabei gelten die Thesen:
1. Der Akquisitionsaufwand für höherwertige Aufträge ist meist nur unwesentlich höher als für minderwertige Aufträge (z.B. Dreitages-Kurzberatung, nur Analysen, Übernahme von Unteraufträgen, Zuarbeit für Externe etc.).
2. Anschluß- und Folgeaufträge sind grundsätzlich als höherwertige Aufträge anzusehen, weil die Produktivität per se höher ist als bei allen anderen Auftragsformen (Lerneffekt).

Qualitätsmanagement				
Kompetentere, motiviertere Mitarbeiter				
Verbesserte Rentabilität				
Effiziente Organisation				
Maß-nahmen	Verant-wortlich	Termi-ne	Mach-barkeit	Fort-schritts-kontrolle

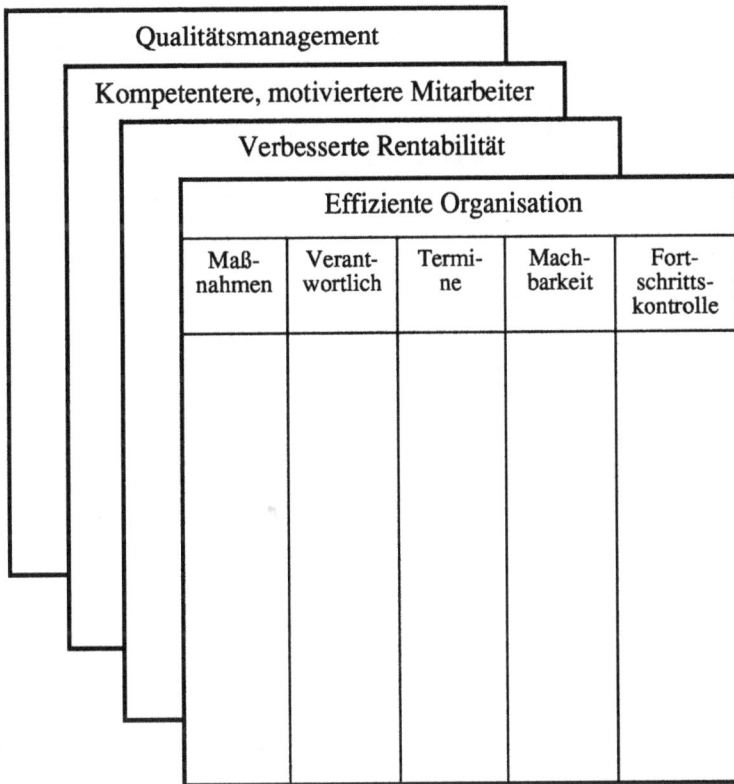

Abb. 11: Funktionale Strategien undMassnahmenkataloge.

2.2.3 Funktionale Strategien

Dieses strategische Stossrichtung zielt auf die funktionalen Bereiche der internen Beratungseinheit selbst.

Dabei geht es um die Auswahl der besten Alternative zur Einordnung der IBE in die gegebene Unternehmenstruktur und um die Gestaltung einer flexiblen, inneren Organisationsstruktur für die IBE selbst.

Die Qualitätssicherung der Abläufe in den Kernprozessen ist ein ebenso wichtiger strategischer Aspekt wie die Rentabilität der internen Beratungseinheit und die Kompetenz und Motivation ihrer Mitarbeiter (siehe Abb. 11).

1. Effiziente Organisation
– **Wir wollen** ein effiziente, flexible Organisationsstruktur mit qualitätsgesicherten Abläufen haben.
 Anmerkung: In der Praxis muss zwischen der organisatorischen Einordnung der internen Beratungseinheit im Unternehmen und ihrer eigenen, inneren Organisationsstruktur unterschieden werden.
Bei der **organisatorischen Einordnung** sind folgende Modelle, die auch wieder mit der jeweiligen Entstehungsgeschichte zusammenhängen, zu identifizieren:[9]

a. Zentralisationsmodell

In diesem Modell sind die internen Beratungsaufgaben in einer Stelle zusammengefasst (siehe Abb. 12). Diese Stelle kann als Service- (Cost-) oder Profit Center geführt werden. Im Idealfall bietet sie alle notwendigen Beratungsleistungen sowohl der Unternehmensleitung als auch allen anderen Teilbereichen und Hierarchieebenen an und hat damit die breiteste Beratungsspanne.

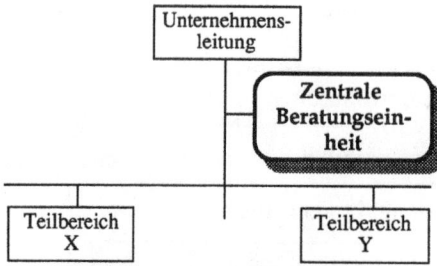

Abb. 12: Zentralisationsmodell.

Der Vorteil dieses Organisationmodells liegt in der Möglichkeit einer eindeutigen Marktpositionierung mit klaren Wettbewerbsstrategien. Als Kaderschmiede für High Potentials ist diese Modell am besten geeignet.

b. Dezentralisationsmodell

In diesem Organisationmodell (siehe Abb. 13) unterhalten einzelne Geschäftsbereiche oder Serviceeinheiten eine eigene interne Beratungseinheit. Diese Berater sind inhaltlich voll auf den Teilbereich, dem sie zugeordnet sind, fokussiert. Ihre Klienten sind die Führungskräfte und Mitarbeiter dieses Bereiches.

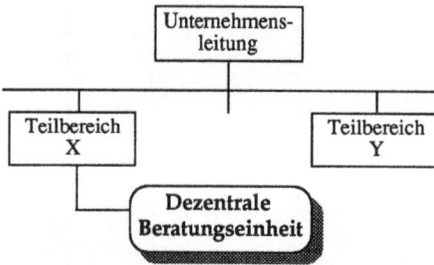

Übernehmen sie auch Aufträge aus dem semi-internen und externen Markt, so ist es inhaltlich immer der gleiche Themenkreis wie in ihrem „Heimathafen". Dezen

Abb. 13: Dezentralisationsmodell.

trale Beratergruppen sind oft Teile gemischter Teams abgeschlossener Projekte.

Diese, meist unter Federführung externer Beratungsunternehmen durchgeführten Projekte waren ursprünglich ebenfalls diesem Teilbereich zugeordnet. Die internen Mitarbeiter haben in dem Projekt soviel Beratungswissen erworben, dass es nicht sinnvoll, und oft auch nicht möglich ist, sie wieder in ihre Linien- oder Stabsfunktionen zurückzugliedern.

c. Zentral/dezentrale Mischform

In einigen Unternehmen trifft man auf eine Mischform beider Organisationsmodelle: Eine zentrale Beratungseinheit deckt alle bereichsübergreifenden Themen ab, die dezentralen Einheiten beraten im abgegrenzten Feld ihrer Kompetenzbereiche. Die zentrale Einheit übernimmt häufig auch die Koordinationsfunktion der dezentralen Beratungseinheiten (Beispiel: Beraterrunde bei der BASF) und führt das Projektcontrolling und Qualitätsmanagement bei externem Beratereinsatz durch.

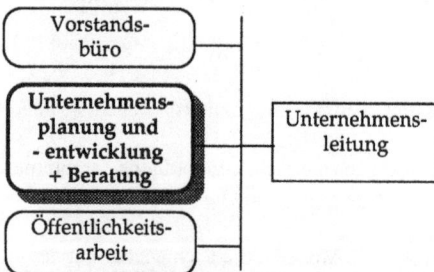

d. Einordnung in einen Stab

Ist die interne Beratungsfunktion in einen Stab eingebettet (siehe Abb. 14), so ergibt

Abb. 14: Stabsmodell.

sich daraus ein festgelegter Beratungs- und Klientenrahmen. Die Ergänzung der Stabsfunktion „Konzernplanung und -entwicklung" (Beispiel: RWE) oder „Organisation" (Beispiel: Heidelberger Druckmaschinen) um Beratungsfunktionen zielt auf die Entwicklung und Pflege eines fachbezogenen, strategischen Methoden- und Problemlösungswissens, das der oberen Führungsebene des Unternehmens oder auch der Konzernleitung zur Verfügung steht.

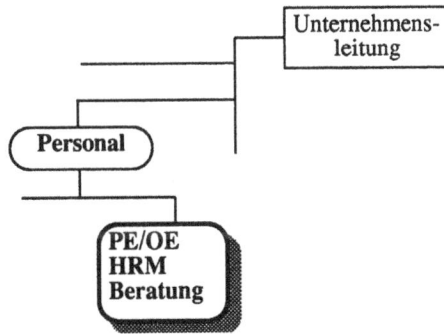

Abb. 15: Zentralbereichsmodell.

e. Einordnung in einen Zentralbereich
In diesem Modell (siehe Abb. 15) ist die Beratungsfunktion in einen Zentralbereich eingebettet. Weit verbreitet und auch in der amerikanischen Literatur am stärksten dokumentiert [10] [11] [12] ist die Einbeziehung der Beratung in den Bereich Personal, Personalentwicklung/Organisationsentwicklung und/oder Human Resource Development (Beispiele: VW Coaching mit Geschäftsfeld Consulting und DaimlerChrysler EMD Management Consulting) mit der sich daraus ergebenden speziellen Beratungskultur (vgl. 1.2). Die beteiligungsorientierte Problemlösungsmoderation unter Motivation und Befähigung der von den Veränderungsprozessen Betroffenen ist das Hauptanliegen dieser internen Berater.[13]

Die IT-Abteilung ist ein weiterer Zentralbereich, der sich für die Zuordnung von Beratungsfunktionen anbietet (Beispiel:Deutsche Bank Inhouse Consulting). IT- Beratungskultur und -stil ist dem oben genannten allerdings diametral entgegengesetzt. Die Berater agieren als Experten, die ihr Problemlösungswissen auf Ihre Klienten transferieren.[14] In diesem Zusammenhang muss nochmals darauf hingewiesen werden, dass viele Formen des Internen Consultings auch Schutz gegen oder strategisch tragfähige Grundlage für Outsourcing sind.

f. Einordnung in einen funktionalen Teilbereich
In diesem Modell (siehe Abb. 16) betreiben einzelne funktionale Teilbereiche des Unternehmens in Aufgabenergänzung Beratung in den Feldern, die zur Kernkompetenz ihres Bereichs gehören.

In der Praxis ist es, besonders in Konzernen, häufig so, dass diese Einheiten ihre Beratungstätigkeit in so enger Anlehnung an ihr Tagesgeschäft betreiben, dass sie von Nicht-Klienten unter Umständen garnicht als Berater wahrgenommen werden. Erst durch die interne Marktanalyse wird aufgedeckt, dass diese Einheiten auch konkrete Beratung durchführen. Der Vorteil dieser Organisationsform besteht vor allem darin, dass Mitarbeiter, die neben ihren Regelaufgaben auch Beratung in ihrem Aufgabenbereich anbieten, selbst danach streben, ihr Wissen immer auf dem aktuellsten Stand zu halten. Die Ausprägung eines Servicebewusstseins ergibt sich durch diese Aufgabenergänzung fast von selbst.

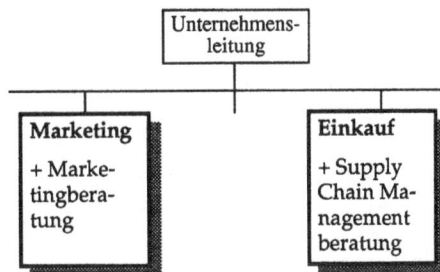

Abb. 16: Modell funktionaler Bereich.

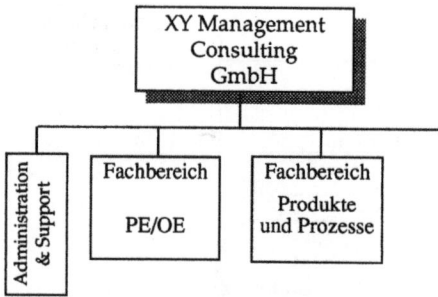

Abb. 17: Modell rechtlich selbständige Einheit.

g. Rechtlich selbständige Unternehmenseinheit

Alles, was für das Zentralisationsmodell gesagt wurde, gilt verstärkt für die rechtlich selbständige Einheit (siehe Abb. 17). Rechtliche Selbständigkeit bedeutet aber nicht zwangsläufig auch unternehmerische Entscheidungsfreiheit, denn auch diese Beratungseinheiten sind der Willensbildung ihrer Konzern- oder Unternehmensleitung unterworfen.

Inhaltlich decken sie das gleiche Spektrum wie externe Beratungsgesellschaften ab und agieren auch in vergleichbarer Weise.

Häufig stammt der Leiter einer rechtlich selbständigen internen Beratungseinheit aus einem externen Beratungsunternehmen. Die internen Klienten sind vor allem Führungskräfte der unterschiedlichen Ebenen des Unternehmens, des Konzerns oder der einzelnen Konzerngesellschaften.

Rechtlich selbständige Einheiten sind auch oder ausschliesslich auf dem externen Beratungsmarkt tätig (Beispiele: Porsche Consulting, DGM Deutsche Gesellschaft für Mittelstandsberatung).

Im Zuge der strategischen Positionierung bereits existierender Einheiten wird unter dieser Zielsetzung das gegenwärtige Organisationsmodell auf den Prüfstand gestellt. So überprüfen Unternehmen, die überwiegend dezentrale Beratungseinheiten haben, von Zeit zu Zeit, ob eine Zusammenfassung der Aktivitäten nicht von Vorteil wäre. Im Zuge einer solchen Entscheidung zur Zentralisierung ist Mitte 1999 der neue Betrieb „Unternehmensgestaltung" der Telekom entstanden.

Organisation heisst aber auch, die Einheit in sich zu strukturieren und Entscheidungen über die **Leitungsspanne und Gliederungstiefe** zu fällen, die inhaltlich, zeitlich und geographisch den Anforderungen nach hoher Flexibilität entsprechen.

In der Praxis werden zwei Hauptmodelle der Strukturierung interner Beratungseinheiten bevorzugt, wobei auch wieder der Ursprung, die Einordnung und die jeweilige Beratungskultur eine ausschlaggebende Rolle spielen. Die Idee der Gruppenarbeit findet sich wieder in einem Stukturmodell, das eigentlich keines ist (siehe Abb. 18) und vorwiegend von Prozessbegleitern und Organisationsentwicklern favorisiert wird.

Die Grundidee ist hier, vollkommen hierarchie- und damit führungskräftefrei sich immer wieder neu in Teams und Gruppen zu finden, genau so, wie es das jeweilige neue Beratungsprojekt erfordert.

Dieses theoretisch sehr ansprechende Modell, das auch in der Change Management - Literatur propagiert wird, setzt den perfekten Menschen voraus und funktioniert in der Praxis der Unternehmensberatung (und auch anderswo) meist nicht.

Es funktioniert nicht einmal zufriedenstellend in dem Bereich, aus dem es stammt: In Personal- und Organisationsentwicklungsabteilungen.

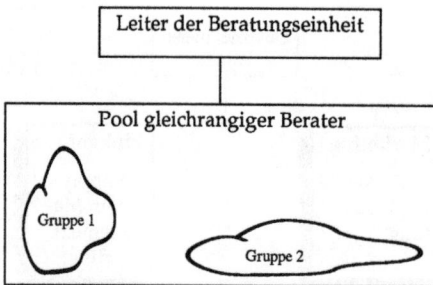

Abb. 18: Strukturmodell „Netzwerke".

IBE Leitung oder Geschäftsführung			
Administration & Support	**Funktionale Einheiten**	**Spezial-Einheiten**	**Geographische Einheiten**
• Allgemeine Verwaltung • Personal • Rechnungs-wesen/ Controlling • Informations-systeme • Call Center • Qualitätsma-nagement	z.B. • Marketing & Vertrieb • Controlling • Logistik • Produktion • IT • Strategische Planung • Organisation • Supply Chain Management	z.B. • Prozessbeglei-tung • PE/OE/HRM • Coaching • Aus- und Weiterbildung • Informations-dienste • Personalbera-tung, inkl. Executive Search	z.B. • Internationale Niederlassun-gen und Re-gionalbüros • Nationale Zweigstellen • Kooperations-partner

Supportfunktion

Projekt-Teams

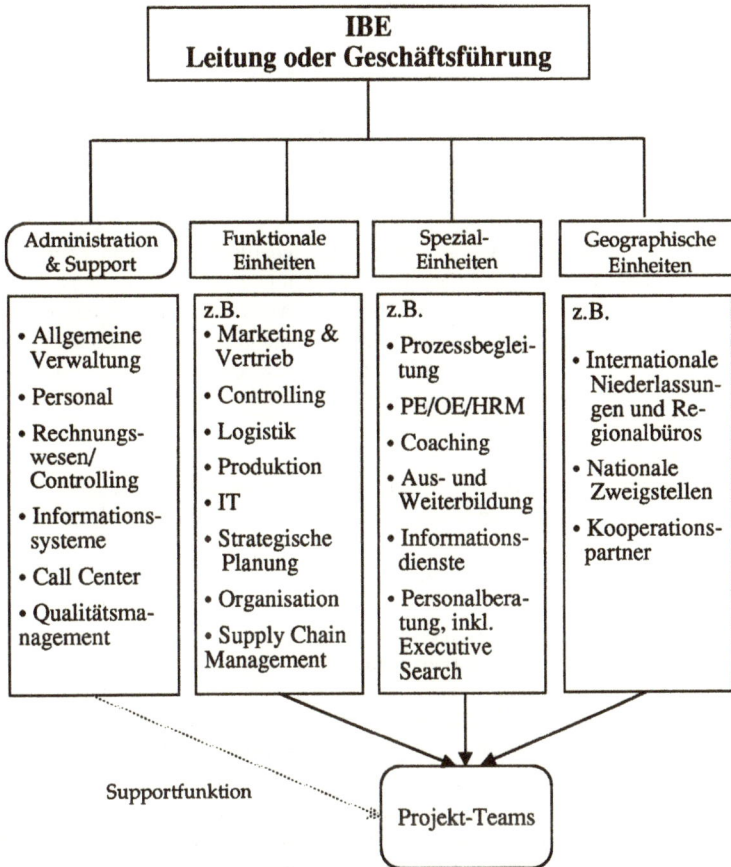

Abb. 19: Strukturmodell „Klassisch".

Denn: Die Teambildung in der Beratungseinheit orientiert sich nicht wirklich an den Anfor-derungen eines Projektes. In der Praxis sind es immer wieder die gleichen Personen, die sich in (Sympathie-)Gruppen zusammenfinden, völlig unabhängig von den Anforderungen der Beratungsaufgabe. Der Schritt zu Cliquenwirtschaft und Kungelei ist nicht gross.

Die Berater sind alle, ob 25 oder 52 Jahre alt, gleichberechtigte Berater, es gibt keine Juni-ors und Seniors. Der entscheidende Mangel dieses Organisationsprinzips ist aber vor allem, dass sich niemand für die strategische und fachliche Weiterentwicklung der Einheit wirklich zuständig fühlt. Jeder Berater optimiert in erster Linie sich selbst. Für den Leiter einer solchen Einheit, die in ihrer Extremform auch noch in einem „moving office" untergebracht ist, be-steht ab ca. 30 Mitarbeitern keine Steuerungsmöglichkeit mehr.

Das zweite Modell ist klassisch und orientiert sich an der Struktur externer Beratungsunter-nehmen (siehe Abb. 17 und 19). Unterhalb der Leitungsebene ist zunächst der wichtige Zen-tral- oder Querschnittsbereich „Support & Administration" implementiert, der allen anderen Einheiten zuarbeitet. Die operativen Einheiten, werden von Fachbereichs- oder Ressortleitern geführt. Bei internen Beratungseinheiten bietet sich die Gliederung in funktionale Einheiten an, weil der Branchenfokus vorgegeben ist. Externe Beratungsunternehmen haben zusätzlich die Möglichkeit, nach Branchen der Klienten zu strukturieren. Neben den funktionalen Einheiten können je nach Bedarf noch Spezialeinheiten und geographische Einheiten angefügt werden.

Die Beraterteams sollten strikt nach den inhaltlichen und sozialen Anforderungen des Beratungsprojektes jeweils nach dem Matrixprinzip über alle operativen Einheiten hinweg zusammengestellt werden.

Beratungseinheiten und Beratungunternehmen haben nur einen Kernprozess, den Beratungsprozess. Aus diesem Grund ist es relativ einfach, **ablauforganisatorische Regelungen** zu treffen, die gleichzeitig qualitätssichernde Wirkungen haben. Es gilt die Regel, alle Abläufe, die sich in diesem Kernprozess wiederholen, zu standardisieren. In etablierten, erfolgreichen amerikanischen Beratungsunternehmen werden in internen Organisationshandbüchern alle denkbaren Fälle ablauforganisatorischer Regelungen dokumentiert und so festgelegt, dass kaum noch Interpretationsspielraum besteht. Diese Handbücher sind den letzten Jahren so umgeformt worden, dass sie auch den Anforderungen eines Qualitätsmanagementhandbuchs entsprechen und für Personalentwicklungszwecke eingesetzt werden können.

2. Verbesserte Rentabilität
– **Wir wollen** eine höhere Rentabilität erzielen als unsere Muttergesellschaft.
Anmerkung: Die Rentabilität einer internen Beratungseinheit wird von folgenden Faktoren beeinflusst:
1. Tagessätze und Art der Weiterverrechnung,
2. Honorarvolumen,
3. Kostenstruktur und Anteil der Overheadkosten,
4. Auftragswirtschaftlichkeit (Projektmanagement und -controlling).

3. Kompetentere, motiviertere Mitarbeiter
– **Wir wollen** fachlich hervorragende, hochmotivierte Mitarbeiter haben.
Anmerkung: Der Zusammenhang zwischen den Zielen „Organisation" und „Mitarbeiter" lässt sich am besten mit der AKV (Aufgabe, Kompetenz, Verantwortung) - Methode (siehe Abb. 20) herstellen. Sie ersetzt die üblichen Stellenbeschreibungen und Geschäftsverteilungspläne und verbindet den Kompetenzaufbau mit Motivationstreibern.

Der AKV-Methodik folgend, müssen die Vorschläge zur Aufgabenstruktur in Einzelgesprächen zwischen Vorgesetztem und Mitarbeiter abgestimmt, und die zur jeweiligen Aufgabe gehörende Kompetenz, im Sinne von Befugnis, sowie die Meßlatte der Aufgabenerfüllung gemeinsam festgelegt werden. Dabei geht man Top down vor: Der Leiter der internen Beratungseinheit führt das Gespräch zunächst einzeln mit den Fachbereichsleitern, daraufhin führen diese das Gespräch mit den Mitarbeitern ihres Bereichs. Das jährliche Mitarbeiterfördergespräch macht die AKV zur flexiblen, immer aktuellen Zielvereinbarung. Das Anreizsystem kann aus den Motivationstreibern Akquisitions- und Feedbackprämie bestehen. Als Akquisitionsprämie kann grundsätzlich 5 % der Honorarsumme des jeweils akquirierten Auftrags vereinbart werden. Die Feedbackprämie wird dann gezahlt, wenn im Jahresverlauf mehr als 80 % der Klienten dem Berater ein positives Feedback gegeben haben.

Die AKV-Aufgabenstruktur eines internen **Fachbereichsleiters** kann wie folgt aussehen:

a. Stellenaufgaben
– Operative Umsetzung der Geschäftsfeld -Strategie für den Fachbereich
– Inhaltliche und methodische Weiterentwicklung des Fachbereichs
– Produktentwicklung durch Eigenprojekte

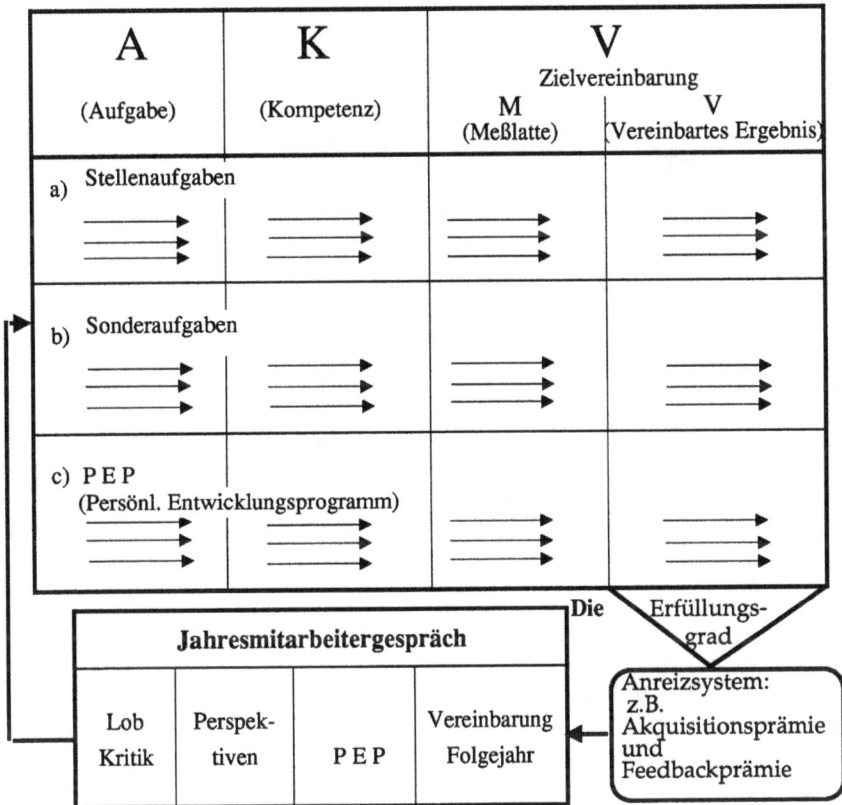

Abb. 20: Das AKV-Modell.

- Personal Fachbereich
    - Auswahl
    - Entwicklung
    - Führung, fachlich
- Operatives Marketing und Akquisition
- Angebotserstellung
- Leitung von Projekten, bzw. Bestimmung von Projektleitern
- Stand by als gesamtverantwortlicher Projektmanager für alle Projekte des Fachbereichs.
- Leitung von Auftragsabschlußarbeiten
- Updates für MIS (Marketinginformationssystem)
- Klientenpflege.

b. Sonderaufgaben (Projekte)
- Mitwirkung bei der Erstellung eines Business Plan für die IBE
- Umsetzen der Business Plan - Maßnahmen für den Fachbereich.

c. PEP (Persönliches Entwicklungsprogramm)
- Berufsbegleitende fachliche Weiterbildung: MBA-Abschluss im Studiengang Internationale Unternehmensberatung, FH Ludwigshafen

Abb. 21: Endprodukte und Qualitätssicherung.

– Führungsbezogene Weiterbildung
– Business English Training.

4. Qualitätsmanagement
– **Wir wollen** bis Ende des Jahres einen durchgängig hohen Qualitätsstandard unserer Beratungsleistungen entwickelt und gesichert haben.
Anmerkung: Wie auch in einem externen Beratungsunternehmen gelten für die interne Beratungseinheit allgemeine, auf den Geschäftsbetrieb bezogene Qualitätsstandards und solche, die sich auf die Auftragsdurchführung beziehen. Für beide Bereiche sind zunächst Qualitätskriterien zu entwickeln und dann festzulegen, mit welchen Instrumenten eine wirksame Qualitätskontrolle erfolgen soll. Wirksamste Instrumente sind noch immer die Erstellung eines Qualitätsmanagement-Handbuchs [15] und die Qualitätssicherung über die Endproduktabnahme im Projektablauf (siehe Abb. 21).

2.3 Marketingkonzept

Die Mehrzahl der internen Beratungseinheiten messen ihrem eigenen Marketing wenig Bedeutung zu mit dem Hinweis, man habe schon jetzt mehr Aufträge als man mit den gegebenen Ressourcen überhaupt abarbeiten könne. Nur ganz neu aufgestellte Beratungseinheiten, wie z.B. die DB Management Support GmbH, die sowohl von der Angebotspalette als auch von der Mitarbeiter- und Partnerstruktur eine Innovation darstellen, müssen darüber nachdenken, wie sie im Markt bekannt werden und akquirieren können.

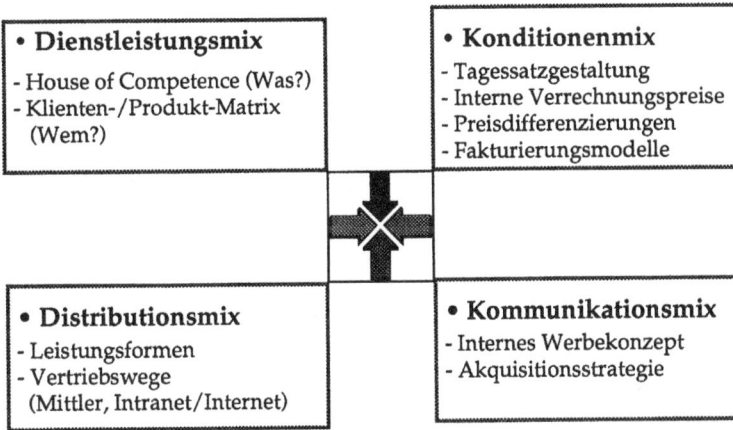

Abb. 22: Marketingmix-Elemente einer internen Beratungseinheit.

Das Marketingmix einer internen Beratungseinheit (siehe Abb. 22) umfasst, wie üblich die Elemente Dienstleistungsmix, Distributionsmix, Kommunikationsmix und Konditionenmix mit jeweils spezifischen IBE-Ausprägungen.

2.3.1 Dienstleistungsmix

Aus der Frage, was den internen Klienten ihrem Beratungsbedarf entsprechend angeboten werden soll, ergibt sich das „House of Competence" der internen Beratungseinheit (siehe Abb. 23), das gleichzeitig den Qualifizierungsbedarf der internen Berater transparent macht.

House of Competence

Grundmauer des Gebäudes ist immer das Fachwissen, die bisherigen methodischen Vorgehensweisen und die Berufserfahrung, auf denen die Berater je nach ihrer Herkunft aufbauen können. Es ist nicht sinnvoll, Controller, Organisatoren, Personalentwickler usw. umzuschulen, sondern das Beratungswissen zusätzlich zu vermitteln. Die linke Säule des House of Competence besteht aus der Kombination von **Leistungsformen der Beratung**, die von der internen Beratungseinheit angeboten werden:

* **Traditionelle Leistungsform**

   Die klassische Form der Durchführung einer Unternehmensberatung besteht seit Jahrzehnten darin, dass der Berater oder ein Team von Beratern im Unternehmensbereich des internen Auftraggebers mit berufsüblichen Methoden den Ist-Zustand analysieren, nach einer standardisierten oder innovativen Problemlösungsmethode das Sollkonzept erstellen und dieses Konzept auch umsetzen oder die Umsetzung begleiten. Bei der traditionellen Vorgehensweise ist die Umsetzung vor allem deshalb gefährdet, weil die betroffenen Mitarbeiter nur in den seltensten Fällen zu Beteiligten gemacht werden. Die mangelnde Akzeptanz führt dann häufig dazu, daß die Umsetzung der „fremden" Vorschläge von der Basis verschleppt oder sogar unterlaufen wird. Die Nachteile der traditionellen Vorgehensweise können zum Teil dadurch gemildert werden, dass Mitarbeiter des Auftraggebers zusammen mit den Beratern ein gemischtes Team bilden. Dadurch erfolgt ein Wissens- und Erfahrungstransfer, der die Mitarbeiter des beratenen Unternehmensbereichs in die Lage versetzt, selbst Akzeptanzbarrieren abzubauen und die gemeinsam erarbeiteten Vorschläge zu realisieren.

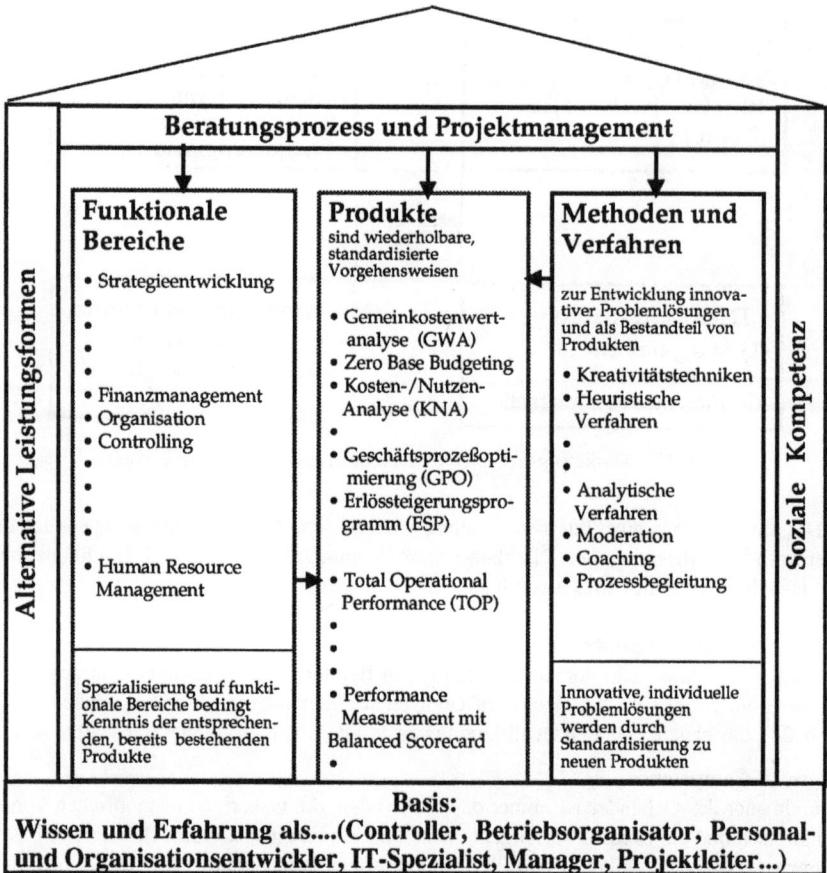

Abb. 23: Das House of Competence der internen Beratungseinheit.

- **Lean Consulting**

  Das Lean oder Workshop Consulting ist eine Vorgehensweise, die betriebswirtschaftlich-inhaltliche Expertise mit den theoretischen Grundlagen der Organisationstheorie, bzw. systemischen Organisationsentwicklung verknüpft .

  Lean Consulting ist eine Beratungsmethode **und** ein Beratungsprodukt, das für unterschiedliche Klientengruppen jeweils angepaßt werden kann. Die Besonderheit dieser Vorgehensweise besteht darin, daß der gesamte Analyseteil auf den Klienten übertragen wird. Zu diesem Zweck erläutert der interne Berater seinem Auftraggeber einen Analyseleitfaden, der unter anderem auch die Daten- und Informationssammlungen zur Umfeld- und Unternehmensanalyse enthält.

  Der Auftraggeber läßt die Analyse durch die eigenen Mitarbeiter nach diesem Leitfaden durchführen. Durch diese Eigenanalyse werden bereits erste Akzeptanzbarrieren abgebaut, da die Mitarbeiter des beratenen Bereichs das Gefühl haben, das Projekt selbst zu gestalten.

  Die eigentliche Problemlösung wird gemeinsam in Workshops erarbeitet, die der interne Berater in der Sokratischen Gesprächsführung moderiert.

- **Gruppenprojekte**

  Das Gruppen- oder Mehrklientenprojekt ist eine interessante, spezielle Leistungsform, bei der nicht ein einzelner Auftraggeber, sondern, wie der Name sagt, eine Vielzahl von internen Klienten, wie z.b. mehrere Geschäftsbereiche beteiligt sind. Die Besonderheit beginnt damit, daß das Gruppenprojekt meist durch die IBE selbst initiiert wird.

  Für ein Gruppenprojekt sprechen immer folgende Merkmale:
  - umfangreiche Analysearbeiten erfordern ein hohes Budget,
  - es handelt sich um grundlegende Arbeiten, bei denen jedoch keine patentfähige Lösung zu erwarten ist,
  - die Risiken sind relativ hoch,
  - die Thematik ist hochaktuell,
  - Globalisierung, Internationalität und Wettbewerbsfähigkeit spielen eine zentrale Rolle.

- **Beteiligungsorientierte Formen**

  Unter beteiligungsorientierten Formen der Beratung werden Methoden zusammengefaßt, die auch zum Repertoire der anderen Leistungsformen gehören. Sind sie dort nur einzelne Methoden unter vielen, so werden sie von denen, die sie ausschließlich einsetzen, zur Leistungsform der Unternehmensberatung erhoben. Folgerichtig tauchen sie im House of Competence sowohl unter „Alternative Leistungsformen" als auch unter „Methoden und Verfahren" auf.

- **Prozeßberatung**

  Das Modell der Prozeßberatung „beruht auf der Grundannahme, daß Probleme in Organisationen komplex sind, und dass die zur Diagnose notwendigen Informationen so vielfältig sind, dass eine korrekte Diagnose nur erreicht werden kann, wenn der Klient voll im diagnostischen Prozess involviert ist." Und „Der Prozeßberater nimmt weiter an, dass ein vollständiges Verstehen des Problems nicht möglich ist, bis verdeckte und unbewußte Aspekte ebenfalls beleuchtet werden. Die klassische Interventionsform der Prozeßberatung ist die Frage".[16]

- **Moderation**

  Die Moderation kann immer dann als Leistungsform der internen Beratung bezeichnet werden, wenn sie über eine gemeinsame Analyse des unbefriedigenden Istzustandes zu einer Zielsetzung und dann zu einem das Ziel erfüllenden Sollzustand führt. Von ihrem Ursprung her ist sie eine Kommunikationsmethode, die der Forderung nach Mitbestimmung und Beteiligung Betroffener an Entscheidungsprozessen entspricht.

- **Coaching**

  Coaching als Form der Unternehmensberatung zielt nicht nur auf die Problemlösung, sondern auch auf die Förderung einer starken Persönlichkeitskultur durch die Entwicklung von Potentialen ab. Coaching geht von einer kooperativen Beziehungsebene aus, auf der beide, Berater und Klient, gleichrangig agieren.

- **Supervision**

  Supervision ist eine Leistungsform der internen Beratung, die zum Ziel hat, durch systematisierte Reflexion beruflichen Handelns die Arbeit des Klienten (Supervisanden) effizienter zu gestalten.

  Im Mittelpunkt der Supervision steht also zunächst der jeweilige Berufsrollenträger in seiner Berufspersönlichkeit. In der Praxis wird neben der Einzelsupervison auch Gruppen und Teamsupervision angeboten.

Eine weitere Säule des House of Competence bezieht sich auf die **Tätigkeitsbereiche** (Beratungsinhalte) der IBE. In der Beratungsbranche ist es üblich, den funktionalen Bereichen der Klientenunternehmen folgend, die Beratungsbereiche Management, Logistik, Marketing, Human Resource Management, IT usw. aufzubauen und sich dementsprechend Strategieberater, Logistikberater, Personalberater, Marketingberater usw. zu nennen. Die Festlegung auf einen oder mehrere funktionale Bereiche bedeutet aber auch, sich für diese Bereiche die bereits existierenden methodischen Vorgehensweisen anzueignen, oder selbst zu entwickeln.

Mit der Festlegung der funktionalen Schwerpunkte ergeben sich auch die **Beratungsprodukte** [17] (vgl. 2.2.2) . Diese sind wiederholbare standardisierte Vorgehensweisen zur Lösung eines bestimmten Problems. Hinter jedem Produkt steht der Name eines Beratungsunternehmens, das dieses Produkt irgendwann entwickelt hat. Beratungsprodukte kann man sich nur auf zwei Wegen aneignen:
– Durch kopierende Akquisition oder
– durch eigene Entwicklung.

Bei Standardthemen wird man immer auf Problemlösungsverfahren zurückgreifen, die bereits entwickelt und - zum Teil seit Jahrzehnten- weiter verfeinert wurden. Warum sollte man das Rad neu erfinden? Nur wenn neue Probleme und Themen auftauchen, sollte man kreativ entsprechende Lösungskonzepte selbst entwickeln.

Der Kompetenzbereich **Methoden und Tools** ist besonders wichtig, weil er dreidimensional ist. Er gehört damit, ebenso wie der Handwerkskasten für die Gestaltung des Beratungsprozesses (Projektmanagement) unabdingbar zum Grundwissen eines jeden Beraters. Aus diesem Grund sind auch für diesen Bereich keine strategischen Entscheidungen zu fällen. Der Berater hat keine Wahl, er muß diese Methoden, möglichst in ihrer Gesamtheit beherrschen, denn Methoden und Tools sind

1. Leistungsformen beteiligungsorientierter Unternehmensberatung,
2. Die einzigen Instrumente, die zur Entwicklung innovativer Problemlösungen eingesetzt werden können, wenn für das Problem (noch) kein Beratungsprodukt existiert, und
3. Methodische Bestandteile der meisten Beratungsprodukte.

Auch für „harte" Berater ist die **soziale Kompetenz** ein unerläßlicher Erfolgsfaktor. Wenn es gelingt, Widerstände, Ängste und Aggressionen der Mitarbeiter im Klientenbereich gegen die Veränderungen abzubauen, oder von Anbeginn an zu verhindern, wird die Beratungstätigkeit um ein Vielfaches leichter.

Soziale Kompetenz, die der Berater zeigt und praktiziert, wirkt auf ihn selbst am stärksten zurück. Das Beraterleben wird insgesamt angenehmer.

Der Dachfirst des House of Competence der IBE besteht aus dem Methodenkasten, mit dem die Berater die Phasen des **Beratungsprozesses** gestalten.

– Die erste Phase des Beratungsprozesses ist die **Kontaktphase**. Berater müssen die Techniken der Kontaktaufnahme beherrschen, d.h. wissen: Wie tritt man direkt und indirekt in Kontakt mit potentiellen internen Klienten und wie identifiziert und aktiviert man Mittler im eigenen Unternehmen.
– Nach der Kontaktphase folgt die **Akquisitionphase**. Diese ist nur dann erfolgreich zu bewältigen, wenn man weiß, wie man sich professionell auf ein Akquisitionsgespräch vorbereitet, wie man die dazu notwendigen Informationen bekommt und wie ein Akquisitionsgespräch den professionellen Standards entsprechend durchgeführt wird.
– Nach erfolgreich abgeschlossener Akquisition wird ein **Angebot** erstellt. Man muß wissen: Wie und wann erstelle ich ein Angebot, wie wähle ich die passende Angebotsform und -struktur aus und wie plane, organisiere und kalkuliere ich einen Beratungsauftrag,

damit am Ende ein beide Seiten befriedigendes Ergebnis erzielt wird. In dieser Phase kommt das komplette **Projektmanagementwissen** zum Einsatz.

- Das Angebot ist Grundlage des mit dem Klienten abzuschließenden **Vertrages.** In diesem Zusammenhang muß man wissen: Wie verhält es sich mit der Dienstvertrags-/Werkvertragsproblematik, was sind die Inhalte der in unserem Unternehmen üblichen Dienstleistungsvereinbarungen und welche Haftungsrisiken bestehen grundsätzlich auch für interne Berater.

- Die eigentliche **Auftragsdurchführung** beginnt mit der Ist-Analyse. Diese setzt die Beherrschung von Analysetechniken und Analyseinhalten voraus.

  Danach erwartet der Klient in den meisten Fällen, daß die Ziele des Beratungsauftrags quantifiziert oder zumindest genauer qualifiziert werden. Zielfindung im Konsens mit dem Klienten ist eine Methodik, die jeder Berater beherrschen muß.

  In der dann folgenden Sollkonzeptphase kommt es auf die Kenntnis des einzusetzenden Beratungsproduktes oder kreativer, analytischer und wissenschaftlicher Problemlösungstechniken an.

- Die **Realisierungsplanung** erfordert Fähigkeiten in der Formulierung umsetzbarer Maßnahmen. Zur Absicherung der Maßnahmen muß ihr Wirkungsgrad und ihre Machbarkeit geprüft werden. Die Machbarkeits- und Risikoanalyse der Massnahmen ist die Grundlage einer erfolgreichen Umsetzung. Wenn die in einer Massnahme enthaltenen, nicht erkannten Risiken während der Umsetzung virulent werden, so ist der Massnahmenverantwortliche schnell geneigt, die Massnahme als nicht realisierbar aufzugeben. Hat man jedoch vorher die Risiken erkannt und vorbeugende, die Risiken beschränkende Aktivitäten eingeleitet, so kann der Umsetzungsprozess in Gang gehalten werden.

- Der konzeptionelle Vorschlag und die seiner Umsetzung dienenden, auf Risiken überprüften Maßnahmen, werden in einem professionell strukturierten **Bericht** (Rote Faden Struktur) dokumentiert. Die wesentlichen Erkenntnisse werden zusätzlich mündlich präsentiert. Dies setzt die Beherrschung aller wichtigen Formen der Präsentationstechnik voraus.

- Wesentlicher Erfolgsfaktor der **Umsetzung** eines möglichst hohen Teils der Maßnahmen (Ziel: 100 %) ist die Fortschrittskontrolle. Der interne Berater muß alle üblichen Fortschrittskontrolltechniken und die Methoden zur Feinkorrektur der Maßnahmen beherrschen, die trotz Absicherung Umsetzungsprobleme bereiten.

- Auch für die **Auftragsabschlußarbeiten** existieren internationale Standards. Die wichtigsten Bestandteile sind die Klientenzufriedenheitsanalyse und die Evaluation des eigenen Vorgehens. Dabei wird hinterfragt, ob die internen Berater alle Kompetenzbereiche erwartungsgemäss abgedeckt haben.

Die Methoden zur Gestaltung des Beratungsprozesses sind inhaltsneutral. Das heißt, unabhängig davon, auf welche Beratungsgebiete sich Berater inhaltlich spezialisieren (Logistik, Marketing, Strategie, Human Resource Management), das Grundhandwerkszeug zur Durchführung des Beratungsprozesses müssen sie unabdingbar beherrschen.

Klienten-/ Dienstleistungsmatrix

Bereits bei der Analyse der Ausgangssituation war die Frage gestellt worden (siehe 2.1.4), welche Dienstleistungen derzeit in welchen Märkten angeboten werden. Die interne Marktanalyse hat Hinweise darauf ergeben, welche weiteren Beratungsprodukte und Dienstleistungen angeboten werden können.

Ist die IBE auch international tätig, oder beabsichtigt sie es zu werden, so ergibt sich zusätzlich eine länder- und regionenbezogene Klienten-/ Dienstleistungsmatrix (siehe Abb. 24).

Länder / Dienstleistung	Ost-europa	USA	Süd-amerika
Expertenbera-tung: *Thema*	Werke		Händler
Lean Consulting		Nieder-lassungen	
Prozeßbegleitung	Werke	Merger Partner	
Coaching	Händler		

Abb. 24: Länder- und regionenbezogene Klienten-/Dienstleistungsmatrix, Beispiel Automobilhersteller.

Hier wird festgelegt, welche Dienstleistungskategorien welchen Klienten in welchen Ländern und Regionen angeboten werden.

Die klassische Klienten-/ Dienstleistungsmatrix (siehe Abb. 25) dokumentiert, welche Beratungsprodukte und verwandten Dienstleistungen bisher den Altklienten angeboten wurden. In einem zweiten Schritt wird die Frage beantwortet, welche neuen Klientengruppen mit diesem bestehenden Dienstleistungsprogamm gewonnen werden können (Markterweiterung). Ist der interne Markt bereits weitgehend ausgeschöpft, so wird automatisch der semi-interne und externe Markt ins Blickfeld geraten.

Die interne Marktanalyse hat ergeben, welche weiteren, neuen Dienstleistungen die bisherigen Klienten von der IBE erwarten. Es wird entschieden, ob diesen Bedarfsanforderungen entsprochen wird, oder nicht.

So hatten in einem Fall 20 % der befragten Geschäftsbereichsleiter angegeben, sie wünschten sich auch Personalberatung, einschliesslich Executive Search als Dienstleistung der IBE. Als Begründung wurden die regelmässig hohen Honorarsummen an externe Personalberater angeführt. Die interne Diskussion hat schnell zu dem Ergebnis geführt, dass aus Gründen der Ethik und der Risikovermeidung dieser Anforderung nicht entsprochen werden kann.

Ist die Entscheidung zur Aufnahme neuer Beratungsprodukte und Dienstleistungen für bisherige Klienten gefallen, so kann in einem dritten Schritt überlegt werden, ob man mit diesen neuen Angeboten auch neue Klienten gewinnen kann.

2.3.2   Distributionsmix

In diesem Teil der Marketingkonzeption wird festgelegt, auf welche Art die Dienstleistungen an die internen Klienten „ausgeliefert" werden.

Streng genommen können auch die verschiedenen Formen der Leistungserbringung (vgl. House of Competence, 2.3.1) hier subsumiert werden.

Klienten / Dienstleistungen	Bisherige	Neue
Bisherige	• Projektmanagement • Organisationsent- wicklung (OE) • Strategiekonzepte	• Projektmanagement für öffentliche Verkehrsbetriebe • OE bei unseren Zulieferern
Neue	• Agenturfunktion • Controlling externer Beratereinsätze • Balanced Scorecard Implementierung	• Balanced Scorecard Entwicklung bei unseren Händlern

Abb. 25: Klienten-/Dienstleistungsmatrix.

Neben der klassischen Form der direkten, persönlichen Leistungserbringung sind für eine IBE auch die Vertriebswege Intranet, Internet und e-mail zu prüfen und im Einsatz zu optimieren. Dabei kann man durchaus verschiedenen Kategorien von Beratungsleistungen unterschiedliche Vertriebswege fest zuordnen (siehe Abb. 26).

Beispiel: Das externe Beratungsunternehmen Ernst & Young setzt Internet schon seit über zwei Jahren in den USA als Vertriebsweg für Beratungsleistungen ein. Klienten, die den Service „Ernie"[18] im Abonnement für ein Jahr buchen, können Problemstellungen aller Art über Internet an E&Y übermitteln. Innerhalb von 48 Stunden erhalten sie Lösungsvorschläge und Methodenhinweise zur Problemlösung.

Vertriebsweg / Dienstleistung	Persönlich	Intranet	Internet	e-mail
• Strategieberatung	Konzepter-stellung	Umsetzungs-begleitung		
• Agenturfunktion		Angebot/Nachfrage Clearing	Capability Statements	
• Fach-Coaching			Interaktion	Interaktion

Abb. 26: Zuordnung Dienstleistungen/Vertriebswege der IBE.

Wer sind unsere Mittler ?	Art der Zusammenarbeit ?	Wie können Mittler stärker aktiviert werden ?
Top-Management	Auftragserteilung "Geschäftsfeldanalysen"	Präsentation der Kostensenkungs- und Ertragsteigerungserfolge pro Jahr
Gesamtbetriebsrat	Informationen entsprechend dem BetrVerfG	Vorab-Informationen, Einbinden in Projekte

Abb. 27: Mittleridentifikation und -aktivierung.

2.3.3 Kommunikationsmix

Unter dem Aspekt des Kommunikationsmix wird zunächst die Frage diskutiert, welche **Mittler** und Multiplikatoren die IBE hat. Das Top-Management, aber auch die mittleren Führungskräfte werden hier immer an erster Stelle genannt, gefolgt von den Betriebs- und Personalräten. Damit wird erneut (vgl. 2.1.1) deutlich, wie wichtig das Commitment dieser Personengruppen ist. Eine weitere bedeutende Gruppe von Multiplikatoren besteht, wie bei externen Beratern auch, aus den zufriedenen Altkunden.

Nach der Identifikation der Einzelpersonen in diesen Gruppen wird festgelegt, durch welche Massnahmen diese stärker im Interesse der IBE aktiviert werden können (siehe Abb. 27).

Trotz sehr guter Auslastung sollten sich die Führungskräfte einer IBE Gedanken über eine Akquisitionsstrategie machen, denn die Zeiten können sich ändern. Dies haben vor allem die IBEs erfahren müssen, deren Existenzberechtigung über Jahre hinweg vorrangig in der „Jahr 2000"-Problematik lag. In Ermangelung neuer Beratungsprodukte und Akquisitionsstrategien haben sie jetzt einen schweren Stand in ihren Unternehmen.

Das wichtige Akquisitionsinstrument **„Interne Marktanalyse"** (vgl. 2.1.3) kann sowohl im internen wie im semi-internen Markt eingesetzt werden. Der Nutzen besteht darin, dass die Berater, die das Gespräch mit den potentiellen Klienten führen, nicht nur gezielt den Beratungsbedarf abfragen können, sondern sich bei der Gelegenheit auch sehr gut als Problemlöser darstellen können.

Gezielte Ansprachen können direkt auf einzelne potentielle Kunden gerichtet werden, entweder auf der Basis einer Insiderinformation, aus der ein dringender und zeitkritischer Beratungsbedarf abgeleitet wird, für den sich die IBE direkt als Problemlöser empfiehlt . Dies geschieht am besten in Form eines persönlichen Anschreibens.

Interne Berater haben den Vorteil, dass sie im internen und semi-internen Markt eine weitere Akquisitionsmethode einsetzen können, die im externen Beratungsmarkt verpönt ist: Den Cold Call, den unangekündigten Telefonanruf bei potentiellen Auftraggebern mit dem Ziel der Auftragsakquisition oder Terminvereinbarung. Interne Berater laufen nicht Gefahr, durch diese Vorgehensweise in die Nähe unseriöser Anbieter gerückt zu werden.

Die IBE kann ebenso wie externe Beratungsunternehmen alle Formen von **Streuansprachen** (Mailings) einsetzen. Als Wettbewerbsvorteil werden immer die Aspekte herausgestellt, die sich in der internen Marktanalyse als besonderer Nutzen (vgl. 1.3) des Einsatzes Interner herausgestellt haben: Vertrauen durch die Erwartung besserer Geheimhaltung, Umsetzung der Konzepte usw. Das höchste Erfolgspotential hat immer die Streuansprache, in der ein bedarfsorientiertes, neues Beratungsprodukt angeboten wird.

Märkte / Akquise-Methoden	intern	semi-intern	extern
Direkte Methoden			
Marktanalyse (siehe 2.1.3)	X	X	
Gezielte Ansprache			
• Schriftlich (Insiderinformation)	X	X	X
• Telefonisch (Cold Call)	X	X	
Streuansprachen			
• Unspezifische Streuansprache	X	X	X
• Streuansprache mit Wettbewerbsvorteil	X	X	X
• Streuansprache mit spezifischem Produkt oder Branchenlösung	X	X	X
Indirekte Methoden			
Vorträge vor Zielgruppen	X	X	X
Rundschreiben und Broschüren	X	X	X
Artikel in Fachzeitschriften der Zielgruppen	X	X	X
Verfassen eines Fachbuches	X	X	X
Seminare, Workshops, Kamingespräche	X	X	X
Anleitung zur Selbstanalyse	X	X	X
Eigenprojekte	X	X	X
Problem - Hot Line	X	X	X

Abb. 28: Akquisitionsinstrumente und -märkte.

Die indirekten Akquisitionsmethoden [19] können ohne Einschränkung in allen drei Marktsegmenten eingesetzt werden.

2.3.4 Konditionenmix

Bei der Entscheidung, zu welchen **Tagessätzen** die einzelnen Beraterkategorien angeboten werden sollen, kann man sich an den Verrechnungssätzen der Wettbewerber orientieren, oder nach folgender Formel vorgehen:

$$\text{Tagessatz} = \frac{\text{Jahresgehalt} + \text{Gehaltsnebenkosten} + \text{Anteil Overheadkosten} + \text{Gewinnzuschlag}}{\text{Mögliche Einsatztage/Jahr}}$$

Bei der **Leistungsverrechnung** sind mehrere Modelle möglich:
- Keine Weiterverrechnung,
- Nur variable Kosten werden weiterverrechnet,
- Herstellungskosten (Honorare + Nebenkosten),
- Selbstkosten (Honorare + Nebenkosten + Overheadkosten),
- Marktpreis,
- Überhöhter Marktpreis.

Im Zusammenhang mit Tagessätzen und Modellen der Leistungsverrechnung muss auch entschieden werden, in welchen Fällen mit differenzierten Preisen im Markt agiert wird. Gründe für eine **Preisdifferenzierung** können sein:
- Vorstand oder Konzernleitung veranlaßt Projekte,
- Wiederholende Themenstellung bei verschiedenen Geschäftsbereichen,
- Es handelt sich um einen prestigeträchtigen Klienten, der die Referenzliste positiv abrunden würde („Referenzlistenkosmetik").
- „Lernprojekt": Es handelt sich um ein hochaktuelles Thema, das eine innovative Problemlösung erfordert, das interne Projektteam erhält durch „Learning on the Job" die Möglichkeit einer Weiterbildung und entwickelt ein neues Beratungsprodukt, das nach Projektende standardisiert und weitervermarktet werden kann.
- Es ist erkennbar, daß sich mehrere Anschluß- und Folgeaufträge ergeben werden, durch die unter Umständen der Verzicht auf die übliche Weiterverrechnung wieder ausgeglichen werden kann.
- Der Auftrag hat eine unternehmensinterne Mittlerfunktion.

Auch bei der strukturellem **Preisgestaltung** ergibt sich eine Auswahl aus verschiedenen Modellen (siehe Abb. 29).

Dabei ist auch im internen Consulting eindeutig ein Trend hin zu Erfolgshonoraren feststellbar. Die Einstellung der meisten IBEs zu diesem Thema ist positiv, wobei immer auf die starke Umsetzungsorientierung verwiesen wird, die ohnehin eine Erfolgsbindung mit sich bringt. Aber auch das andere Extrem, das Preisgestaltungsmodell 5 ist häufig anzutreffen: Die Berater arbeiten einfach ohne Budgetierung so lange bei einem internen Klienten, bis die Aufgabe erledigt ist und rechnen während der ganzen Projektlaufzeit nach Aufwand ab.

Abschliessend ist im Konditionenmix zu entscheiden, nach welchem Modell fakturiert werden soll. Es bieten sich folgende **Fakturierungsmodelle** an:
- Vorauszahlung, Abschlagzahlungen, Endabrechnung,
- Monatliche Abrechnungen,
- Nur Endabrechnung,
- Monatliche Abrechnungen der Nebenkosten, Honorarrechnung nach Projektabschluß,
- Phasenweise Abrechnungen.

Preiselemente	1	2	3	4	5
Honorar	F E S T P R E I S	Fest-preis	Fest-preis (z.B. 20% er-folgsab-hängig)	Fest-preis	V A R I A B E L

Ausgaben
- Reisekosten
- Kommunika-
  tionskosten
- Fremde Dienst -
  leistungen
- usw.
 	
MwSt
		Variabel nach Auf-wand mit Ober-grenzen	Variabel nach Auf-wand mit/ ohne Ober-grenzen	Variabel nach Auf-wand ohne Ober-grenzen	

Abb. 29: Preisgestaltungsmodelle.

2.4 Finanzen und operative Planung

Zur Erstellung eines Business Plans [20] gehört auch die Kapitalbedarfsrechnung, Finanzie-rungsplanung, Erfolgsrechnung/Budgetierung und Finanzplanung. Die Erfolgsrechnung [21] spielt bei der Gründung oder Transformation einer IBE die wichtigste Rolle. Sie ist die Grund-lage des eigenen Finanzmanagements.

Das Budget hat unterschiedliche Planungsstrukturen (siehe Abb. 30): Den prognosesiche-ren Teil der Bereitschaftskosten und den mit hoher Unsicherheit behafteten Teil der Umsätze und Erträge. In diesem Bereich treten naturgemäss die wesentlich grösseren Planabweichun-gen auf. Als Benchmarkobjekte zwischen IBEs können die **Budgetstruktur** und die Impact-Analyse dienen.

Die Inhalte der **operativen Planung** für das Folgejahr können sein:
–   Volumen der Beratungsleistungen,
–   Volumen sonstiger Dienstleistungen (z.B. Training)
–   Änderungen des Angebotsportfolios
     (Neues Produkt, neues Klientensegment),
–   Notwendige Rekrutierungen,
–   Personalentwicklungsmassnahmen für die Mitarbeiter der IBE,
–   Volumen und Zielrichtung der Marketingaktivitäten,
–   Nachholbedarf an neuen Aufträgen,
–   Aufgaben außerhalb von Aufträgen,
–   Sonstige zukunftssichernde Maßnahmen.

Kostenart	Ist	Plan	Vorschau (VS)	Budget (BG)	Änd.	Restwert in %	
						VS	BG
Umsatz Aufträge							
Sonstiger Umsatz							
Umsatz gesamt							
Sonstige Erträge							
Gesamtleistung							
Materialeinzelkosten							
Honorare							
Einzelkosten gesamt							
Rohertrag							
Personalaufwand							
Abschreibungen							
Miete							
Gebäudekosten							
Sachkosten							
IT Hardware, Software							
Kfz- und Reisekosten							
Marketing							
Personalentwicklung							
Serviceleistungen Konzern							
Übriger Konzernaufwand							
Sonstige Kosten							
Operatives Ergebnis							
Kalkulatorisches Risiko							
Operatives Ergebnis nach Risikovorsorge							

Abb. 30: Budgetstruktur einer Konzern-IBE.

Das **Performance Monitoring** kann sich auf folgende Bereiche beziehen:

Monatlich:
- Auftragsvorrat (Optimum : 1,5-3 Monate),
- Anzahl der Akquisitionsgespräche in Relation zur Anzahl der generierten Aufträge,
- Auslastungsquote (Anzahl der Tagewerke, die auf Projekte fakturierbar sind), Soll-/ Ist-Vergleich,
- Honoraraufkommen, Soll-/Ist-Vergleich,
- Ausgaben, Soll-/Ist-Vergleich,
- Budget, Soll-/Ist-Vergleich.

Jährlich:
- Wachstumsrate,
- Brutto- oder Nettogewinn in Relation zum Umsatz,
- Gewinn pro Berater, Pro-Kopf-Umsatz,
- Anteil Marketing- und Akquisitionsaktivitäten,
- Struktur der Mitarbeiterkategorien,
- Relation Berater und Verwaltungsmitarbeiter,
- Kostenstruktur und Honorarausfälle.

3   Fazit

Der Markt für externe Beratungsleistungen in Deutschland ist nach Schätzungen der FEACO [22] in den letzten Jahren konstant auf ca. 9,5 Milliarden Euro (1998) gestiegen. Es war nur eine Frage der Zeit, wann in deutschen Unternehmen und Konzernen das Thema Internes Consulting verstärktes Interesse finden würde. Obwohl die Zielsetzung besteht, externe Beraterbudgets zu substituieren, wird es in Zukunft zwischen internen und externen Beratern zu einer klaren Arbeitsteilung kommen, ohne dass die Externen wesentliche Umsatzeinbussen hinnehmen müssen. Interne werden vorrangig wiederkehrende, unternehmensspezifische Probleme lösen. Externe Berater werden immer noch dann gebraucht, wenn unternehmensübergreifende Erfahrung notwendig ist.

Literatur

1) Niedereichholz, Ch., Der Interne Consultant- Herausforderung für die Betriebsorganisation, in: Versicherungswirtschaft 54. Jahrgang, Heft 24, 1999, S. 1833-1835.

2) Theuvsen, L.,Interne Beratung – Konzept, Organisation, Effizienz, Wiesbaden 1994, S. 61.

3) Witzel, R. H., Internes Consulting und Organisationsentwicklung, in: Sertl, W. ; Zapotoczky, K. (Hrsg.) Neue Leistungsinhalte und internationale Entwicklung der Unternehmensberatung, Stuttgart 1989, S. 69-88.

4) Siegel, E.S., Ford, B. R., Bornstein, J.M., The Ernst & Young Business Plan Guide, New York, 1993, S. 1-14.

5) Vgl. Pümpin, C., Strategische Erfolgspositionen- Methodik der dynamischen strategischen Unternehmensführung, Bern 1992.

6) Hinterhuber, H.H., Strategische Unternehmensführung-I Strategisches Denken, Berlin 1992, S. 42.

7) Maister, D., Managing the Professional Service Firm, New York 1993, S. 237-242.

8) Gilley, J. W., Coffern, A. J., Consulting for HRD Professionals, Chicago 1994, S. 92.

9) Blunck, Th., Funktionen und Gestaltung institutionalisierter interner Beratungsleistungen, Bern 1993, S. 189-197.

10) Vgl. Albright, R.T. ; Compton, B. R., Internal Consulting Basics, Scottsdale 1996.

11) Vgl. Cockman, P., Evans, B., Reynolds, P., Client-Centred Consulting, Maidenhead 1992.

12) Vgl. Miller, H., The Internal Consultant's Guide, Atlanta, 1997.

13) Voss, R., Prozessbegleitung bei VW, in: Unternehmensberater 1/2000, Heidelberg 2000, S. 66.

14) Oullette, L.P., I/S Internal Consulting- The "must have" Skill for every I/S Professional, Second Edition, Dubuque 1996, S. 15 ff.

15) Vgl. Niedereichholz, Ch., Qualitätsmanagement in der Unternehmensberatung, Loseblattwerk mit Aktualisierungen, Kissing 1996, 97 und 98.

16) Fatzer, G.: Prozessberatung als Organistionsberatungsansatz der neunziger Jahre, in: Organisationsberatung – neue Wege und Konzepte,Wiesbaden 1992, S. 119 und 122.

17) Niedereichholz, Ch., Unternehmensberatung Band II – Auftragsdurchführung und Qualitätssicherung, München 1997, S. 206-246.

18) Für Informationen: www.ernie.ey.com.

19) Vgl.Niedereichholz, Ch., Unternehmensberatung Band I – Beratungsmarketing und Auftragsakquisition, München, 3., vollständig überarbeitete Auflage, erscheint 5/2000.

20) Hofmeister, R., Business Plan, Wien 1996, S. 159.

21) Kubr, Th., Ilar, D., Marchesi, H., Planen, gründen, wachsen, McKinsey & Company, Zürich 1997, S. 131-133.

22) FEACO: Survey of the European Management Consultancy Market 1997, S. 2 und 1998, S. 3. FEACO (Fédéderation Internationale des Associations des Conseils en Organisation) ist die europäische Vereinigung der nationalen Beraterverbände.

Weitere Literaturhinweise

AIMC Newsletter, A Publication of the Association of Internal Management Consultants, Inc., 7960-B Soquel Drive, Suite 296, Aptos, Calif. 95003.

Allanson, S.P., Interne Beratung – Strukturen, Formen, Arbeitsweisen, Dissertation St. Gallen, 1985.

Dekom, A. K., How and Why the Internal Consultat was born, in: Journal of Management Consulting, 3. Jg., 1987.

Heigl, A., Zum Entscheidungsproblem: Fremde oder eigene Unternehmensberatung, in: Zeitschrift Interne Revision 1/1971.

Kelley, R. E., Should you have an Internal Consultant?, in: Harvard Business Review, 12/1979, S. 110-120.

Kienbaum, G., Meissner, D., Zur Problematik des Effizienznachweises von Beratung, in: BFuP März 1979, S. 109-116.

Marclin, M., The Internal Consultant – Drawing on Inside Expertise, Menlo Park 1997.

Petzold, R., Ziele und Bereiche der externen Beratung im Wettbewerb mit der internen Beratung, in: BFuP Juni 1987, S. 529-538.

Steele, F., The Role of the Internal Consultant, Boston 1982.

Thomas, M., Elbeik, S., Supercharge your Management Role – Making the Transition to Internal Consultant, Oxford 1996.

Tita, M. A., Internal Consultants: Captive Problem Solvers, in: Management Review, 6/1982, S. 27-38.

Oefinger, Th., Erfüllung von Beratungsaufgaben in Unternehmungen durch interne und externe Berater, Dissertation Augsburg 1986.

Internes Consulting in Deutschland – Ergebnisse einer Marktuntersuchung

Hartmut Hoyer, Deutsche Telekom AG, Corporate Risk and Insurance Management

Inhaltsübersicht

1   Einführung: Eine Marktstudie zum Thema

Das Consulting gehört zu den Branchen, die hierzulande in den vergangenen Jahren die größten Zuwachsraten verzeichnen konnten: 1991 hatte der Honorarumsatz in Deutschland umgerechnet circa 1,5 Milliarden Euro betragen, 1998 waren es mehr als neun Milliarden Euro [1]. Daraus ergeben sich jährliche Zuwachsraten von durchschnittlich mehr als 30 Prozent. Auf dem Arbeitsmarkt fehlen jedoch gleichzeitig qualifizierte Berater, so dass das enorme Wachstum insbesondere bei den großen Beratungsunternehmen zu strukturellen Problemen führt und teilweise Qualitätseinbußen bei der Auftragsabwicklung mit sich bringt.

Die großen Consulting-Firmen versuchen sich zu helfen, indem sie immer mehr Hochschulabgänger und Junior-Consultants anwerben beziehungsweise ausbilden. Die Kunden beklagen in der Folge zunehmend die Unerfahrenheit der Berater, die ihren Anforderungen an Spezialisierung und hohe Umsetzungskompetenz zuwiderläuft. Auch sprechen Klienten von zu hohen Tagessätzen und „zu theoretischen" Projektergebnissen [2].

Um den hohen Kosten und der sinkenden Beratungs- und Umsetzungsqualität zu begegnen, bauen mehr und mehr Unternehmen und Konzerne mit großem Beratungsbedarf eigene Consulting-Kapazitäten auf. Die Bedeutung des Themas wird jedoch von externen Consultants teilweise unter Hinweis auf die organisatorische Abhängigkeit zwischen internem Berater und Klient heruntergespielt – nicht zuletzt auch zum Schutze des eigenen Berufsstandes. Dabei liegt gerade für externe Berater in der Zusammenarbeit mit den internen Consultants eine beachtliche Chance. Die im folgenden vorgestellte Marktstudie ist deshalb auch für sie von Bedeutung – nicht nur für Top-Manager und interne Berater großer Unternehmen, die sich mit dem Aufbau und der Weiterentwicklung der internen Beratung befassen.

Der Beratungsbedarf von Unternehmen steigt tendenziell mit zunehmender Größe [3]. Dementsprechend lassen sich Überlegungen zum Aufbau von internen Beratungseinheiten vor allem in größeren Unternehmen und Konzernen antreffen.

Im Rahmen einer kürzlich veröffentlichten Marktstudie [4] wurden zwischen Mitte 1998 und Anfang 1999 zwanzig größere Unternehmen und Konzerne [5] angesprochen, die unter anderem mit Zeitungsartikeln und Stellenanzeigen zum Thema interne Beratung in die Öffentlichkeit getreten waren. Die große Resonanz belegt die wachsende Bedeutung des Themas: Mit 87 Prozent der angeschriebenen Unternehmen konnte mindestens ein Interview geführt werden. Einbezogen waren verschiedene Handels-, Transport- und Industrieunternehmen sowie Banken und Versicherungen – also Vertreter von Branchen, die als „klassische" Klienten von Unternehmensberatern gelten [6]. Der Jahresumsatz der befragten Unternehmen lag zwischen einer halben Milliarde und 55 Milliarden Euro. Die Anzahl der Mitarbeiter rangierte zwischen 4.000 und 400.000. Nicht einbezogen wurden öffentliche beziehungsweise gemeinnützige Institutionen, die wegen ihrer besonderen Existenzgrundlage und Zielsetzung in der Regel anderen wirtschaftlichen Rahmenbedingungen unterliegen als Unternehmen, die dem marktwirtschaftlichen Konkurrenzdruck ausgesetzt sind.

---

[1]   Quelle: Bundesverband Deutscher Unternehmensberater BDU e.V.
[2]   Däfler/Rexhausen (1998)
[3]   Steyrer (1991, S. 24); Wohlgemuth (1995, S. 29)
[4]   Hoyer (1999)
[5]   Eine anonyme Darstellung der Ergebnisse war vielfach die Voraussetzung für die Durchführung von
       Interviews; deshalb können die Namen der befragten Unternehmen nicht veröffentlicht werden.
[6]   vergleiche Wohlgemuth (1995, S. 29)

Um eine gewisse Homogenität und damit Vergleichbarkeit hinsichtlich der wirtschaftlichen, politischen und kulturellen Randbedingungen zu gewährleisten, wurden nur deutsche Unternehmen angesprochen. Eine weitergehende regionale Eingrenzung erfolgte nicht.

Im Rahmen der Untersuchung wurden mit Leitern und Klienten von internen Unternehmensberatungen insgesamt dreißig halbstrukturierte Interviews von durchschnittlich je einteinhalb Stunden Dauer geführt. Dabei sollten vor allem Aufgaben und Ziele interner Berater analysiert sowie das Nutzenpotenzial für die Unternehmen abgeleitet werden – sowohl aus der Perspektive interner Klienten als auch aus Sicht des Top-Managements. Von strategischer Relevanz für den Aufbau einer internen Beratung sind insbesondere Fragen der Positionierung und strukturellen Integration solcher Einheiten in einem Unternehmen. Diese Aspekte wurden ebenso untersucht wie andere Erfolgsfaktoren, die das langfristige Überleben einer internen Unternehmensberatung sichern können.

2   Definition und Abgrenzung

Umfassende Abhandlungen zum Thema interne Beratung gibt es bislang nicht; die meisten Beiträge und Studien beschränken sich auf Einzelaspekte [7]. Ein Ansatz zur vollständigen wissenschaftlich-systematischen Durchdringung dieses Themenkomplexes existiert ebensowenig wie eine einheitliche Definition des Begriffes interne Beratung.

Nachfolgend wird von „externer Beratung" gesprochen, wenn die Beratungsleistung durch Unternehmens- beziehungsweise Konzernexterne erbracht wird. Interne Beratung im Sinne dieses Beitrages ist dagegen Consulting, das innerhalb eines Unternehmens oder einer sonstigen marktwirtschaftlichen Organisation stattfindet, wobei Berater und Klient derselben Organisation angehören. Bei Konzernen ist es in diesem Zusammenhang unerheblich, ob Consultant und Kunde demselben Unternehmen oder unterschiedlichen Gesellschaften desselben Konzerns angehören. Entscheidendes Kriterium ist, dass sie beide unmittelbar oder mittelbar einer gemeinsamen Leitung zuzuordnen sind [8].

Wenn interner Berater und Klient einer gemeinsamen Leitung unterstehen, bedeutet das jedoch nicht, dass eine objektive und unabhängige Beratung nicht möglich wäre. Entscheidend für die Autonomie der Dienstleistung ist nicht die formelle, organisatorische Unabhängigkeit des Beraters vom beauftragenden Unternehmen. Die Schlüsselfaktoren, die die Autonomie bei der Auftragserfüllung sicherstellen können, sind vielmehr Persönlichkeit, Selbstverständnis und Verhalten des Beraters – sei er nun extern oder intern [9].

Interne Berater werden in der Regel aus den gleichen Gründen beauftragt wie externe Consultants. In den meisten der untersuchten Unternehmen wird der Beratungsbedarf sowohl durch Interne als auch durch Externe gedeckt. Nach wie vor entfällt dabei ein Löwenanteil auf die externen Consultants.

---

[7]   Detailfragen behandeln insbesondere Allanson (1985), Bellman (1972), Blunck (1993), Dekom(1969), Gale (1970), Gilley/Coffern (1994), Gotsch (1990), Heigl (1971), Hoernke (1970), Kelley (1979), Klanke (1992), Kubr (1996), Meislin (1997), Oefinger (1986), Ouellette (1996), Perlitz (1975), Schmidt (1960), Spechler/Wicker (1980), Spruell (1986), Tait (1970), Tasca (1979), Theuvsen (1994), Tita (1981), Westermann (1990), Witzel (1989).

[8]   vergleiche Kubr (1996, S. 39); Theuvsen (1994, S. 60-61)

[9]   vergleiche „Standards of Independence" and „Code of Ethics" der amerikanischen „Association of Internal Management Consultants" (Internet: www.aimc.org)

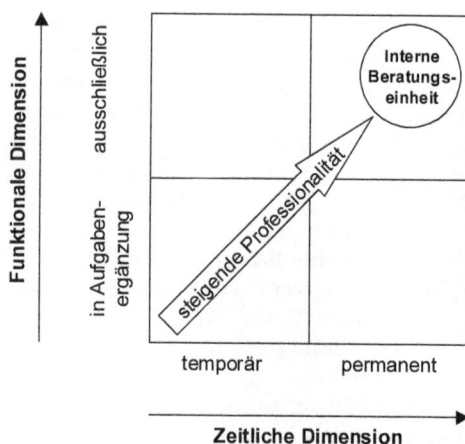

Abb. 1: Funktionale und zeitlche Dimension der internen Beratung.

2.1   Hauptaufgabe oder „Nebenjob"?

Interne Beratung kann sowohl temporär als auch permanent stattfinden. Sie kann von Konzerneinheiten – zum Beispiel von einer Abteilungen oder GmbH – in Ergänzung zu sonstigen Aufgaben oder ausschließlich erbracht werden (Abb. 1).

Temporäres Consulting kann beispielsweise im Rahmen von zeitlich begrenzten Projekten geleistet werden, permanente Beratung können unter Umständen Stabseinheiten neben anderen Aufgaben im Unternehmen wahrnehmen.

Die höchste Professionalität ist von eigens dafür geschaffenen internen Beratungseinheiten – im Folgenden als IBE bezeichnet – zu erwarten. Das ständige und ausschließliche Erbringen von Beratungsleistungen ermöglicht es, das entsprechende Know-how auf einzelne Personen zu konzentrieren, es damit zu institutionalisieren und ständig weiterzuentwickeln. IBE können Abteilungen oder Bereiche innerhalb eines großen Unternehmens, aber auch rechtlich eigenständige Tochterunternehmen in einem Konzern sein.

Nachfolgend werden ausschließlich IBE betrachtet.

2.2   Die Klienten

Bei den internen Klienten sind das Top-Management – also die Mitglieder des Vorstandes beziehungsweise der Geschäftsleitung eines Unternehmens oder Konzerns – und das Management einzelner Geschäftsbereiche als Auftraggeber voneinander abzugrenzen. In der Regel nehmen beide Klientengruppen Consulting-Leistungen in Anspruch; interne Berater sind sowohl an der Unternehmensspitze als auch an der „Basis" präsent. Sie nehmen deshalb häufig auch Vermittlungs- beziehungsweise Schnittstellenfunktionen zwischen den verschiedenen Hierarchieebenen wahr.

Klienten einer IBE müssen nicht zwangsläufig aus der eigenen Organisation kommen. Einige wenige IBE treten auch auf dem externen Beratungsmarkt auf.

Je nach Zusammensetzung des Klientenstamms können vier verschiedene Typen von IBE identifiziert werden (Abb. 2).

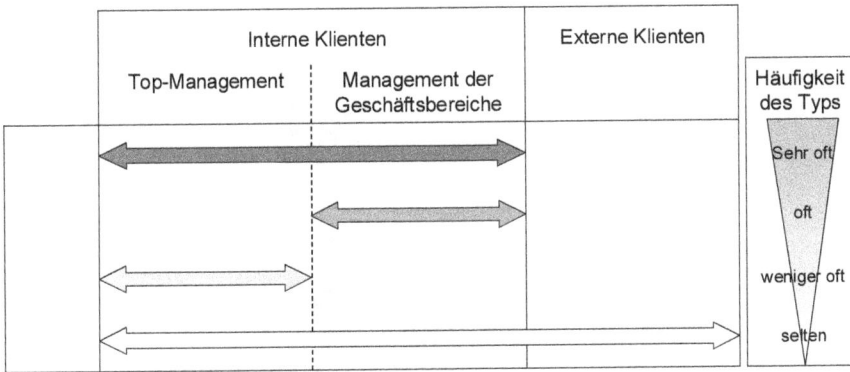

Abb. 2: Zusammensetzung der Klienten je Beratungseinheit.

Am häufigsten ist der Typ A anzutreffen. Das Klientel besteht bei diesem Typ nur aus internen Kunden, wobei diese sowohl dem Top-Management als auch dem Management der Geschäftsbereiche angehören. Bei Typ B und C werden ebenfalls nur interne Klienten bedient, doch beraten diese IBE entweder nur das Management der Geschäftsbereiche oder nur das Top-Management. Einheiten vom Typ D schließlich betreuen das komplette Spektrum interner und zusätzlich auch externe Klienten. Sie sind nur in Ausnahmefällen anzutreffen und kommen externen Beratungsunternehmen am nächsten, weil sie sich weit stärker als IBE der Typen A bis C an die Rahmenbedingungen des externen Beratungsmarktes anpassen müssen.

3   Aufgaben und Ziele der internen Beratung

Existenzbegründend für ein System oder eine organisatorische Einheit ist in erster Linie ihre „Mission" (im Englischen unter anderem „Kampf-" oder „Lebensauftrag"). Sie bildet das Selbstverständnis der Einheit ab und bestimmt ihren Zweck und Auftrag [10]. Von der Mission lassen sich die einzelnen Aufgaben und Ziele ableiten, die das operative Geschäft bestimmen.

Alle untersuchten IBE haben gemeinsam, dass sie stets Veränderungsprozesse im Unternehmen initiieren und begleiten (Abb. 3).

Die konkreten Aufgaben und Ziele der einzelnen IBE unterscheiden sich durch die inhaltlichen Schwerpunkte dieser Veränderungsprozesse. Während einige IBE in erster Linie einen Wandel der strategischen Ausrichtung des Unternehmens initiieren und begleiten, verfolgen andere IBE Reformen auf dem Gebiet des „Humankapitals". Auch strukturelle Veränderungen und solche beim unternehmensspezifischen Wissensmanagement werden häufig in die Hände interner Berater gelegt.

Eine scharfe Abgrenzung dieser Bereiche ist allerdings kaum möglich, da sie in der Regel ineinander greifen. So geht beispielsweise ein Strategiewandel häufig mit strukturellen Veränderungen und einem neuen Ansatz beim Humankapital einher.

Letztlich wirken die internen Berater als „Change Agents" im Unternehmen, die Veränderungsprozesse herbeiführen und begleiten. Ziel ist dabei stets eine positive Geschäftsentwicklung.

---

[10] vergleiche zum Beispiel Drucker (1994, S. 95-104)

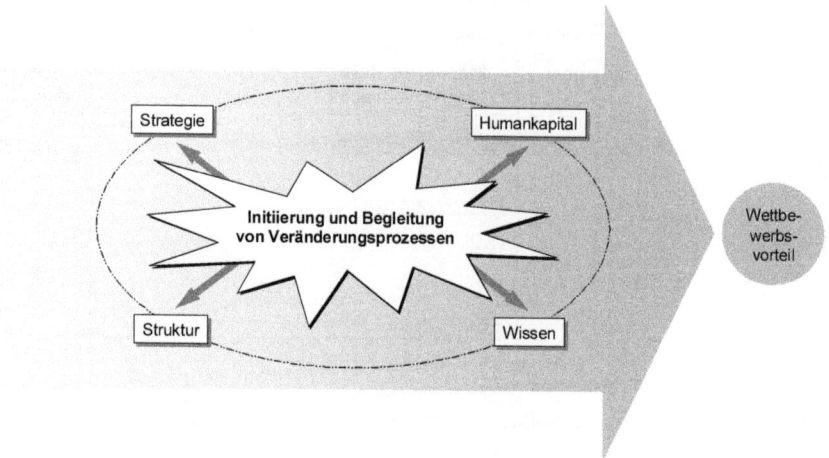

Legende:

≈⟡≈ = „Mission" aller internen Berater
⬚ = Inhaltlicher Schwerpunkt der Veränderungsprozesse
▬ = Beabsichtigte Unternehmensentwicklung
● = Übergeordnetes Ziel

Abb. 3: „Mission" aller internen Berater.

Die Aufgaben und Ziele der IBE können den vier inhaltlichen Schwerpunkten der Veränderungsprozesse zugeordnet werden, also den Bereichen Strategie, Humankapital, Struktur und Wissen (Abb. 4).

3.1 Einsatz für Strategie

Strategiebezogene Aufgaben und Ziele sind grundsätzlich auf die langfristige Existenzsicherung des Unternehmens gerichtet. Auf der Basis von Analysen des Unternehmensumfeldes sowie der internen Stärken und Schwächen werden neue Ideen, Konzepte, Strategien, Produkte und Leistungen entwickelt, die dem Unternehmen zum dauerhaften Erfolg verhelfen sollen.

So ist beispielsweise die interne Beratung eines der untersuchten Vertriebsunternehmen darauf spezialisiert, Marketingkonzepte für die Geschäftsbereiche zu erarbeiten. Ein anderes Unternehmen hat eine solche Einheit aufgebaut, um neue Ideen weiterzuentwickeln, die „in der Linie" generiert worden sind, dort aber wegen fehlender personeller Ressourcen nicht zur „Reife" gebracht werden können.

Aber auch die Abwicklung von Mergers-&-Akquisitions- (M&A-) Projekten durch interne Berater wird immer bedeutsamer in einer Zeit, in der Wachstum ein Imperativ ist und Unternehmen (fast) alles daran setzen, ihre Marktposition zu sichern oder auszubauen.

Der Aufbau eines innovativen Unternehmensimages ist dagegen bei den untersuchten Firmen eher von untergeordneter Bedeutung und eigentlich nur dort relevant, wo auch unternehmensexterne Klienten beraten werden.

Strategiebezogene Aufgaben & Ziele

▸ Analyse - des Marktes
          - des Unternehmensumfeldes
          - der internen Stärken und Schwächen

▸ Entwicklung von - Ideen
                   - Konzepten und Strategien
                   - Produktportfolios etc.

▸ Entwicklung von M&A-Projekten

▸ Aufbau eines Unternehmensimage

Aufgaben & Ziele bzgl. des Humankapitals

▸ Anwerbung/Ausbildung von Führungsnachwuchs

▸ Coaching und Weiterbildung von Managern

▸ "Erweiterung" der Forschungs-, Analyse- und
  Problemlösungskapazität von Top-Managern

▸ Förderung - der Unternehmenskommunikation
             - der Unternehmensziele u. -kultur
             - des Lernens und des Wandels

▸ Ersatz extern eingekaufter Beratungsleistungen

▸ Bewertung von unternehmensexternen Beratern

Strategie   Humankapital

Initiierung und Begleitung
von Veränderungsprozessen

Struktur   Wissen

Strukturelle Aufgaben & Ziele

▸ Optimierung, Restrukturierung und Entwicklung
   der - Aufbau- und Ablauforganisation
        - Leistungserstellungsprozesse
        - Führungssysteme und -prozesse

▸ Implementierung eines ganzheitlichen, partizipa-
  tiven Ansatzes zur Organisationsentwicklung via
   - Marktmechanismen
   - Überzeugung und Commitment

▸ Integration von Unternehmen nach M&A

▸ Projekt- und Schnittstellenmanagement

Wissensbezogene Aufgaben & Ziele

▸ Wissensmanagement
   d.h.   - erkennen,
           - adaptieren,
           - transferieren,
           - generieren,
           - anwenden
           von Wissen und "best pratice"

▸ Entwicklung neuer Kernkompetenzen

▸ Entwicklung von Informationssystemen
  und EDV-Lösungen

▸ Konzentration von projektspezifischem Wissen
  und methodischem Know-how

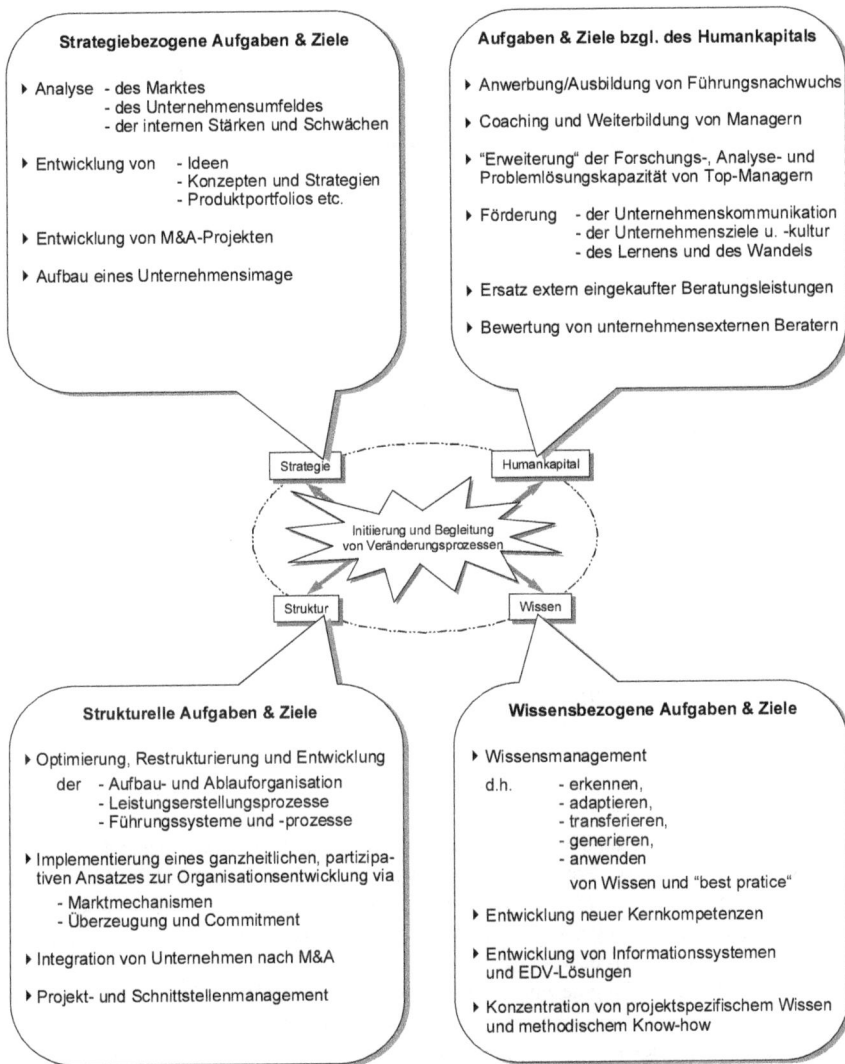

Abb. 4: Aufgaben und Ziele interner Beratungseinheiten.

3.2   Einsatz für Humankapital

Eine wichtige Funktion einer IBE ist die Anwerbung und Ausbildung von Führungsnachwuchs. So ist die interne Beratung ein attraktiver Einsteiger-Job, der dem Junior-Consultant
eine Orientierung im Unternehmen ermöglicht; gleichzeitig kann die IBE der Firma als „Gold-
fischteich" für die Nachwuchsrekrutierung dienen. Natürlich sind IBE auch für im Unternehmen bereits eingebundene „High Potentials" und Manager offen. In einigen Firmen sind sogar mehrere Jahre Erfahrung im Unternehmen Voraussetzung für eine Tätigkeit in der IBE.
Denn solche „alteingesessenen" Berater werden von den internen Klienten häufig besser auf-

genommen: Sie kennen die Firma, ihre Strukturen, die Philosophie und die Ziele, und sie sprechen die gleiche Sprache wie ihre Kunden.

Erfahrung im eigenen Unternehmen wird insbesondere von einer IBE gefordert, die sich mit dem Coaching von Top-Managern beschäftigt. Hier erfolgt die Beratung weniger auf inhaltlicher Ebene im Projekt, sondern vielmehr auf der persönlichen Ebene in einer „One to One"-Situation.

Da die Aufgaben des Top-Managements zunehmend komplexer werden, haben einige Vorstandsvorsitzende eigene interne Beratungseinheiten aufgebaut, die ihnen als „Denkverstärker" zur Analyse und Lösung von Problemen ständig zur Verfügung stehen.

Häufig ist es auch Aufgabe von internen Beratern, die interne Kommunikation und eine positive Unternehmenskultur zu fördern, das Lernen und den Wandel in der Firma zu begleiten. Einschneidende Veränderungen im Unternehmen, wie sie in den dynamischen Märkten der heutigen Zeit immer häufiger erforderlich werden, können zu einer massiven Verunsicherung der Mitarbeiter führen und Widerstände auslösen. Solche Veränderungsprozesse werden zunehmend von internen Beratern mit flankierenden Maßnahmen begleitet, beispielsweise mit breit angelegten Informationskampagnen oder Teambildungs-Workshops.

Einige Unternehmen richten IBE ein, um die Inanspruchnahme externer Berater zu minimieren.

Und nicht zuletzt werden interne Berater beim Einkauf und bei der Bewertung von externen Consulting-Leistungen hinzugezogen. Als „Branchenprofis" traut man ihnen oft am besten zu, die Leistungsfähigkeit eines Beraters einzuschätzen.

3.3   Einsatz für Strukturen

Zu den bedeutendsten Aufgaben von IBE zählen zweifellos die Optimierung, Restrukturierung und Entwicklung der Aufbau- und Ablauforganisation in allen Bereichen des Unternehmens. Die größten Einsparpotenziale bieten dabei – vor allem in produzierenden Firmen – die Bereiche, in denen Material bewegt, verändert oder hergestellt wird. Sie stehen deshalb häufig im Mittelpunkt von IBE-Projekten. Ein im Zuge der Marktstudie untersuchter Automobilkonzern wollte beispielsweise mit Hilfe interner Berater die „Time to Market", also die Zeit von der Produktentwicklung bis zur Markteinführung, senken und gleichzeitig die Entwicklungs- und Produktionskosten verringern.

Auch bei der Entwicklung dezentraler Strukturen in großen Unternehmen und Konzernen spielen interne Berater eine wichtige Rolle. Und das nicht nur, weil sie die zentralen Stäbe in hohem Maße von organisatorischen Aufgaben entlasten können. Wenn die Beratungsaufträge durch die Nachfrage der Betroffenen zustande kommen, ist die Akzeptanz für die so entwickelten Konzepte höher als für „von oben" übergestülpte Konzepte zentraler Stäbe. Wie viele IBE-Leiter bestätigen, sind „bottom-up" entwickelte Lösungen aufgrund des pragmatischeren Ansatzes zudem praxisnäher und deshalb leichter implementierbar. Dass dennoch bei der Konzepterarbeitung übergeordnete Unternehmensinteressen und -ziele einfließen, kann durch eine zentrale Anbindung der IBE an das Top-Management gewährleistet werden.

Letztlich ist mit der Verlagerung von Aufgaben der Organisationsentwicklung von Stäben auf IBE auch ein Wechsel der Streit- und Führungskultur im Unternehmen verbunden: Hierarchisch orientierte Strukturen mit zentralen Stäben werden in dezentrale Teileinheiten beziehungsweise Geschäftsbereiche überführt, in denen der Eigenverantwortung der Geschäftsbereiche und dem Führen über Ziele ein hoher Stellenwert eingeräumt wird.

Eine andere typische Strukturaufgabe von IBE ist die Integration von Unternehmen, wie sie im Zuge von M&A-Projekten erforderlich wird. In einem der untersuchten Fälle wurde eigens für die Fusion zweier Großunternehmen eine IBE gegründet. Ihr Auftrag ist es, die neuen, gemeinsamen Strukturen und Prozesse zu optimieren und dabei Kosteneinsparungen in Milliardenhöhe zu realisieren.

Häufig sind IBE auch bei größeren bereichsübergreifenden Projekten, in die externe Berater eingebunden sind, für das Projektmanagement und/oder -controlling verantwortlich. Der Grund: IBE arbeiten stark projektorientiert und haben deshalb häufig das umfangreichste Projekt-Know-how im Unternehmen.

3.4   Einsatz für Wissen

Dem Wissensmanagement in Unternehmen wird für die Zukunft eine zentrale Bedeutung für das Erreichen von Wettbewerbsvorteilen zugesprochen. So sehen zum Beispiel japanische Firmen ihre Zukunftsaufgabe im Management von „Chi"[11]. Chi steht für die effiziente Anwendung von Wissen, also von Ideen, Informationen, Erfahrungen. Chi kann nur auf kollektiver Basis entwickelt werden und setzt deshalb Organisations-, System- und Teamentwicklungs-Know-how voraus.

Bei diesem Wissensmanagement, das in engem Zusammenhang mit dem Konzept der „lernenden Organisation" zu sehen ist, kommt den internen Beratern künftig eine führende Rolle zu. Eine IBE stellt eine ideale Plattform zum Sammeln, Generieren, Transferieren und Implementieren von Wissen und „Best-Practice"-Lösungen dar.

Beispielsweise verkauft eine der untersuchten IBE ihre Leistungen auch an externe Klienten – nicht nur, um gegenüber der internen Kundschaft die eigene Wettbewerbsfähigkeit zu beweisen, sondern auch, um außerhalb des Unternehmens Informationen über Innovationen und Best-Practice-Ansätze zu sammeln.

Eine andere IBE eignet sich im Rahmen von kleineren, gemeinsam mit externen Beratern für das eigene Unternehmen durchgeführten Pilotprojekten methodisches Know-how an. Anschließend wird die so adaptierte Methode an die unternehmensspezifischen Rahmenbedingungen angepasst und in breit angelegten Projekten im gesamten Konzern angewendet.

Da Wissensmanagement eng mit Datenbanken- und anderen Informationssystemen verknüpft ist, kann teilweise auch deren Entwicklung in den Aufgabenbereich der IBE fallen. Dabei sind internen Berater im Gegensatz zu externen Consultants nicht nur zeitlich begrenzt Helfer beim Aufbau, sondern sie bilden selbst einen dauerhafter Bestandteil unternehmensspezifischer Wissensmanagement-Systeme. Außerdem bleibt das von den internen Beratern beziehungsweise das im Unternehmen generierte Wissen – das wesentlich zum Wettbewerbsvorteil des Unternehmens beiträgt – „im Haus" und unabhängig von externen Personalressourcen und Unternehmen verfügbar.

---

[11]   Scholz (1998)

4 Von der Einrichtung interner Beratungseinheiten

In welche Rollen interne Berater schlüpfen können, lässt sich aus den im vorherigen Kapitel dargestellten Wirkungsbereichen (Strategie, Humankapital, Struktur, Wissen) ableiten. Insbesondere können interne Consultants als Innovatoren, Coaches, Organisatoren und Experten auftreten (Abb. 5).

Die jeweilige Rolle kann mehr oder weniger stark ausgeprägt sein. In der Praxis ist eine exakte Abgrenzung schwer möglich, die Übergänge sind fließend. Je nach Projekt können auch mehrere Rollen gleichzeitig von Bedeutung sein.

Um entsprechende Kernkompetenzen aufbauen zu können, konzentrieren interne Berater beziehungsweise IBE ihre Aktivitäten oft auf bestimmte Veränderungsprozesse. Damit spezialisieren sie sich auch auf besondere Rollen, so dass eine leistungsspezifische Positionierung im Unternehmen erfolgt.

4.1 Der Innovator

Ein Unternehmens erwirtschaftet seine Erträge durch den Absatz seiner Produkte und Leistungen. Doch nahezu jedes Produkt und jede Leistung verliert im Laufe der Zeit auf dem Markt an Attraktivität. Und die Produktlebenszyklen werden immer kürzer, so dass Unternehmen, die wettbewerbsfähig bleiben wollen, ständig neue Produkte und Leistungen entwickeln müssen [12]. Alternativ können mit dem bestehenden Portfolio auf neuen Märkten Erträge erwirtschaftet werden. In jedem Fall aber sind neue Möglichkeiten und Wege zu suchen, damit Produkte und Leistungen auch künftig abgesetzt und die Erträge gesichert werden können.

Dies ist ein ständiger, kreativer Erneuerungsprozess mit dem Ziel, Innovationen zu generieren. Interne Berater, die sich auf die Entwicklung neuer Ideen, Strategien, Konzepte und Produkte spezialisiert haben, lassen sich deshalb als Innovatoren bezeichnen.

4.2 Der Coach

Interne Berater, die sich auf den Mensch im Unternehmen konzentrieren, fungieren als „Coaches". Sie tragen nur indirekt zum Unternehmenserfolg bei. Sie leisten keine direkte Beratung zu einer konkreten, inhaltlichen Problemstellung, sondern sie wollen ihre Klienten dazu befähigen, die Probleme selbst zu lösen.

Die Aufgabe dieser Consultants kann mit der eines Fußballtrainers verglichen werden. Der Coach muss beziehungsweise kann selbst keine Tore schießen. Er kann jedoch seine Spieler so motivieren und trainieren, dass sie die Fähigkeit entwickeln, Tore und Erfolge zu erzielen.

In einem Unternehmen gestaltet sich die Aufgabe ganz ähnlich: Ein guter Coach muss erkennen, was die Mitarbeiter motiviert. Er muss Teams aufbauen können und das langfristige Lernen und Denken im Team fördern [13]. Eine IBE, die sich als Coach im Unternehmen

---

[12] Zum „Product and Demand Life Cycle" siehe zum Beispiel Ansoff (1990; S. 52).
[13] vergleiche Maister (1993, S. 207-221)

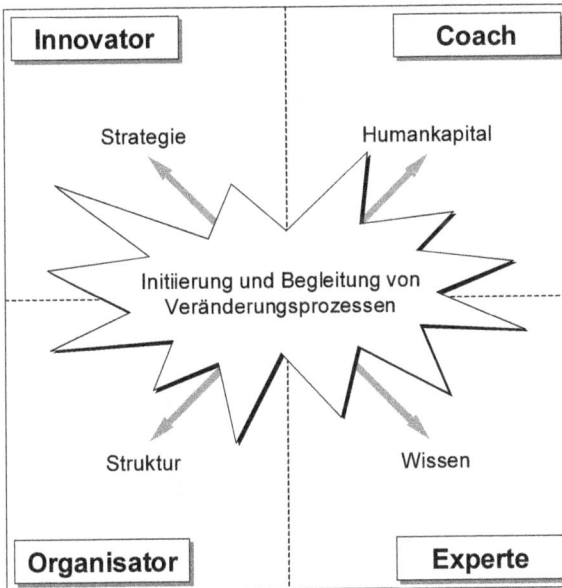

Abb. 5: Rollen interner Berater.

positioniert, hilft Mitarbeitern und Managern gleichzeitig und gemeinsam, bessere Leistungen zu erzielen. Sie trägt zur Fokussierung der unterschiedlichen Interessen und Aktivitäten aller Mitarbeiter auf die gemeinsamen Unternehmensziele bei.

4.3 Der Organisator

Struktur, das ist die Ordnung der Aufgaben, Rollen, Kompetenzen und Verantwortlichkeiten in einem Unternehmen [14]. Der interne Berater als Organisator hilft bei der Erstellung dieser Ordnung; er optimiert die Aufbauorganisation ebenso wie die Prozesse, die mit der Leistungserstellung in Verbindung stehen.

Der Organisator ist eine der häufigsten Rollen von internen Beratern. Die zuvor angesprochenen Dezentralisierungstendenzen großer Unternehmen unterstützen den Trend zum Aufbau von IBE, die diese Funktion wahrnehmen.

4.4 Der Experte

Die internen Berater, die vorwiegend die Förderung und den Ausbau des unternehmensspezifischen Know-hows verfolgen, können als Experten charakterisiert werden, weil sie in der Regel über sehr spezielles Wissen verfügen. In einigen „Experten-IBE" findet man beispielsweise besonderes produkt- und produktionsspezifisches Know-how; andere interne Consultants sind auf Informationstechnologien spezialisiert.

---

[14] Ansoff (1990, S. 354)

Dieses Wissen ist oft nur in ganz bestimmten Unternehmensbereichen von Bedeutung. Deshalb sind diese IBE häufig auch organisatorisch den jeweiligen Funktions- beziehungsweise Unternehmensbereichen zugeordnet (zum Beispiel den Bereichen Produktion, Logistik, EDV). In einigen Fällen existieren verschiedene solcher Beratungseinheiten nebeneinander im Unternehmen, jeweils spezialisiert auf ein anderes Fachgebiet.

4.6   Entwickeln oder kaufen?

Die meisten der betrachteten IBE sind erst innerhalb der vergangenen fünf Jahre entstanden.

Grundsätzlich sind vier verschiedene Wege zu unterscheiden, wie interneBeratung im Unternehmen etabliert werden kann (Abb. 6).

Der Möglichkeit der Weiterentwicklung einer vorhandenen Stabsabteilung zur internen Beratungseinheit wird häufig von Großunternehmen wahrgenommen, die im Zuge der Dezentralisierungen von Aufgaben und Verantwortlichkeiten zentrale Stäbe abbauen wollen. Mit einer solchen Restrukturierung ist in der Regel die Einführung von verursachungsgerechten Controlling-Modellen beziehungsweise marktähnlichen Regularien verbunden; in den Zentralbereichen muss eine Dienstleistungskultur implementiert werden. Ziel ist letztendlich, dass die interne Beratung die klassischen Tätigkeiten der zentralen Stäbe als Dienstleistungen intern an die Abteilungen und Geschäftseinheiten „verkauft".

Vorteilhaft an diesem Konzept mag auf den ersten Blick erscheinen, dass vorhandenes Stabspersonal nicht entlassen werden muss, sondern weiterentwickelt werden kann. Doch das Modell birgt auch erhebliche Risiken und Probleme in sich. So ist insbesondere in der Aufbauphase eine hohe Qualifikation und Leistungsbereitschaft der Consultants erfolgskritisch. Bei den in der Marktstudie befragten Firmen gelang es in der ersten Phase häufig nicht, die Mitarbeiter fachlich und persönlich zu Beratern weiterzuentwickeln, weil der Qualifikations- und Mentalitätssprung vom eher hierarisch orientierten Stabsmitarbeiter zum hoch qualifizierten Dienstleister zu groß war. Darüber hinaus waren die Klienten aufgrund des „Stabsimage" dieser Einheit zum Teil voreingenommen und deshalb besonders kritisch. Die Nachfrage nach diesen internen Beratern blieb aus; die Existenz der Einheit wurde infrage gestellt.

Die Weiterentwicklung von Projektteams zur IBE ist in dieser Hinsicht meist weniger problematisch, da die Mitarbeiter – unter anderem durch die Zusammenarbeit mit externen Beratern – bereits über mehrjährige beratungstypische Projekterfahrung verfügen. Zudem werden häufig auch externe Consultants für die IBE angeworben, die das Unternehmen im Rahmen solcher Projekte bereits kennen gelernt haben.

Das Konzept, eine ganze Beratungsfirma zu übernehmen, ist mit Blick auf die Entwicklung einer einheitlichen Unternehmenskultur als nachteilig zu bewerten. Wer eine Firma kauft, übernimmt gleichzeitig die dort vorhandene Kultur. Ist diese nicht mit der bestehenden Kultur des Unternehmens vereinbar, sind Konflikte vorprogrammiert. Solche Aspekte müssen deshalb bereits in der Akquisitionsphase in die Überlegungen einbezogen werden.

Eine weitere Alternative ist die komplette Neugründung einer internen Beratungseinheit. Oft wird zu diesem Zweck ein erfahrener externer Berater als Leiter eingekauft, der die Abteilung gegebenenfalls mit Unterstützung anderer externer Berater sukzessive aufbaut. Nicht wenige bei der Studie interviewte IBE-Leiter berichteten, dass die interne Beratung in ihren Unternehmen mit Hilfe externer Consulting-Firmen aufgebaut worden sei. Diese Variante hat den Vorteil, dass die IBE mit einem unbelasteten Image startet.

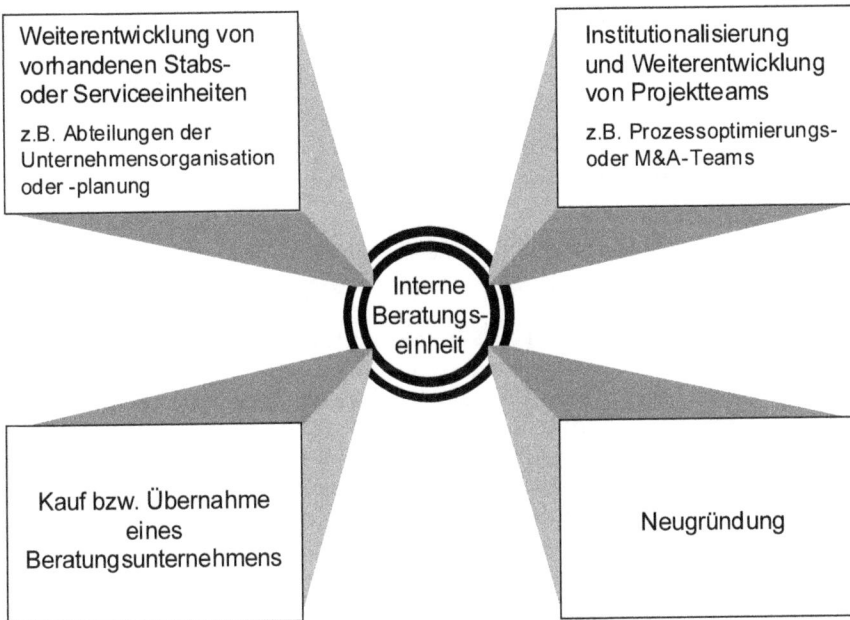

Abb. 6: Verschiedene Wege der Etablierung interner Beratungseinheiten.

4.6   Stab, Serviceeinheit oder GmbH?

Von den zwanzig in die Untersuchung einbezogenen IBE haben nur zwei eine eigene Rechtsform. Eine rechtliche Eigenständigkeit in Form einer GmbH liegt ausschließlich dort vor, wo Beratungsleistungen auch an unternehmensexterne Klienten verkauft werden. Die anderen IBE erbringen ihre Leistungen als unternehmensinterne Stabs- oder Serviceeinheit.

Stabseinheiten haben häufig nur einen Kunden – in der Regel der Vorstand oder das Management des jeweiligen Geschäftsbereiches (Typ B beziehungsweise C). Die Serviceeinheiten bieten dagegen ihre Dienste in einer Art Querschnittsfunktion allen Geschäftseinheiten an (Typ A und D).

Die organisatorische Einbindung der Beratungseinheiten kann sowohl zentral als auch dezentral erfolgen. Bei zentraler Anbindung steht häufig die methodische Professionalisierung und die Lösung bereichsübergreifender Probleme im Vordergrund. Dezentrale IBE sind dagegen häufig auf den Funktions- oder Aufgabenbereich spezialisiert, dem sie organisatorisch angehören [15].

---

[15]   Für weitergehende Betrachtungen zu unterschiedlichen Organisationsmodellen der internen Beratung und deren Effizienz sei auf die von Theuvsen (1994) verwiesen.

4.7   Cost- oder Profit-Center?

Grundsätzlich lassen sich drei verschiedene Konzepte zur internen Finanzierung beziehungsweise Kostenverrechnung von IBE unterscheiden:

– Cost-Center-Konzeption ohne Weiterverrechnung
– Cost-Center-Konzeption mit auftragsbezogener Kostenverrechnung
– Profit-Center-Konzeption

Über Cost- und Profit-Center-Konzepte ist viel geschrieben worden [16]. Hier soll deshalb nur auf die spezielle Bedeutung des jeweiligen Finanzierungsmodells für eine IBE eingegangen werden.

Bei der Cost-Center-Konzeption ohne Weiterverrechnung wird die IBE als allgemeine Kostenstelle geführt. Es erfolgt keine auftragsspezifische Verrechnung der Kosten mit dem jeweiligen internen Auftraggeber. Alle Kosten einer solchen Beratungseinheit werden dem Bereich zugeordnet, dem die IBE auch organisatorisch angehört.

Diese Form der Kostenverrechnung ist deshalb sehr oft bei Stabseinheiten zu finden, die nur einen internen Klienten, zum Beispiel das Top-Management, bedienen, da hierbei auch ohne auftragsspezifische Kostenverrechnung eine eindeutige Zuordnung der Kosten zu dem Klienten möglich ist.

Mit Hilfe dieses Modells möchte sich oftmals der Bereich, dem die IBE zugeordnet ist, auch die Disposition der Beratungskapazität vorbehalten. Würde die Beratungsleistung mit anderen Einheiten verrechnet, entstünde ein Dienstleistungsanspruch des jeweiligen Kostenträgers. Ein solcher Anspruch ist jedoch oft nicht erwünscht – beispielsweise vom Top-Management, weil dieses mit Hilfe der IBE indirekt auch hoheitliche Aufgaben erfüllt.

Bei der Cost-Center-Konzeption mit auftragsspezifischer Kostenverrechnung erfolgt eine verursachungsgerechte Verrechnung der Beratungsleistungen mit den jeweiligen Auftraggebern. In diese Kosten gehen selbstverständlich nicht nur die Einzelkosten eines Beratungsauftrages ein, sondern anteilig auch Overhead-Kosten (Gemeinkosten), wie sie etwa beim Training der Berater anfallen.

Dieses Konzept ist häufig bei Serviceeinheiten anzutreffen, wo ausschließlich verschiedene interne Kunden beraten werden. Es wird gerne eingesetzt, um den Klienten bewusst zu machen, dass mit dem Einsatz der internen Berater ein unternehmerischer Ressourcenverzehr verbunden ist, dem letztlich ein wirtschaftlicher Mehrwert gegenüberstehen sollte. Das Modell wird begünstigt durch die Bestrebungen der Controller, Kosten verursachungsgerecht zuzuordnen.

Da ein „Gewinn" im unternehmensinternen Verrechnungsverkehr nur eine Rechengröße, nicht jedoch einen absoluten Zugewinn für das Unternehmen darstellt, wird für die interne Beratung häufig auch kein Gewinnanteil verrechnet. Entsprechend gering ist der Anreiz für die IBE, von ihren internen Klienten hohe Beratungshonorare zu fordern. So sind interne Consultants bei diesem Modell teilweise erheblich günstiger als externe Berater und haben so in der Regel einen massiven Preisvorteil.

Das kann bewusst so gewollt sein, insbesondere dann, wenn sich die IBE im Aufbau befindet. Dann sind die Leistungen der Einheit möglicherweise noch nicht konkurrenzfähig, oder die internen Berater sollen erst die Möglichkeit erhalten, ihre Kompetenz unter Beweis zu stellen. Das Cost-Center-Konzept mit Kostenverrechnung kann deshalb auch als Vorstufe zum Profit-Center-Modell angesehen werden.

---

[16] Siehe zum Beispiel Anthony/Dearden/Bedford (1989); Blunck (1993); Merchant (1989).

Das Profit-Center-Konzept unterscheidet sich im wesentlichen dadurch vom Cost-Center-Ansatz, dass dem internen Klienten neben den Kosten zusätzlich ein Gewinnanteil in Rechnung gestellt wird.

Unternehmen, in denen die interne Beratung als Profit Center organisiert ist, vertreten die Auffassung, dass internes Consulting genauso teuer sein muss wie die Leistungen der externen Berater. Damit soll verhindert werden, dass die internen den externen Beratern vorgezogen werden, nur weil sie billiger sind. Es soll ein echter Wettbewerb auf qualitativ hohem Niveau entstehen. Zudem soll auch der Klient gezwungen sein, grundsätzlich abzuwägen, ob das infrage stehende Projekt auch bei marktgerechten Beratungskosten noch zu rechtfertigen ist.

Die rechtlich selbstständigen IBE, die auch auf dem externen Beratungsmarkt als GmbH präsent sind, arbeiten in der Regel als Profit Center, weil unternehmensinterne Ressourcen extern nur mit Gewinn eingesetzt werden sollen.

Das Profit-Center-Konzept birgt allerdings die Gefahr von Qualitätseinbußen, weil unter Umständen Aufträge auch über die personellen Kapazitätsgrenzen hinaus angenommen werden, um Profit zu generieren. So können beispielsweise die internen Berater ebenso wie externe Consultants eine „Phantomstrategie" verfolgen. Dabei wird den Auftraggebern nicht die volle Präsenz eines Beraters zugesichert. So kann dessen Leistung mehrfach verkauft und damit die „Sold Time Rate" (fakturierbare Zeit dividiert durch verfügbare Zeit) erhöht werden [17].

Aufgrund des Gewinndrucks sind beim Profit-Center-Konzept Marketingaktivitäten zur Akquisition von Aufträgen von wesentlich höherer Bedeutung als bei den anderen beiden Modellen. Solche Vermarktungsanstrengungen sind jedoch oft von den Unternehmen nicht gewünscht. Denn internes Marketing, das nur der Akquisition von internen Aufträgen dient, verzehrt in jedem Fall unternehmerische Ressourcen des Gesamtsystems, denen auf Unternehmensebene kein direkter Nutzen gegenüber steht. Dabei ist es unerheblich, ob die Leistung zwischen der IBE und dem internen Klienten verrechnet wird oder nicht, da dieser Vorgang rein finanzieller Natur ist und sich nicht in der Bilanzsumme niederschlägt. Es werden lediglich Gelder innerhalb des Unternehmens verschoben.

5 Erfolgsfaktoren

Damit eine IBE dauerhaft erfolgreich sein kann, müssen die strukturellen und leistungsbezogenen Rahmenbedingungen im Unternehmen stimmen. Dabei definiert sich „Erfolg" für interne Berater umfassender als für externe: Während die Kollegen „von draußen" bereits mit einer positiven projektspezifischen Bewertung erfolgreich sind, hängt die Existenz von internen Consultants darüber hinaus von einer langfristig positiven Bewertung durch die Unternehmensleitung ab. Auf diesen Zusammenhang soll vor einer Darstellung der Erfolgsfaktoren kurz eingegangen werden.

---

17 Niedereichholz (1996, S. 13)

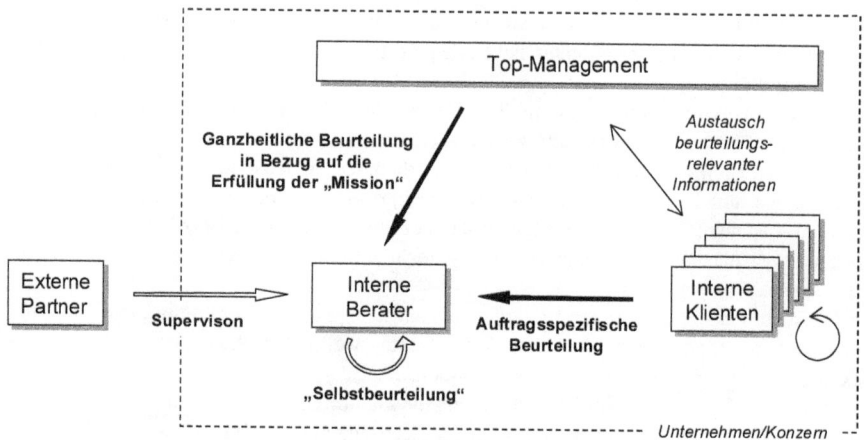

Abb. 7: Beurteilung von internen Beratern.

5.1   Über das Projekt hinaus

Die Leistungen interner Berater werden häufig von mehreren Seiten beurteilt: Von Klienten, vom Top-Management und möglicherweise im Rahmen von Supervisionen auch durch externe Partner (Abb. 7).

Die Supervision ist – ebenso wie die kritische Beurteilung der eigenen Leistungen durch die Berater selbst – für das ständig notwendige Lernen und die Weiterentwicklung der Leistungen erforderlich. Für diese beiden Arten des „Assessment" muss in der Regel der interne Berater selbst die Initiative ergreifen.

Bewertungen der internen Berater durch Klienten und die Unternehmensführung hingegen erfolgen zwangsläufig. Sie sind entscheidend für die Beurteilung des Nutzens interner Beratung. Während die Einschätzung der Klienten auftragsbezogen erfolgt, ist für die Beurteilung durch die Unternehmensleitung meist von Bedeutung, inwieweit die grundsätzliche „Mission" der internen Berater und die damit verbundenen Ziele des Unternehmens erfüllt worden sind.

Die engen Kommunikationsbeziehungen zwischen den Klienten untereinander beziehungsweise zum Top-Management sorgen dafür, dass die Qualität der Leistungen der interner Consultants sehr schnell im Unternehmen, also auf dem internen Beratungsmarkt, bekannt wird. Auch diese Informationen werden in die Bewertung der Unternehmensleitung eingehen. So beeinflussen ein gutes Image der Berater, eine hohe Akzeptanz und eine große Nachfrage nach interner Beratung auch die Einschätzung der Unternehmensführung positiv.

Dabei verbreiten sich Informationen in Unternehmen nach dem Muster eines sehr sensiblen Regelkreises. Dort werden schon kleine Signale verstärkt, so dass sich das System in positive wie negative Richtung „aufschaukeln" kann. Der interne Beratungsmarkt reagiert deshalb hinsichtlich der Beurteilung von Consulting wesentlich empfindlicher auf Fehlleistungen als der externe. Zudem macht es der hohe Vernetzungsgrad fast unmöglich, Misserfolge dauerhaft zu verheimlichen.

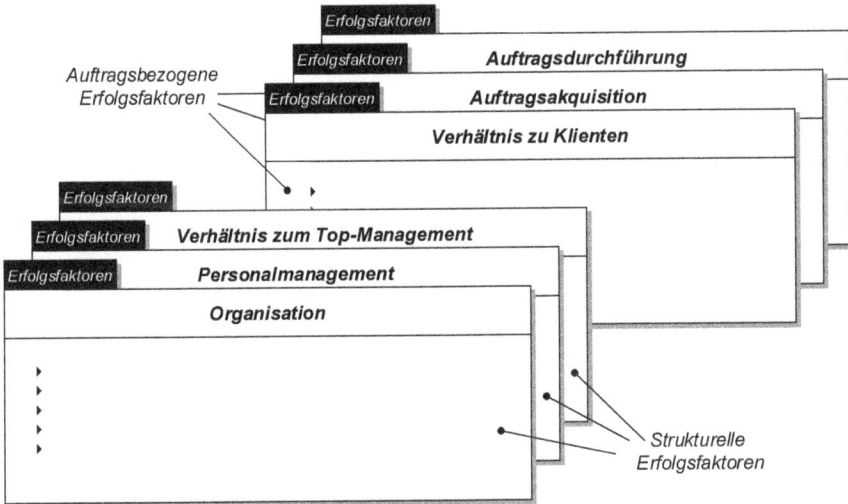

Abb. 8: Klassifikation von Erfolgsfaktoren.

5.2 Strukturell und auftragsbezogen

Wie aber führt man internes Consulting zum Erfolg? Grundsätzlich lässt sich zwischen strukturellen und auftragsspezifischen Erfolgsfaktoren unterscheiden (Abb. 8).

Die strukturellen Erfolgsfaktoren sind wesentlich bei der Schaffung der grundsätzlichen „Lieferbereitschaft" einer IBE. Strukturelle Voraussetzungen für den Erfolg oder Misserfolg der internen Beratung können in der Organisation, im Personalmanagement und/oder im Verhältnis zum Top-Management begründet sein.

Die auftragsspezifischen Erfolgsfaktoren sind bei der eigentlichen Leistungserstellung relevant. Sie können im Verhältnis zu Klienten, in der Auftragsakquisition und der Auftragsdurchführung liegen.

Die vollständige Darstellung aller Erfolgsvoraussetzungen für internes Consulting würde an dieser Stelle zu weit führen [18]. Nachfolgend sollen deshalb nur die wesentlichen Faktoren vorgestellt werden, die für interne Berater im Verhältnis zum Top-Management und zu internen Klienten erfolgskritisch sind.

5.3 Commitment vom Top-Management

Das Verhältnis zwischen internen Beratern und Top-Management ist nicht nur für die Leistungsbeurteilung entscheidend. Von diesem Verhältnis geht auch eine Signalwirkung aus, die für die Bedeutung und das Ansehen der internen Berater im Unternehmen und damit für ihr Verhältnis zu den potenziellen Klienten von grundlegender Bedeutung ist.

Ohne das generelle „Commitment" des Top-Managements zu den internen Beratern wird es diesen stets an Ansehen fehlen. Wenn schon die Unternehmensleitung internes Consulting

---

18 Zur vollständigen Darstellung siehe Hoyer (1999).

nicht schätzt, werden interne Kunden diese Beratungsleistungen erst recht infrage stellen. In der Folge kann es passieren, dass die Nachfrage ganz ausbleibt oder dass Unternehmenseinheiten, die von Projekten interner Berater tangiert werden, ihre Unterstützung verweigern – etwa, indem sie für den Projekterfolg wesentliche Prioritäten nicht einräumen. (Umgekehrt versteht sich von selbst, dass auch das Commitment der internen Berater zum Unternehmen, zu seinen Zielen und zu seinem Top-Management vorhanden sein muss, damit interne Beratung im Sinne des Unternehmens erfolgreich sein kann.)

Ein weiterer wichtiger Faktor für die Nachfrage nach interner Beratungsleistung ist, dass das Top-Management die Unabhängigkeit der Beraterstellung akzeptiert. Sobald die Kunden den Eindruck haben, die internen Consultants würden von der Unternehmensleitung instrumentalisiert, um Macht auszuüben oder bestimmte Informationen „auszuspionieren", werden sie die IBE nicht als Helfer in Anspruch nehmen, sondern sie als Kontrollinstanz betrachten und ablehnen.

Anders ist das Verhältnis zwischen IBE und Top-Management einzustufen, wenn die internen Berater in einer Stabsfunktion ausschließlich für den Vorstand tätig sind. Hier leistet die IBE Unterstützung bei der Beschaffung von vertraulichen Informationen zu verschiedenen Unternehmensbereichen. Einer solchen Einheit wird im Unternehmen möglicherweise Macht zu- und eine Unabhängigkeit eher abgesprochen – ein Image, das für diese besondere IBE mit dem einzigen Auftraggeber Top-Management jedoch eher unbedenklich ist.

Generell ist die Nähe der internen Berater zum Top-Management für die Erfüllung ihrer Aufgaben erfolgsrelevant, weil sie nur so die aktuellen Veränderungen der Unternehmenspolitik und -entwicklungen kennen und zeitnah entsprechende Veränderungsprozesse einleiten können. Häufig versprechen sich die Klienten einen Vorteil von einem engen Kontakt zwischen internen Beratern und Unternehmensspitze, weil sie davon ausgehen, dass die mit den internen Consultants entwickelten Konzepte auch die Zustimmung des Top-Managements finden. Die IBE wird als Bindeglied und Vermittler zwischen der Chefetage und den operativen Unternehmensbereichen betrachtet.

5.4   Akzeptanz und Vertrauen vom Klienten

Der Erfolg der internen Berater bei der Auftragsakquisition beziehungsweise -durchführung hängt wesentlich von der Beziehung zu den Klienten ab. Dieses Verhältnis wird nur dann langfristig erfolgsfördernd sein, wenn es in besonders hohem Maße auf gegenseitiger Akzeptanz und Vertrauen beruht. Denn Berater und Klient sind durch das Unternehmen dauerhaft aneinander gebunden. Sie müssen davon ausgehen, dass sie sich auch nach Auftragsabschluss in dem einen oder anderen Fall wieder begegnen werden. Deshalb überlegt sich insbesondere der Klient sehr genau, inwieweit er dem Berater Einblick in sein „Subsystem" gewährt – vor allem im Hinblick darauf, dass dieser nach einigen Jahren die IBE verlassen und eine Führungsaufgabe im Unternehmen übernehmen könnte.

Für die Ausprägung der Erfolgsfaktoren Akzeptanz und Vertrauen sind zahlreiche Einflüsse auf das Berater-Klient-Verhältnis von Bedeutung. Im folgenden sollen nur beispielhaft einige wesentlichen Determinanten genannt werden:

Fehlende, unzureichende oder gar falsche Informationen über die Aufgaben, Ziele und die Arbeitsweise der IBE im Unternehmen können dazu führen, dass potenzielle Klienten verunsichert werden und im Zweifelsfall von einer Beauftragung der internen Berater Abstand nehmen. So wurde in einem der befragten Unternehmen eine IBE mit dem Namen „Konzernrevision und -beratung" gegründet. Diese Bezeichnung und die Unklarheit über die Abgrenzung von Beratung und Revision bewirkten, dass diese Einheit nie das Vertrauen interner Klienten gewann und nicht lange überlebte.

Wie bereits erwähnt, ist die Akzeptanz deutlich höher, wenn Consulting-Aufträge nicht vom Top-Management „verordnet" werden, sondern durch die eigene Nachfrage des Klienten zustande kommen. In diesem Fall kann der Kunde nämlich davon ausgehen, dass er selbst Kontrolle über die Entscheidungen ausübt, die möglicherweise als Folge des Beratungsauftrages zutreffend sein werden. Interne Beratung sollte deshalb nur auf Anfrage zur Verfügung gestellt werden.

Ebenfalls sehr wichtig: Der Klient muss in den gesamten Problemlösungsprozess eingebunden werden, damit er nicht den Eindruck gewinnt, dass sich die Entwicklungen „verselbstständigen". So äußerte ein Interviewpartner, er trage stets dafür Sorge, dass auch die Informationspolitik über das Projekt im Unternehmen vom jeweiligen Klienten selbst gesteuert wird. Die aktive Teilnahme des Klienten ist aber auch für die Akzeptanz der erarbeiteten Konzepte und Lösungen entscheidend.

In Hinblick auf das Informationsmanagement sind die Erfolgsfaktoren Loyalität, Glaubwürdigkeit, Zuverlässigkeit, Vertraulichkeit und Neutralität von besonderer Bedeutung. Die bereits erwähnten vernetzten Kommunikationsstrukturen zwischen den internen Klienten sorgen dafür, dass entsprechendes Fehlverhalten seitens der Berater schnell bekannt wird. „Kleine Fehler" können so große Auswirkungen, sprich, Vertrauens- und Akzeptanzverluste, nach sich ziehen.

Im Gegensatz zu externen laufen interne Berater Gefahr, wegen ihrer guten Kenntnisse der Strukturen und Personen maßgeblichen Einfluss auf Entscheidungen zu nehmen – möglicherweise sogar auf Wunsch des Klienten. Dabei kann es bereits erfolgsgefährdend sein, wenn der Consultant bei Differenzen zwischen verschiedenen internen Klienten hinsichtlich der Bewertung bestimmter Sachverhalte Partei ergreift. Wenn von den Beratern in solchen Fällen eine Art Rechtsprechung erwartet wird, bleibt dabei in der Regel ein „Verlierer" übrig, der dann möglicherweise künftig auf interne Beratung verzichtet. Interne Consultants sind deshalb gut beraten, bei Differenzen allenfalls als unparteiischer Vermittler aufzutreten.

Grundsätzlich wird die Grundhaltung von Klient und Berater zueinander von der Unternehmenskultur geprägt. So wird der Aufbau des erforderlichen Vertrauens in einer Firma, in der eine offene Kommunikationskultur vorherrscht, einfacher sein als in einem Unternehmen mit einer von Konkurrenzdenken und Misstrauen geprägten Atmosphäre.

Und dann darf natürlich nicht unterschätzt werden, dass eine gute „Performance" Voraussetzung für eine gute Reputation der internen Berater im Unternehmen ist und dass die Nachfrage und der langfristige Erfolg einer IBE nur mit einem entsprechenden Image sichergestellt werden kann.

6 Nutzen interner Beratung

Die Frage nach den Vorzügen interner Beratung stellt sich für das Top-Management eines Unternehmens – das über die Gründung einer IBE zu entscheiden hat – ebenso wie für die potenziellen internen Klienten, die deren Leistungen in Anspruch nehmen sollen. Einzelne Vorteile interner Beratung wurden bereits angesprochen.

Die Ergebnisse der Marktstudie machen deutlich, dass sich der Wert des internen Consulting in den auftragsbezogenen und den systemischen Nutzen unterteilen lässt. Der auftragsbezogene Nutzen ergibt sich für den jeweiligen Auftraggeber unmittelbar aus einem konkreten Beratungsprojekt. Er ist der ausschlaggebende Grund für interne Klienten, einer IBE möglicherweise gegenüber externen Beratern den Vorrang einzuräumen. Dieser Nutzen steht deshalb auch in direktem Wettbewerb zum Nutzen externer Beratungsleistungen. Der systemische Nutzen dagegen ergibt sich aus einer zusätzlichen, bereichsübergreifenden Betrachtung des Beratungsauftrages und des Gesamtunternehmens. Er ist vor allem für das Top-Management mit Blick auf die Steuerung des Unternehmens von Bedeutung.

6.1   Auftragsbezogen

Der auftragsbezogene Nutzen interner Beratung ist in Abb. 9 zusammengefasst.

Der Faktor Zeit wird bei den Veränderungsprozessen in Unternehmen auch in Zukunft weiter an Bedeutung gewinnen. Deshalb wird auch die schnelle Verfügbarkeit von Beratungsleistungen zunehmend wichtiger. Insbesondere für zeitkritische Projekte mit höchster Priorität sind interne Berater schneller verfügbar als externe. Da die externen Consultants meist weitere Unternehmen beraten, kann der jeweilige potenzielle Auftraggeber kurzfristig keinen oder nur ein geringen Einfluss hinsichtlich der Auftragsprioritäten ausüben. Außerdem entfällt bei internen Beratern die Vorlaufzeit für den Einkauf sowie die fachliche und branchenspezifische Einarbeitung. Das spart nicht nur Zeit, sondern auch Geld. Der Aspekt Verfügbarkeit ist ebenfalls wichtig, wenn auf dem Markt spezielle Beratungsleistungen knapp sind.

Setzt man voraus, dass eine IBE hinsichtlich der Qualifikation und des methodischen Knowhows über die gleichen personellen Ressourcen verfügt wie ein externes Beratungsunternehmen, kann davon ausgegangen werden, dass die internen Consultants ihre Aufträge dank guter Detailkenntnisse der Branche, des Unternehmens und seiner Ziele effektiver und effizienter abwickeln als ihre externen Kollegen.

Die Vertrautheit der Berater mit den Strukturen, Personen und Entscheidungsträgern im Unternehmen trägt zur Entwicklung praxisnaher und pragmatischer Lösungen und Konzepte bei. Im Rahmen der Interviews wurde deutlich, dass interne Consultants wesentlich mehr Konzepte implementieren als externe Berater. Das liegt zum einen an den geringeren Kosten der internen Beratungsleistung [19], zum anderen aber auch daran, dass die „Internen" meist einen partizipativen, prozessorientierten Beratungsansatz [20] verfolgen, bei dem die Auftraggeberorganisation eng in die Problemlösung eingebunden ist. Das Einbeziehen in die Lösungsfindung erhöht wiederum die Akzeptanz und Veränderungsbereitschaft der Betroffenen.

Unbestritten ist auch in der Literatur [21], dass der Aufbau interner Beratungskapazitäten ab einem Mindestbedarf an Beratung wirtschaftlich sinnvoll ist. Nicht nur, weil dann darauf verzichtet werden kann, die Berater in kostbarer – und fakturierbarer – Zeit über das zu beratende Unternehmen, seine Produkte und Strukturen zu informieren, sondern auch, weil die Akquisitionskosten bei internen Beratern in der Regel erheblich geringer, teilweise sogar gleich Null sind. Darüber hinaus entfallen meist Gewinnanteile – und selbst wenn sie verrechnet werden, bleiben sie zumindest im Konzern.

---

[19] Die niedrigeren Beratungskosten fallen insbesondere im Hinblick auf den Zeitbedarf für die Implementierung von Konzepten ins Gewicht. Der für die Implementierung anzusetzende Zeitbedarf ist circa drei Mal so groß ist wie die Summe des Zeitbedarfes für die vorherigen Phasen eines Projektes (Niederreichholz 1997, S. 330-331).

[20] Zum prozessorientierten Beratungsansatz siehe beispielsweise Schein (1988).

[21] Perlitz (1975), Oefinger (1986), Theuvsen (1994)

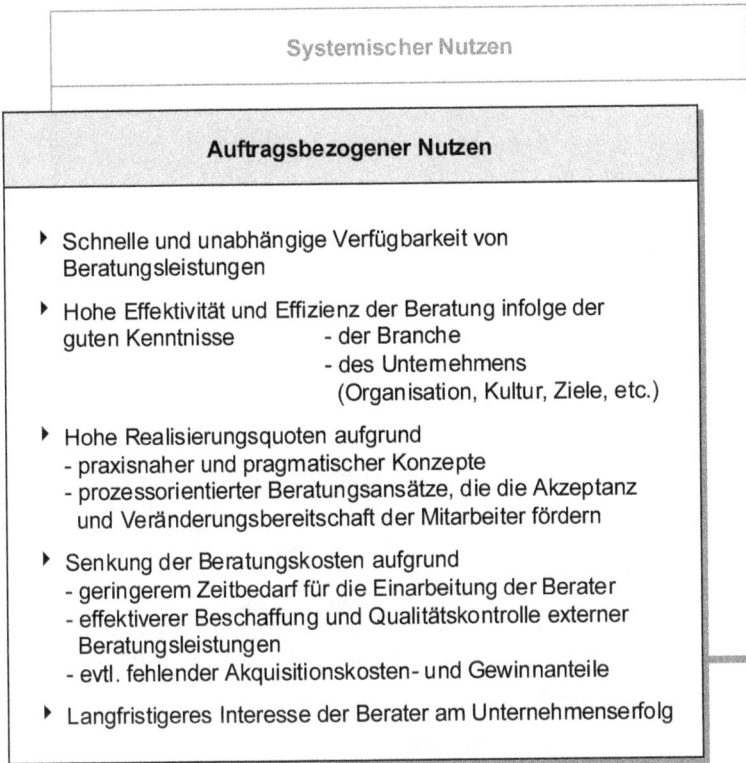

Abb. 9: Auftragsbezogener Nutzen interner Beratung.

Professionelle interne Consultants können aufgrund ihres Beratungs-Know-hows dazu beitragen, den Einkauf und die Bewertung von externen Beratungsleistungen effektiver und wirtschaftlicher zu gestalten. So berichten interne Berater, dass sie bei Verhandlungen mit externen Consultants zwar meist keine niedrigeren Tagessätze aushandeln könnten, dass es aber sehr häufig gelinge, überflüssige Module eines Beratungsvorschlages zu eliminieren.

Nicht zuletzt stellt das langfristige Karriereinteresse der internen Berater am Unternehmen eine wichtige Motivationsgrundlage bei der Erarbeitung von Konzepten und Lösungen dar. Ebenso motivationsfördernd wirkt sich die Möglichkeit des Unternehmens aus, interne Berater langfristig mit Projekterfolgen beziehungsweise -misserfolgen zu konfrontieren. Während ein externer Berater nach Abschluss eines Projektes das Unternehmen meist verlässt und deshalb mit den „Spätfolgen" der Projektentwicklungen nicht mehr konfrontiert wird, haben die internen Berater häufig im Hinblick auf ihre Karriereperspektiven im Unternehmen ein besonderes Interesse an der Erarbeitung und Implementierung von langfristig nützlichen Konzepten und Veränderungen. Solche Erfolge beeinflussen ihre Reputation und damit ihre Karrieremöglichkeiten im Unternehmen unter Umständen erheblich.

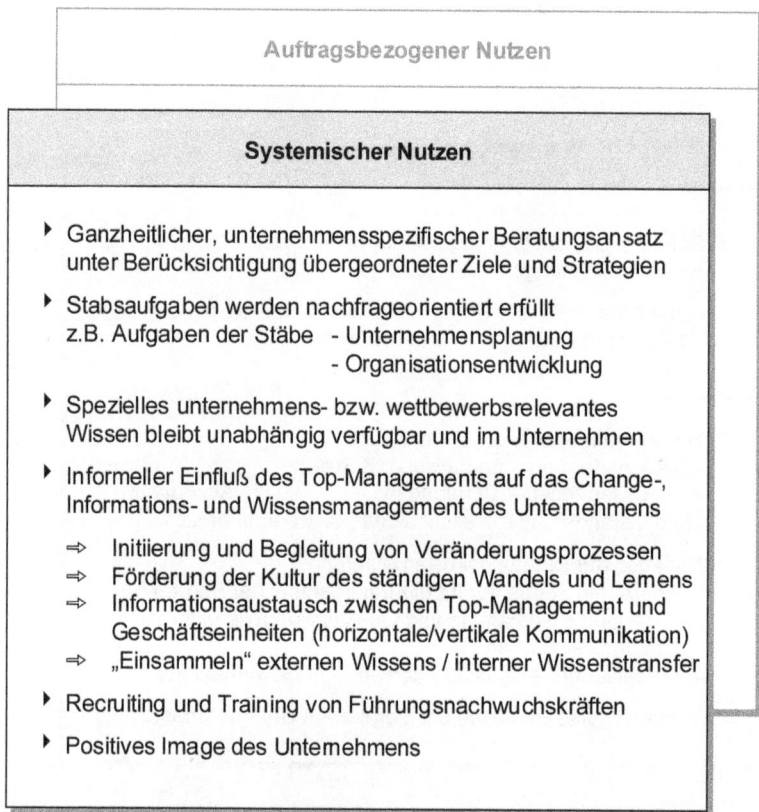

Abb. 10: Systemischer Nutzen interner Beratung.

6.2 Systemisch

Einen Überblick über den systemischen Nutzen interner Beratung bietet Abb. 10.

Ein wichtiger Nutzenaspekt der internen Beratung ist aus Sicht des systemischen Managements der ganzheitliche Beratungsansatz. Während die Perspektive externer Berater meist maßgeblich von den Zielen und Interessen des jeweils beratenen Auftraggebers bestimmt wird, betrachten die internen Berater die Problemstellungen durch die „System-Brille". Dank guter Unternehmenskenntnisse und einer zentralen Anbindung an das Top-Management kann die IBE auch bei dezentraler Verantwortung für die Entwicklung von Konzepten und Lösungen sicherstellen, dass diese in hohem Maße übergeordnete Unternehmensinteressen berücksichtigen.

Dieser Vorzug ist insbesondere dort realisierbar, wo es gelingt, zentrale Stäbe zu IBE weiterzuentwickeln, weil sie meist über umfassende Unternehmenskenntnisse und langjährige Erfahrungen in der Firma verfügen. So werden die Leistungen dieser Stäbe – zum Beispiel hinsichtlich der Organisations- und Unternehmensentwicklung – nachfrageorientiert erbracht. Die Konzepte werden aber besser als zuvor, weil sie die Belange des jeweiligen Beratungsempfängers stärker berücksichtigen und deshalb praxisnäher werden, ohne jedoch das Ganze aus den Augen zu verlieren.

Ein weiterer Nutzen der internen Beratung liegt darin, dass wettbewerbsrelevante Informationen – zum Beispiel unternehmensspezifisches Produkt- und Produktions-Know-how – das Haus nicht verlässt.

Eine IBE kann auch als informelles „Werkzeug" des Top-Managements dienen. Sie initiiert und begleitet Veränderungsprozesse im Unternehmen und stellt deshalb den Nukleus für das ständige Lernen, den Wandel und das Wissensmanagement der Firma dar. In ihrer Mittlerfunktion fördern interne Berater den Informationsaustausch zwischen den Geschäftseinheiten und dem Top-Management sowie den Wissenstransfer von außen nach innen und innerhalb des Unternehmens.

Ein wesentlicher Nutzen ergibt sich außerdem aus der Recruiting- und Trainingsfunktion einer IBE. Führungsnachwuchskräfte lernen nicht nur das Unternehmen und interdisziplinäres Arbeiten kennen, sie können als interne Consultants zudem einen erheblichen Beitrag zum Unternehmenserfolg leisten.

Abschließend ist festzustellen, dass mit einem innovativen Unternehmensimage ein Marketingvorteil verbunden sein kann.

7 Zusammenfassung und Ausblick

Die Komplexität der von Unternehmen zu lösenden Aufgaben nimmt ständig zu. Gleichzeitig erfordert es der Wettbewerb, in immer kürzeren Zeitabschnitten neue Erkenntnisse und Produkte zu generieren. Konzepte, die die Fragen nach dem unternehmerischen Umgang mit diesem raschen Wandel beantworten sollen, gibt es genug. Sie können jedoch erst ihre Wirkung entfalten, wenn sie auch tatsächlich auf allen Hierarchieebenen eines Unternehmens verwirklicht sind.

Viele solcher Modelle blieben in der Vergangenheit in der Realisierungsphase stecken – häufig, weil die Klienten es ablehnten, vielversprechende Konzepte mit Hilfe externer Berater zu implementieren. Bei dieser Ablehnung spielte nicht nur der hohe finanzielle Aufwand eine Rolle. Das Lernen und der Wandel kann einer Organisation nicht von außen verordnet werden; Veränderungsprozesse müssen „im Inneren" in Gang gesetzt werden. Auch ist für die Realisierung interner Konzepte oft eine besondere Umsetzungskompetenz erforderlich, die externe Berater bislang meist nicht oder nicht in ausreichendem Maße zur Verfügung stellen konnten oder wollten.

Die Marktstudie hat gezeigt, dass die Implementierung interner Beratungseinheiten eine Antwort auf die Frage nach dem praktischen Umgang mit dem Wandel und der Notwendigkeit des Lernens innerhalb eines Unternehmens darstellen kann. IBE können die Keimzelle von lernenden Organisationen darstellen. In den Rollen von Innovatoren, Coaches, Organisatoren und Experten initiieren und begleiten interne Berater als Change Agents Veränderungsprozesse in Unternehmen.

Als Innovatoren entwickeln sie neue Ideen, Konzepte, Strategien und Produkte, die die langfristige Existenz des Unternehmens sicherstellen sollen. In den Rollen von Organisatoren gestalten und optimieren sie Strukturen und Prozesse auf allen Hierarchieebenen der Firma. Sie lösen deshalb vielfach – oft im Zuge von Dezentralisierungs-Aktivitäten in großen Unternehmen – die konventionellen Stäbe und Zentralbereiche ab, die bisher für die Organisation verantwortlich waren. Eine der wichtigsten Aufgaben interner Berater in Hinblick auf das Humankapital ist die Entwicklung von Führungsnachwuchskräften für das Unternehmen. In dieser Coaching-Funktion werben die internen Berater zum Teil auch externe High Potentials an. Als Coaches helfen sie außerdem Managern bei der Lösung individueller Problemstellungen und bei der Auswahl externer Berater. Da interne Consultants größtenteils Klienten beraten, die sowohl dem Top-Management als auch dem Management anderer Bereiche zuzurechnen sind, bilden sie ein wichtiges Bindeglied zwischen den Unternehmenseinheiten.

Ihnen kommt nicht nur in der Expertenrolle eine zentrale Bedeutung beim Informations- und Wissenstransfers zu. Auch bei bereichsübergreifenden Aufgabenstellungen oder bei Projekten mit externen Beratern können sie ihre Projektmanagement-Expertise unter Beweis stellen.

Mehr als die Hälfte aller IBE sind direkt dem Top-Management unterstellt. Dies sind hauptsächlich Einheiten, die sich auf strukturelle und strategische Fragen konzentrieren oder direkt als Vorstandsstäbe fungieren. In den anderen Fällen werden dezentrale Lösungen favorisiert. Dies ist insbesondere dann der Fall, wenn Expertenwissen für spezielle Unternehmensbereiche wie zum Beispiel Produktion, Einkauf oder Logistik vorgehalten wird.

Die Zentralisierung von Consulting-Dienstleistungen im Unternehmen hat den Vorteil, dass die Beratungskompetenzen gebündelt und systematisch weiterentwickelt werden können und dass dadurch eine Professionalisierung der internen Berater zu erwarten ist.

Für die strukturelle Etablierung von IBE gibt es grundsätzlich vier Möglichkeiten. Am häufigsten werden die Beratungseinheiten neu gegründet oder bereits vorhandene Stabseinheiten zu IBE weiterentwickelt, obgleich Letzteres wegen des notwendigen Qualifizierungssprunges der Mitarbeiter der schwierigste Weg ist. In vielen der befragten Unternehmen ist die Entwicklung von einer Stabseinheit zur internen Beratung noch nicht abgeschlossen, so dass zum Teil noch ein hoher Professionalisierungsbedarf besteht. Entscheidet sich ein Unternehmen für die Möglichkeit, temporäre Projektteams zu institutionalisieren, ist die Höherqualifizierung der Mitarbeiter wegen der vorhandenen Projekterfahrung einfacher. Die Übernahme von Beratungsunternehmen kann wegen des damit verbundenen Imports einer anderen Unternehmenskultur bedenklich sein. Die zusätzlichen Kapazitäten führen außerdem zu einem sprunghaften Anstieg des Beratungsangebotes, während die entsprechende Nachfrage in der Regel nur sukzessive aufgebaut werden kann.

Bei der Wahl der finanziellen Konzeption sollte in jedem Fall eine auftragsspezifische Verrechnung von Kosten angestrebt werden, um das Bewusstsein interner Klienten für den mit der Beratung verbundenen Ressourcenverzehr im Unternehmen zu fördern. Außerdem gewinnt damit die Evaluierung des Nutzens der internen Beratung durch die Klienten an Bedeutung. Eine Ausnahme stellen die Einheiten dar, die nur einen Klienten – meistens das Top-Management – bedienen. Da eine eindeutige Kostenzuordnung möglich ist, erfolgt in der Regel auch keine auftragsspezifische Kostenverrechnung; die IBE wird als allgemeine Kostenstelle geführt.

Bei der Entscheidung zwischen verschiedenen Center-Konzepten steht vor allem die Frage im Vordergrund, ob die Leistungen der internen Berater für die Klienten billiger als externe Beratungsleistungen angeboten werden sollten oder ebenso teuer. Sofern im Rahmen eines Cost-Center-Konzeptes die Beratungskosten auftragsspezifisch im Unternehmen verteilt werden, haben die internen Berater im Wettbewerb mit externen Beratern in der Regel einen Preisvorteil und werden daher möglicherweise bevorzugt. Einige Unternehmen vertreten dagegen die Auffassung, dass interne Beratung genauso teuer sein muss wie externe, um das Qualitätsniveau des internen Consulting infolge des Wettbewerbszwangs zu heben. In diesen Fällen kommt ein Profit-Center-Konzept zum Einsatz. Das hiermit verbundene Gewinnstreben der internen Berater kann allerdings andere negative Auswirkungen nach sich ziehen.

Marketing hinsichtlich interner Klienten beruht fast ausschließlich auf Direktansprache. Hier hat der interne gegenüber dem externen Berater wegen der guten Unternehmenskenntnis und der Kontakte zu Entscheidungsträgern große Wettbewerbsvorteile. Da der interne Markt auf Signale sehr viel empfindlicher reagiert als der externe, sind Image und Reputation der internen Berater ein wichtiger Erfolgsfaktor; Fehlleistungen lassen sich nicht verbergen. Eine hohe Performance ist somit unbedingte Voraussetzung für den langfristigen Erfolg der internen Berater. Um die Beratungsqualität auf einem hohen Niveau sicherstellen zu können, sollte das Wachstum einer IBE stets moderat verlaufen.

Als Erfolgsfaktoren des internen Consulting können die strukturellen und auftragsbezogenen Voraussetzungen und Gegebenheiten gelten, die maßgeblichen Einfluss auf die Leistung und damit auf die strategische Erfolgsposition [22] einer IBE haben. Sie unterscheiden sich hinsichtlich der Qualifikation und Motivation der Berater nur teilweise von denen externer Consultants. So sind Leistungs- und Lernbereitschaft sowie -fähigkeit und motivierende Rahmenbedingungen auch bei internen Beratern von entscheidender Bedeutung für den Erfolg. Von den „Internen" wird jedoch zusätzlich eine vergleichsweise hohe Umsetzungskompetenz erwartet. Deshalb ist ein ausgewogenes Verhältnis zwischen jüngeren und erfahrenen Beratern wichtig. Der Anteil „alter Hasen" darf nicht mit Blick auf die Führungskräfteentwicklung zu gering gehalten werden.

Eine wichtige Motivationsgrundlage ergibt sich für interne Berater bei der Erarbeitung erfolgreicher Konzepte daraus, dass er wie auch sein Klient demselben Unternehmen oder Konzern angehört. Wie bereits erläutert, kann er nach Misserfolgen nicht ohne weiteres das Klientensystem wechseln, sondern er läuft Gefahr, langfristig mit den Projektresultaten konfrontiert und an ihnen gemessen zu werden. In der Regel sieht er die interne Beratung als persönliche Karriereleiter an und hat deshalb im Vergleich zu einem externen Berater ein besonderes hohes Interesse an dem anhaltenden Erfolg des Unternehmens.

Gleichzeitig führt diese Langfristigkeit der Beziehung von Berater und Klient jedoch dazu, dass sie von besonders hohem Vertrauen geprägt sein muss, damit der interne Berater entscheidende Informationen erhält. Der Klient erwartet selbstverständlich auch die diskrete Handhabung dieser Informationen. Von außerordentlicher Bedeutung für die Wahrung der Vertraulichkeit und damit der Unabhängigkeit der internen Beratung ist, dass das Top-Managment die unabhängige Stellung des Consultants akzeptiert. In Unternehmen, in denen diese Akzeptanz fehlt, kann es interne Beratung im eigentlichen Sinne nicht geben. Die Unternehmens-, Führungs- und Streitkultur, die entscheidend vom Top-Management geprägt wird, hat daher einen erfolgsrelevanten Einfluss auf das „Standing" der internen Beratungseinheit; eine offene, partizipative und wertschätzende Grundhaltung im Unternehmen ist sehr förderlich.

Die strategische Erfolgsposition interner Berater gegenüber ihren externen Kollegen ergibt sich vielfach aus ihrer Realisierungsstärke. Durch die Integration in das Unternehmen und durch Detailkenntnisse über die Branche, die Firma, Personen und Strukturen können interne Consultants ganzheitliche Konzepte schnell, praxisnah und partizipativ entwickeln und umsetzen.

In nahezu allen untersuchten Unternehmen werden Beratungsleistungen nach wie vor in großem Umfang von externen Consultants erbracht. Dies ist vermutlich unter anderem darauf zurückzuführen, dass sich das Leistungsspektrum der internen Berater zum Teil von dem der externen unterscheidet. Schon deshalb wird vermutlich auch künftig keine vollständige Substitution der externen durch interne Beratungsleistungen möglich sein.

Während interne Berater unter anderem aufgrund ihres speziellen, unternehmensspezifischen Wissens eine besonders hohe Umsetzungskompetenz mitbringen, ist das methodische Know-how bei externen Beratungsunternehmen infolge der höheren Einsatzfrequenz der Methoden meist ausgereifter. Auch beim Aufbau neuer Geschäftsfelder verfügen externe Be-

---

[22]   Im Verständnis von Pümpin (1983).

rater oft über eine überlegene Expertise. Sie haben durch ihre vielfältigen Kontakte und Erfahrungen in der Regel eine größere Markttransparenz. Insbesondere externe Einzelberater zeichnen sich oft durch eine erhebliche Nischenkompetenz aus, die dann eingekauft werden muss, wenn die internen Berater nicht über entsprechendes Wissen verfügen.

Ausschließliches Ziel kann deshalb nicht der Ersatz externer durch interne Beratung sein. Vielmehr sollten sowohl interne als auch externe Consultants anstreben, ihre jeweiligen Stärken in gemeinsamen Projekten zum Nutzen der Klienten miteinander zu verbinden. In solchen Projekte können die internen Berater vom methodischen Wissen und von der Professionalität externer Consultants profitieren, die externen Berater wiederum vom Branchen- und Unternehmens-Know-how, der Umsetzungskompetenz sowie der Koordinations- und Vermittlungsfunktion interner Berater. Auf diese Weise könnten innovative Konzepte künftig nicht nur in die Unternehmen hineingetragen, sondern – wenn internen Berater diesen Prozess als Change Agents begleiten – auch vollständig umgesetzt werden.

Literatur

Allanson, Sydney Peter, 1985. *Interne Beratung – Strukturen, Formen, Arbeitsweisen.* Dissertation. St. Gallen.

Anthony, R.N., Dearden, J., und Bedford, N.M., 1989. *Management Control Systems.* 6th Edition; Homewood/Illinois.

Ansoff, H.I., 1990. *Implanting Strategic Management.* 2nd Edition, Prentice Hall; New York.

Bellman, G.M., 1972. What does an Internal Consultant Actually Do? *Management Review,* Vol. 61, No. 11, S. 26-29.

Blunck, Thomas, 1993. *Funktionen und Gestaltung institutionalisierter interner Beratungsleistungen.* Peter Lang; Bern.

Däfler, M.-N., und Rexhausen, D.,1998. „Scharlatane?!" Eine Studie über Auswahlkriterien, Tagessätze und das Image von Beratern. *Unternehmensberater,* 2/1998, S. 16-19.

Dekom, Anton K., 1969. *The Internal Consultant.* AMA Research Study 101; New York.

Drucker, P., 1994. The Theory of the Business. *Harvard Business Review,* No. 5, S. 95-104.

Gale, J. Robert, 1970. Internal Management Consulting in Modern Business. *Financial Executive,* March 1970, S. 16-19.

Gilley, J.W., und Coffern, A.J., 1994 *Internal Consulting for HRD Professionals: Tools, Techniques, and Strategies for Improving Organizational Performance.* R. Irwin; Chicago, London, Singapore.

Gotsch, Wilfried, 1990. Interne Beratung. *Die Betriebswirtschaft,* Vol. 50, S. 132-133.

Heigl, A., 1971. Zum Entscheidungsproblem: Fremde oder eigene Unternehmensberatung. *Interne Revision,* Vol. 6, No. 1, S. 1-13

Hoernke, Hubertus, 1970. Interne Unternehmensberatung. *Industrielle Organisation (io-Management Zeitschrift),* Vol. 39, S. 167-171.

Hoyer, H., 1999. *Strategic Issues of Major Business Corporations on Establishing Permanent Internal Consulting Services.* MBA-Dissertation. University of Lincolnshire & Humberside, Hull (UK).

Kelley, Robert E., 1979. Should You Have an Internal Consultant? *Havard Business Review,* Vol. 57, No. 6, S. 110-120.

Klanke, B., 1992. *Interne Beratung.* S. 101-129. in Wagner, H., und Reineke, R.-D, (Eds.), 1992. *Beratung von Organisationen: Philosophien – Konzepte – Entwicklungen.* Gabler; Wiesbaden.

Kubr, Milan, 1996. *Management consulting: A guide to the profession.* 3rd edition, International Labour Office; Geneva.

Maister, D.H., 1993. *Managing the Professional Service Firm.* The Free Press/Macmillan;
New York.

Merchant, K.A., 1989. *Rewarding Results. Motivating Profit Center Managers.* Boston/Mass.

Meislin, Marcia, 1997. *The Internal Consultant: Drawing on Inside Expertise.* Crisp; Menlo
Park/California.

Niedereichholz, Christel, 1996. *Unternehmensberatung I– Beratungsmarketing und Auftragsakquisition.* 2nd edition, R. Oldenbourg; München.

Niedereichholz, Christel, 1997. *Unternehmensberatung II– Auftragsdurchführung und Qualitätssicherung.* R. Oldenbourg; München.

Oefinger, Thomas, 1986. *Erfüllung von Beratungsaufgaben in Unternehmungen durch interne und externe Berater – Eine theoretisch-empirische Analyse.* Dissertation. Univer-
sität Augsburg.

Ouellette, L. P., 1996. *I/S Internal Consulting: The "Must Have" Skill for Every I/S Professional.* Kendall/Hunt

Perlitz, W., 1975. *Zum Entscheidungsproblem: Eigenfertigung oder Fremdbezug von Unternehmensberatungsleistungen.* Dissertation. Erlangen.

Pümpin, C., 1983. *Management strategischer Erfolgspositionen.* Haupt; Bern und Stuttgart.

Schein, E., 1988. *Process Consultation. Volume I: Its Role in Organization Development.* 2nd
Edition. Addison-Wesley; Reading/MA.

Schmidt, E., 1960. Möglichkeiten und Grenzen firmeninterner Beratung. *io-Management,*
Vol. 29, No. 12, S. 86-90.

Scholz, K.A., 1998. Consulting Trends USA – Asien – Europa. *Unternehmensberater,* 2/1998,
S. 12-15.

Spechler, J., und Wicker, J., 1980. Internal Consulting Groups: Catalysts for Organizational
Change. *Management Review,* Vol. 69, No. 11, S. 24-41.

Spruell, G., 1986. How to be an Internal Consultant. *Training and Development Journal,* Vol.
40, No. 2, S. 19-21.

Steyrer, J., 1991. *Unternehmensberatung – Stand der deutschsprachigen Theoriebildung und
empirischen Forschung.* S. 1-44. in Hofmann, M., (Ed). *Theorie und Praxis der Unternehmensberatung.* Heidelberg.

Tait, R., 1970. Why Firms Prefer Inside Experts. *International Management,* Vol. 25, No. 11,
S. 24-26.

Tasca, A.J., 1979. Developing Internal Consultants. *Training and Development Journal,* Vol.
33, No. 11, S. 34-38.

Theuvsen, Ludwig, 1994. *Interne Beratung: Konzept – Organisation – Effizienz.* Gabler; Wiesbaden.

Tita, Michael A., 1981. Internal Consultants: Captive Problem Solvers. *Management Review,*
Vol. 6, No. 6, S. 27-38.

Westermann, Ralph, 1990. Inhouse-Consulting. *Wirtschafts-Consens,* No. 14, S. 9-10.

Witzel, Reimar H., 1989. *Internes Consulting und Organisationsentwicklung.* S. 69-88. in
Sertl, W., und Zapotoczky, K., (Eds). *Neue Leistungsinhalte und internationale Entwicklung der Unternehmensberatung.* Berlin.

Wohlgemuth, André C., 1995. *Professionelle Unternehmensberatung.* S. 11-38. in Wohlgemuth, André C., und Treichler, Christoph, (Eds). *Unternehmensberatung und Management.* Zürich.

Die ABB
Management Consulting GmbH

Hendrik Weiler, Geschäftsführer

Inhaltsübersicht

1 Einführung

Die ABB Management Consulting GmbH ist eine 100-prozentige Tochtergesellschaft der deutschen Asea Brown Boveri (ABB) AG und als Unternehmensberatung unter dem Dach des weltweiten ABB Konzerns tätig. Der Technologie- und Engineering-Konzern besteht aus rund 1000 Gesellschaften mit knapp 169.000 Mitarbeitern und operiert in über 140 Ländern.

Im Zuge der Fusion von ASEA und BBC wurde 1989 der ehemalige Zentralbereich Materialwirtschaft als ABB Produktionstechnik und Logistik GmbH ausgegliedert und als Dienstleistungsgesellschaft etabliert. Nach sukzessiver Erweiterung des Leistungsspektrums erfolgte per 1. Mai 1996 die Umfirmierung in ABB Management Consulting GmbH.

Im folgenden wird die Struktur der ABB Management Consulting GmbH detailliert beschrieben. Zudem wird auf das zugrundeliegende Selbstverständnis, die erfolgsentscheidenden Kompetenzen sowie das Leistungsspektrum der ABB Management Consulting GmbH eingegangen. Ein Ausblick gibt Aufschluß über die zukünftige Entwicklung der ABB Management Consulting GmbH.

2 Struktur der ABB
Management Consulting GmbH

Innerhalb des ABB-Konzerns gibt es mehrere nationale Beratungseinheiten. Diese eigenständigen Unternehmensberatungen des Konzerns sind durch ein globales Netzwerk verbunden. Das Netzwerk der Process Consultants besteht aus neun Standorten mit mehr als 200 Beratern (vgl. Abbildung 1). Die Process Consultants kooperieren projektbezogen länderübergreifend

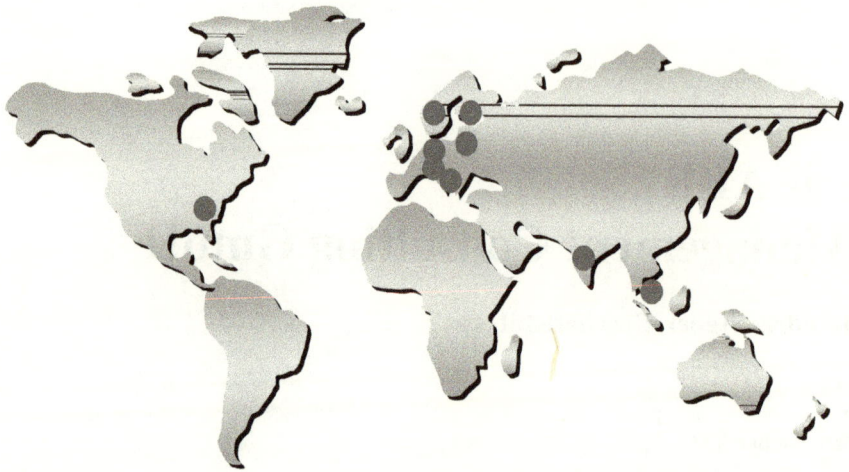

• Über 200 Berater	• 11 Centers of Excellence
• 16 Sprachen	• Vereinheitlichte Trainingsmodule
• Unterschiedliche Kulturen	• 4-5 Management Meetngs p.a.; weltweit
• Projekte in mehr als 20 Ländern	• Koordinierte cross-border-Aktivitäten

Abb. 1: Beratungsnetzwerk der ABB Management Consulting GmbH.

und weisen Projekterfahrungen in über 30 Ländern auf. Als Bestandteil dieses Netzwerkes profitiert die ABB Management Consulting GmbH von einem weltweiten Erfahrungs- und Wissensaustausch. Die länderübergreifende Kooperation bei der Konzeptualisierung neuartiger Beratungsleistungen (z. B. Knowledge Based Management) und der Projektdurchführung ermöglicht die kontinuierliche Weiterentwicklung der Berater sowie der ABB Management Consulting GmbH.

Mit ihren zur Zeit insgesamt 46 Mitarbeitern (35 dieser 46 Mitarbeiter sind als Berater tätig) widmet sich die ABB Management Consulting GmbH vorwiegend in Deutschland ansässigen ABB Gesellschaften sowie ABB-verbundenen Unternehmen. Bis zu 20 Prozent des jährlichen Umsatzes von ca. 14 Mio DM werden jedoch schon heute mit externen Kunden erwirtschaftet.

Die Berater der ABB Management Consulting GmbH sind in fünf "Centers of Competence" (CoC) aufgeteilt (vgl. Abbildung 2). Allerdings wird die organisationale Trennung der fünf CoCs nicht als klassisches Organigramm (miß-)verstanden. Vielmehr ist eine projektbezogene Zusammenarbeit von Mitarbeitern verschiedener CoCs notwendig, um die komplexen Kundenanforderungen erfüllen zu können.

Die Führungsstruktur der ABB Management Consulting GmbH ergibt sich aus der organisationalen Trennung der fünf CoCs. Jedes CoC wird von einem erfahrenen Berater geleitet. Diese bilden gemeinsam mit dem Geschäftsführer das Managementteam. Auf eine zusätzliche Unterscheidung von Junior und Senior Consultants wurde bewußt verzichtet.

Essentiell für die kreative Zusammenarbeit, die Innovationsfähigkeit und somit für die Leistungsfähigkeit der ABB Management Consulting GmbH ist die breite Mischung im Unter-

Abb. 2: Die Centers of Competence der ABB Management Consulting GmbH.

nehmen vorhandener Qualifikation. So verwundert es wenig, daß neben Kaufleuten und Ingenieuren auch Geistes- und Sozialwissenschaftler für die ABB Management Consulting GmbH tätig sind.

Um neben diesem breiten Kompetenzspektrum eine möglichst große Erfahrungsvielfalt sicherzustellen, rekrutiert die ABB Management Consulting GmbH ihre Mitarbeiter aus drei Bereichen. Neben berufserfahrenen Praktikern aus dem Konzern stellt die ABB Management Consulting GmbH Berater und Trainer aus renommierten Gesellschaften sowie hoch qualifizierte Nachwuchskräfte ein.

3 Selbstverständnis

Das übergeordnete Ziel der ABB Management Consulting GmbH besteht darin, gemeinsam mit dem Kunden dessen Wettbewerbsvorteile zu erweitern und zu sichern. Der Kunde und sein Erfolg sind folglich die Zielgrößen des Handelns und integraler Bestandteil des ABB-Wertesystems, zu dem unter anderem Customer Success, Commitment to People und Action Orientation gehören.

Dies findet seinen Ausdruck in der Mission der ABB Management Consulting GmbH:

– Wir sind Praxisberater, die das Geschäft des Kunden verstehen, seine Sprache sprechen und die gängigen Probleme und Umsetzungshürden aus eigenem Erleben kennen.
– Wir erstellen nicht das theoretisch beste Konzept, sondern erarbeiten die optimal umzusetzende Lösung. Jedes unserer Beratungsprodukte wurde im eigenen Unternehmen getestet und erfolgreich umgesetzt.
– Wir bilden vor Ort gemeinsame Projektteams mit unseren Kunden und setzen die Projektergebnisse unmittelbar mit ihnen um.
– Wir führen Projekte nur bei hoher Erfolgswahrscheinlichkeit für den Kunden durch.
– Wir messen den Beratungserfolg an konkreten Ergebnisverbesserungen unserer Kunden.

Durch das breite Kompetenz- und Erfahrungsspektrum ist die ABB Management Consulting GmbH in der Lage, Beratungsleistungen anzubieten, die sich durch Ganzheitlichkeit auszeichnen. Die CoC-übergreifende Zusammenarbeit der Berater ermöglicht die exakte Anpassung der Beratungsleistung an die Erfordernisse der Kunden.

Im Mittelpunkt der Beratungsaktivitäten der ABB Management Consulting GmbH steht die Umsetzung der gemeinsam verabschiedeten Maßnahmen. Daraus resultiert oftmals eine langfristige Zusammenarbeit mit dem Kunden. Das dafür notwendige Vertrauensverhältnis wird in den ersten Wochen gezielt gefördert. Die Kunden der ABB Management Consulting GmbH fühlen sich als gleichberechtigte Partner, deren Anregungen und Ideen maßgeblich zu dem Erfolg der Projekte beitragen.

Über die unmittelbare Beratungsleistung hinaus versteht sich die ABB Management Consulting GmbH als ein Instrument zur gezielten Personal- und Führungskräfteentwicklung im ABB-Konzern ("Kaderschmiede"). Die Berater erweitern während ihrer drei- bis fünfjährigen Verweilzeit in der ABB Management Consulting GmbH gezielt ihre Kompetenzen. Neben on-the-job-Maßnahmen im Rahmen interdisziplinärer Projekte zählen dazu auch individuelle längerfristige Personalentwicklungsprogramme. Zielsetzung ist, diese im Rahmen der Tätigkeit für die ABB Management Consulting GmbH erworbenen Kompetenzen dem ABB-Konzern dauerhaft zur Verfügung zu stellen.

4 Leistungsspektrum

Jede Unternehmensberatung, intern oder extern, gründet ihren unternehmerischen Erfolg im wesentlichen auf der Kompetenz der Mitarbeiter. Die gezielte Weiterentwicklung und Nutzung dieser Fähigkeiten und Kenntnisse steht daher im Mittelpunkt der Aktivitäten der ABB Management Consulting GmbH. Durch aktives Wissensmanagement gelang es, diesen Prozeß zu intensivieren.

Die Kompetenz der ABB Management Consulting GmbH liegt im Erschließen von Potentialen über die gesamte Wertschöpfungskette. Abbildung 3 verdeutlicht die zentralen Kompetenzen, auf denen der Erfolg der ABB Management Consulting GmbH beruht. Neben dem Branchen-Know-how und dem Funktionalen-Know-how können das Methoden- und Prozeß-Know-how hervorgehoben werden.

Das fundierte Branchen-Know-how wird von den ABB Gesellschaften in besonderem Maße geschätzt und stellt einen wichtigen Differenzierungsaspekt von externen Beratungsgesellschaften dar. Die Kenntnis der ABB-Welt, die gemeinsame Sprache und der Blick für das Machbare erleichtern die Zusammenarbeit mit dem Kunden und gewährleisten die Umsetzbarkeit gemeinsam verabschiedeter Maßnahmen.

Das funktionale Know-how der ABB Management Consulting GmbH wird durch gezielten Kompetenzaufbau kontinuierlich erweitert. Die Erarbeitung neuer Konzepte sowie die Weiterentwicklung bewährter Produkte sind Bestandteil der Tätigkeit jedes Mitarbeiters. Unter Berücksichtigung individueller Kenntnisse und Interessen sowie der strategischen Ausrichtung der ABB Management Consulting GmbH wird in einem Zielvereinbarungsgespräch abgestimmt, für welche inhaltlichen Schwerpunkte der einzelne Mitarbeiter die Produktverantwortung übernimmt.

Gleiches gilt für das Methoden-Know-how und Prozeß-Know-how. Beide können als Grundlage für die Beratungsleistungen der ABB Management Consulting GmbH betrachtet werden. Während funktionales Know-how relativ kurzfristig aufgebaut werden kann, basieren Methoden- und Prozeß-Know-how in stärkerem Maße auf der individuellen Erfahrung der Berater. Durch die interdisziplinäre Zusammensetzung der Projektteams und die Anforderungsvielfalt

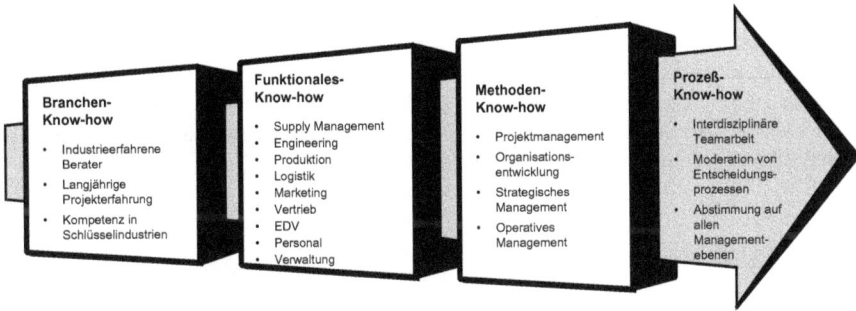

Abb. 3: Kompetenzen der ABB Management Consulting GmbH.

der Beratungstätigkeit können die Berater ihren Erfahrungshorizont erweitern und alte Handlungsmuster überdenken.

Das breite Kompetenzspektrum der ABB Management Consulting GmbH spiegelt sich in einem vielseitigen Produktangebot wider. Abbildung 4 verdeutlicht, daß jedes CoC einen spezifischen Fokus hat, der durch die jeweiligen Beratungsleistungen verdeutlicht wird.

Die CoCs ergänzen sich dabei in ihrer Ausrichtung und bilden in ihrer Gesamtheit die Bandbreite unternehmerischer Fragestellungen ab. Allerdings können in der Abbildung auch Überschneidungen festgestellt werden. Diese Überschneidungen sind nicht willkürlich, sondern durchaus beabsichtigt. Schließlich fördert die Zuständigkeit mehrerer CoCs die Diskus-

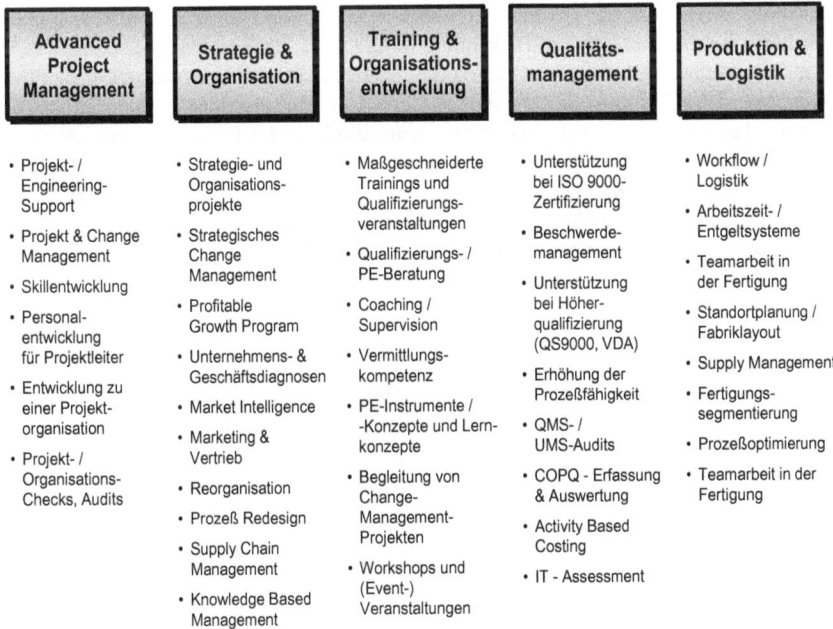

Abb. 4: Das Leistungsangebot der ABB Management Consulting GmbH.

sion der Konzepte, den persönlichen Austausch und dient somit auch der Zusammenarbeit sowie der Etablierung eines geteilten Verständnisses.

Durch dieses breite Kompetenzspektrum, die internationale Zusammenarbeit mit anderen Beratungseinheiten der Process Consultants sowie die unterschiedlichen individuellen Erfahrungen ist die ABB Management Consulting GmbH in der Lage, ihre Kunden bei anspruchsvollen Problemstellungen zu unterstützen.

5 Ausblick

Die ABB Management Consulting GmbH existiert in der aktuellen Konstellation zwar erst seit fast vier Jahren, kann aber insgesamt auf eine zehnjährige Historie zurückblicken. In dieser Zeit ist es gelungen, die ABB Management Consulting GmbH auf dem ABB-internen Markt zu etablieren. Durch die gezielte Erweiterung der Personalkapazität konnten die Anforderungen des internen Beratungsmarktes erfüllt und Kompetenzen strategisch erweitert werden. In Zukunft wird es darum gehen, die Wettbewerbsposition der ABB Management Consulting GmbH zu festigen und auf dem externen Markt zu erweitern.

Die ABB-Gesellschaften sehen den Vorteil einer konzerninternen Beratung vor allem in der fundierten Kenntnis der eng verzahnten, dezentralen Wertschöpfungsstrukturen. Da die meisten Projekte zudem von Beginn an umsetzungsorientiert durchgeführt werden und der Berater somit als "change agent" tief in die Kundenorganisation integriert ist, erweist sich die gemeinsame Konzernzugehörigkeit durchaus als Vorteil. Nichtsdestotrotz haben die ABB-Gesellschaften vollkommene Entscheidungsfreiheit in der Wahl eines Beraters und führen oftmals ein "competitive bidding" zwischen externen Unternehmensberatungen und der ABB Management Consulting GmbH durch.

Auch aus diesem Grunde gewinnt der (ABB-)externe Markt für die ABB Management Consulting GmbH zunehmend an Bedeutung. Da die ABB Management Consulting GmbH sowohl gesellschaftsrechtlich als auch von der inneren Struktur und Organisation als Profit Center ausgerichtet ist, kann sie ohne maßgebliche Konzernrestriktionen selbstbestimmt am externen Markt agieren. Der ganzheitliche interdisziplinäre Lösungsansatz und die durch Referenzen nachweisbaren Projekterfolge im eigenen Konzern und am externen Markt begünstigen ein Alleinstellungsmerkmal gegenüber etablierten externen Unternehmensberatungsgesellschaften. Zudem trägt die weltweite Vernetzung nationaler Beratungsgesellschaften des ABB Konzerns zu einem umfangreichen Wissensaustausch bei.

Interne Unternehmensberatung am Beispiel der BASF

Johannes Heuck, Leiter Zentrales Controlling

Inhaltsübersicht

Die interne Unternehmensberatung in der BASF hat sich bedarfsorientiert im Laufe von mehr als zwei Jahrzehnten entwickelt. In dieser Zeit sind eine zentrale und mehrere dezentrale Beratungsgruppen entstanden. Während erstere eher als allgemeine Managementberatung zu sehen ist, haben sich letztere mehr auf bestimmte Fachgebiete spezialisiert, z.B. Marketing und Vertrieb, Logistik, Qualitätsmanagement u.a.m.

1   Ursprung

Die zentrale Beratungseinheit entstand 1978/1979. Damals bestand einerseits die Notwendigkeit eine Gemeinkosten-Wertanalyse zu betreuen, die zusammen mit einem externen Beratungsunternehmen durchgeführt wurde. Andererseits sollte die "andere" Wertanalyse nach DIN 69910 im Unternehmen eingeführt werden.

Vier Mitarbeiter widmeten sich anfänglich diesen Aufgabenstellungen. Diese kleine Beratergruppe war bewußt dem konzernzentralen Controlling zugeordnet worden. Man sah darin drei Vorteile:
– Neutralität gegenüber Bereichsinteressen,
– Zugang zu betriebswirtschaftlichen Daten,
– Unmittelbare Beauftragung durch den Vorstand für einheitsübergreifende Projekte.

2   Aufbau

In den ersten zehn Jahren wurde durch Zusammenarbeit mit externen Beratern allmählich ein Beratungs-Know-how aufgebaut und die Akzeptanz im eigenen Unternehmen durch geduldige und überzeugende Beratungsleistungen erreicht.

Um 1988 war aus der Wertanalysegruppe eine sechsköpfige Beratereinheit entstanden, deren Beratungsschwerpunkt auf der Durchführung von Strukturanalysen, d. h. der kostengünstigen Gestaltung von Abläufen und Strukturen, lag. Daneben hatte diese Einheit auf Wunsch des Vorstandes zwei weitere Funktionen zu erfüllen:
– Einkauf externer Beraterleistungen,
– Evidenzzentrale für die Tätigkeit externer Berater im Unternehmen.

Dadurch sollte sichergestellt werden, daß der Einsatz externer Berater koordiniert und mit bestmöglichem Nutzen für das eigene Unternehmen erfolgte. Daraus folgte für die interne Beratereinheit das folgende Aufgabenbündel:

- Beratung im Vorfeld von Veränderungsvorhaben,
- Durchführung von Beratungsprojekten, vorzugsweise solchen mit einheitsübergreifenden Problemstellungen,
- Aufbau und Pflege von Fachkompetenz zur Beurteilung externer Beraterleistungen und zur eigenständigen Beratung innerhalb des Unternehmens,
- Unterstützung bei der objektiven Auswahl externer Berater,
- Mitwirkung beim Abschluß von Beraterverträgen,
- Pflege von aktuellen Informationen über Beratereinsätze in der BASF zur Weitergabe an interessierte Stellen im Unternehmen.

Dieses Aufgabenspektrum gilt auch heute – nach weiteren zehn Jahren – ohne Einschränkung. Es ist ergänzt worden durch die Beratung bei der Gestaltung der Organisationsstrukturen des Konzerns. Die Personalstärke ist dementsprechend auf elf Berater angestiegen.

Eine elfköpfige Beratergruppe kann nicht alle Projektwünsche aus dem Unternehmen erfüllen. Entweder fehlt es an der nötigen Kapazität, denn i.a. stehen nie mehr als zwei Berater für die Durchführung einer Analyse zur Verfügung, oder es mangelt am erforderlichen Methoden-Know-how in den eigenen Reihen. Beide Nachteile werden in unserem Unternehmen mit gutem Erfolg dadurch ausgeglichen, daß Berater-Teams aus mehreren der acht existierenden Beratergruppen zusammengestellt werden. So können größere Projekte bearbeitet werden, für die andernfalls die meist teureren externen Berater zum Einsatz kämen.

3   Zusammenarbeit mit Externen

Es wird nicht angestrebt, auf externe Berater ganz zu verzichten. Sie übernehmen die Bearbeitung von Fragestellungen, wenn intern kein ausreichendes Methodenwissen vorhanden ist, die interne Beraterkapazität zu gering ist oder wenn die spezielle Problemlage erkennen läßt, daß der außenstehende Berater die Aufgabe wirkungsvoller bearbeiten kann.

Innerhalb der genannten natürlichen Grenzen können diese relativ kleinen internen Beratergruppen jedoch einen wertvollen Beitrag zur Veränderung von Prozessen und Strukturen in einem Unternehmen leisten. Neben begrenzter Eigenentwicklung von Beratungsmethoden lernen sie methodisch aus der Zusammenarbeit mit externen Beratern. Die stark dezentrale Organisationsform des internen Beratungswesens wird durch die freiwillige Kooperation der verschiedenen Beratungseinheiten überbrückt.

4   Personalstruktur

Die interne Beratung, besonders die zentrale Gruppe, beschäftigt Mitarbeiter aus allen Berufsgruppen der naturwissenschaftlichen und kaufmännischen Fachrichtungen. Neben älteren Kollegen mit langjähriger Beratungserfahrung arbeiten junge Mitarbeiter für ca. drei Jahre in den Beratungsgruppen mit. Die interne Beratung leistet damit einen Beitrag zur Führungskräfte-Entwicklung.

5   Verrechnung

Als Dienstleister verrechnen unsere internen Berater ihren Einsatz zu Vollkostensätzen ohne Gewinnaufschlag, da Service-Einheiten in unserem Unternehmen grundsätzlich als Cost-Center geführt werden. Der teilweise vorhandene Wettbewerb unter den internen Beratereinheiten und die Möglichkeit für den internen Auftraggeber externe Berater einzusetzen, üben einen ausreichenden Druck auf die Beratereinheiten aus, um auch ohne Profit-Anreiz eine gute Leistung zu erbringen.

Erfahrungsbericht: Interne Beratung in einem Großunternehmen der Chemischen Industrie

**Dr. Wolfgang Werner, Degussa-Hüls AG,
Integrationsoffice & Beratung**

Inhaltsübersicht

1   Vorbemerkung

Der folgende Bericht bezieht sich im wesentlichen auf die Jahre 1996 bis 1998 in dem Umfeld der damaligen Hüls AG. Die wesentlichen dort beschriebenen Strukturen, Randbedingungen und Funktionen bestehen heute nicht mehr. Sie sind in dem Fusionsprozeß mit der ehemaligen Degussa AG zur Degussa-Hüls AG verändert oder ganz aufgegeben worden. Rückschlüsse auf heutige Strukturen, sofern diese nicht explizit erläutert werden, sind somit nicht zulässig.

Zweck der Ausführungen ist demnach, eher exemplarisch die damals gewählte Vorgehensweise bei der Gründung und Entwicklung einer Internberatung zu schildern und Erfolgsfaktoren und Realisierungsfallen aufzuzeigen.

2   Das unternehmerische Umfeld

Wichtig für das Zustandekommen und die Entwicklungschancen einer Internberatung ist die jeweilige Situation, in der sich ein Unternehmen befindet. Dieses kann sich fördernd oder ausgeprochend hemmend auf die Bereitschaft auswirken, interne Kapazitäten für Beratungskapazitäten zu schaffen und zu unterhalten.

Die damalige Hüls AG bot Mitte 1995 sehr gute Voraussetzungen für eine erfolgreiche Gründung:

1. Das Unternehmen hatte einen sehr schwierigen Umgestaltungsprozeß hinter sich mit einem Turn-around, der sich in einer Ergebnisverbesserung von etwa 1,4 Milliarden DM bei einem Umsatz von ca. 11 Milliarden DM ausdrückte. Verbunden war dieser Umschwung mit einem Personalabbau von ehemals 42000 auf 29000 Mitarbeiter, der im wesentlichen ohne Kündigungen vollzogen wurde.
2. Die Veränderung war begleitet von einer breiten Mobilisierung der Belegschaft und einer mehr unternehmerischen Ausrichtung der Einstellung der Führung, der Strukturen und der Abläufe. Eine wichtige Konsequenz war der Wille der Mitarbeiter, die Zukunft aus eigener Kraft zu gestalten.
3. Der Veränderungsprozeß wurde durch interne Teams mit starker Unterstützung externer Berater bewirkt. Dabei durchliefen insbesondere die beteiligten internen Team-Mitarbeiter eine intensive Schulung in Managementmethoden. Es entstand das Bedürfnis, diese Erfahrungen und dieses Know-how auch weiterhin zu nutzen und die Abhängigkeit von externer Beratung zu reduzieren.
4. Diese Unternehmensstruktur wurde zu dem damaligen Zeitpunkt gezielt in Richtung einer strategischen Holding verändert. Damit wurden Raum und Freiheitsgrade geschaffen für unternehmerisch ausgerichtete Einheiten im operativen und insbesondere auch im Dienstleistungsbereich.

Das Zusammenwirken aller dieser Faktoren, verknüpft mit der nachdrücklichen Bereitschaft der Unternehmensleitung, speziell auch des damaligen Vorstandsvorsitzenden, die beratungsintensive Lösung von Zukunftsaufgaben und Problemen auch in die Hände von internen Mitarbeitern zu legen, war ein idealer Nährboden für das Entstehen einer Beratungseinheit.

Daß sich bei Veränderung dieser Randbedingungen, wie sie in einem Fusionsprozeß naheliegend und sinnvoll sein können, auch die Existenzfrage selbst für eine erfolgreiche Internberatung neu stellen kann, wird später aufgezeigt.

3   Der Gründungsprozeß

Im Laufe des Turn-arounds der Hüls AG reifte im Unternehmen die Erkenntnis, daß Maßnahmen ergriffen werden müssen, um ähnlichen Schieflagen des Unternehmens wie vor dem dramatischen Ergebniseinbruch zu vermeiden.

Dazu gehörten unter anderem: eine verbesserter Strategieentwicklung, verbesserte Steuerungssysteme, die Eigenverantwortung fördernde Strukturen und nicht zuletzt das Bündeln und systematische Nutzen des Know-hows aus der Umgestaltungsphase.

3.1 Aufgabendefinition und Dimensionierung

Zunächst wurde das Ziel verfolgt, die Nachfrage im Unternehmen nach Beratung, die Bereitschaft diese intern zu vergeben und die daraus resultierende Mitarbeiterzahl zu ermitteln. Bekannt waren die in der Vergangenheit für Externe ausgegebenen Honorare, immerhin mit Spitzenwerten von DM 50 Mio. im Jahr 1994. In der damaligen Sondersituation des Unternehmens trat dabei nahezu ausschließlich der Vorstand als Auftraggeber auf. Der Vorstand hatte aber schon angekündigt, daß er sich mehr und mehr aus dieser Rolle zurückziehen werde.

Folglich wurde insbesondere die nächste Ebene in Interviews und Workshops befragt und gemeinsam mit ihnen das Konzept eines „Reengineering-Teams" erarbeitet. Aus der mehr als konservativen Bedarfsabschätzung ergab sich eine Teamstärke von 5 (!) Mitarbeitern. Diese Gruppe bildete dann den Kern der Beratungseinheit.

3.2 Einbeziehung der Erfahrungen anderer

Bei der Entwicklung des Konzepts für eine Internberatung waren zwei renommierte Unternehmensberatungen beteiligt. Es ist nur fair festzuhalten, daß diese die Notwendigkeit zur Stärkung der Abwehrkräfte des Unternehmens von innen heraus erkannt haben – auch auf die Gefahr hin, daß ihnen der eine oder andere Beratungsauftrag dadurch entgeht wird. Mit ihrer „Hilfe zur Selbsthilfe" haben sie dazu beigetragen, auch einen effektiven Weg zur zukünftigen Zusammenarbeit aufzuzeigen. Die Hinweise und Tipps, z.B. zur Gestaltung der Organisation, zur Gestaltung der Supportfunktionen oder zur Akquisition aus der eigenen Beratungspraxis heraus haben den Start erleichtert. Eine weitere Quelle waren bereits existierende Inhouse- Beratungen in anderen Unternehmen. Im Bereich der Großindustrie waren diese damals noch nicht zahlreich vertreten. Wertvolle Unterstützung wurde von der Managementberatung der ABB und der VW-Coaching geboten.

3.3 Beteiligte Organisationseinheiten festlegen

Es war von vorneherein klar, daß bei der damaligen Hüls AG die Internberatung unter Nutzung bestehender Organisationseinheiten gebildet werden soll. Dabei war man sich bewußt, daß dies der risikoreichere Weg gegenüber einer Neugründung („auf der grünen Wiese,,) war. Die Gefahr bestand darin, daß eventuelle Akzeptanz- oder Imageprobleme von Einzelgruppen auf die gesamte Beratungsorganisation übertragen werden. Dieses trat auch ein (siehe Kapitel „Chancen und Risiken").

In Abbildung 1 sind die Organisationseinheiten aufgeführt, die nach einem breiten Screening in die Internberatung überführt wurden. Dabei sind einige Besonderheiten festzuhalten: **Bei DOR (Dienstleistungsbereich Reengineering und Organisation)** handelt es sich um die oben erwähnte Reengineering- Team, angereichert um dringend benötigte Organisationsfunktionen.

Die **Arbeitswirtschaft** setzte sich zusammen aus etwa 20 Meistern, die in der Vergangenheit mit REFA- Methoden die Bemessungsgrundlage für die Ermittlung von Leistungslöhnen erarbeiteten. Nach Abschaffung dieser Art von Leistungszulagen wurde im Rahmen der Managementberatung der letztlich sehr erfolgreiche Versuch gewagt, die spezifischen Methoden und Kenntnisse für die Gestaltung von Prozessen und die Dimensionierung von Organisationseinheiten zu nutzen.

Am 1.12.1995 wurde DMO, der
Dienstleistungsbereich
Managementberatung und Organisation,
aus der Taufe gehoben.

Initiative des Vorstandsvorsitzenden,
Patenschaft des Personalvorstands

Als Dienstleistungsbereich
direkt beim Vorstand angebunden

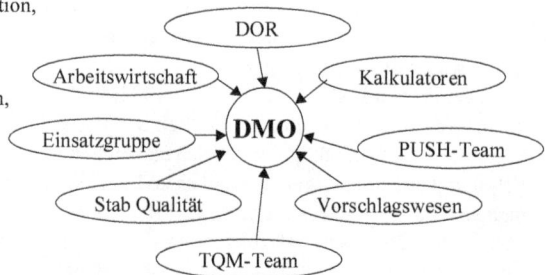

DOR
Arbeitswirtschaft
Kalkulatoren
Einsatzgruppe
DMO
PUSH-Team
Stab Qualität
Vorschlagswesen
TQM-Team

Startorganisation mit 5 Gruppen und 110 (!) Mitarbeitern,
heterogene Aufgaben und Mitarbeiterstrukturen

Abb 1: Beim Start der Internberatung zusammengeführte Einheiten.

Bei den **Kalkulatoren**, acht Mitarbeitern mit ebenfalls inzwischen weggefallenen Aufgaben in der Nachkalkulation von Gewerken, gelang die Integration nicht. Sie wurden nach
etwa einem Jahr in den dann gebildeten Zeitservice versetzt. Ebenso bildete die **Einsatzgruppe**,
eine Gruppe von 30 Facharbeitern, den Kern des zukünftigen Hüls-Zeitservice.

Der **Stab Qualität** mit einem **TQM-Team** und dem angegliederten **Betrieblichen Vorschlagswesen** bildete eine weitere Säule der Managementberatung. Die auf Qualitätsmanagement, Verbesserungsaktivitäten und Organisationsentwicklung ausgerichtete Arbeit bildete
eine gute Ergänzung des Beratungsportfolios.

Eine der wesentlichen organisatorischen Aufgaben der ersten beiden Jahre war es, aus dieser heterogenen Mischung eine schlagkräftige Beratungsgruppe zu formen. Dieser Prozess
war unter anderem damit verbunden, daß alle sogenannten „hoheitlichen Aufgaben", Len-
kungsaufgaben die im Vorstandsauftrag wahrgenommen wurden, wie z.B. das betriebliche
Vorschlagswesen, abgegeben wurden. Die Mitarbeiterzahl wurde in diesem Bereinigungspro-
zess von ursprünglich 110 auf die Hälfte reduziert.

3.4   Organisationsstruktur festlegen

Sowohl in der Anfangsphase als auch in den Folgejahren hat sich die Frage der organisatorischen Anbindung immer wieder gestellt – und sie wurde zu verschiedenen Zeiten unterschiedlich beantwortet. Mit einer Ausnahme (Verselbständigung) wurden die prinzipiell denkbaren
Lösungen ausprobiert.

Zu Beginn war die organisatorische Frage sehr schnell und einfach zu beantworten: die
Internberatung sollte als Experiment mit ausdrücklichem Willen des Vorstandes etabliert werden, so daß eine direkte Anbindung als Zentralabteilung an den Vorstand nahelag. Daß das
betreuende Vorstandsmitglied der Personalvorstand war, ergab sich eher zufällig, weil in der
Person des Arbeitsdirektors ein starker Förderer der Aktivitäten vorhanden war.

Um nicht in den Verdacht zu kommen, bei der neuen Abteilung handele es sich um einen
neuen verlängerten Arm des Vorstandes, wurde von Anfang an darauf geachtet, daß der Dienst-

leistungscharakter der Tätigkeit im Vordergrund stand. Dies äußerte sich unter anderem in der Namensgebung. Die damalige Kurzbezeichnung DMO stand für „Dienstleistungsbereich Managementberatung und Organisation".

Bei der Weiterentwicklung des Konzerns zu einer strategischen Holding, war vom konzeptionellen Ansatz her kein Platz mehr für zentrale, vorstandsunmittelbare Dienstleister. Alle internen Dienstleister wurden, sofern sie nicht einen hohen Anteil an Konzernfunktionen wahrnahmen, ausgegliedert.

Die Ausgründung der Managementberatung als eigenständige Gesellschaft wurde ernsthaft erwogen und mit allen Beteiligten einschließlich der Mitbestimmungsgremien diskutiert. Letztendlich kam kein Konsens darüber zustande. Wesentlich dabei war, daß die Frage nach dem Mehrwert einer rechtlich eigenständigen Organisationsform bei einem fast ausschließlich intern genutzten Dienstleister nicht deutlich gemacht werden konnte. Die Managementberatung wurde deshalb in die Hüls Infracor GmbH integriert, eine Standortgesellschaft mit damals 4500 Mitarbeitern.

Als Geschäftsbereich der Dienstleistungsgesellschaft Infracor war die Managementberatung ein akzeptierter und willkommener Ergebnisbringer. Es konnte jedoch nicht außer acht gelassen werden, daß Managementberatung kein Kerngeschäft eines auf chemietypische Standortdienstleistungen konzentrierten Unternehmens sein kann.

Diese Einschätzung hat die weitere Diskussion bestimmt, die dann von der Fusion mit der damaligen Degussa AG überlagert wurde. Als Endergebnis ist ein neuer Konzernbereich mit erweiterten Aufgaben entstanden.

4   Innere Strukturen

In der Beratungsgruppe wurde von Anfang an versucht, mit einem Minimum an Hierarchie auszukommen. In sich geschlossene Einheiten wie die Arbeitswirtschaft und das Vorschlagswesen wurden als Abteilungen geführt, die restlichen Mitarbeiter bildeten einen Beraterpool mit drei Coaches, denen Mitarbeiter zugeordnet waren. Die Hauptaufgaben der Coaches waren, sich um die Beurteilung und Weiterentwicklung der ihnen zugeordneten Mitarbeiter zu kümmern, abgesehen von ihren sonstigen Aufgaben wie Akquisition, Projektentwicklung und häufig auch Projektleitung.

Während der Projekte wurde die eigentliche Mitarbeiterbetreuung durch die Projektleiter wahrgenommen. Die Projektleiter wirkten natürlich auch an der Mitarbeiterbeurteilung mit. Der Vorteil dieser Organisationsform lag darin, daß sich keine Abteilungstrukturen mit der Gefahr von Abteilungsegoismen verfestigten. Sie hatte jedoch den Nachteil, daß bei Mitarbeitern Unsicherheiten über die jeweiligen Zuständigkeiten auftreten konnten.

Im Rahmen eines Organisationsentwicklungprojekte, bei dem alle Mitarbeiter beteiligt waren, wurde auf eine klassische Abteilungsstruktur übergegangen, nicht ohne aber die überlagerte Projektorganisation beizubehalten.

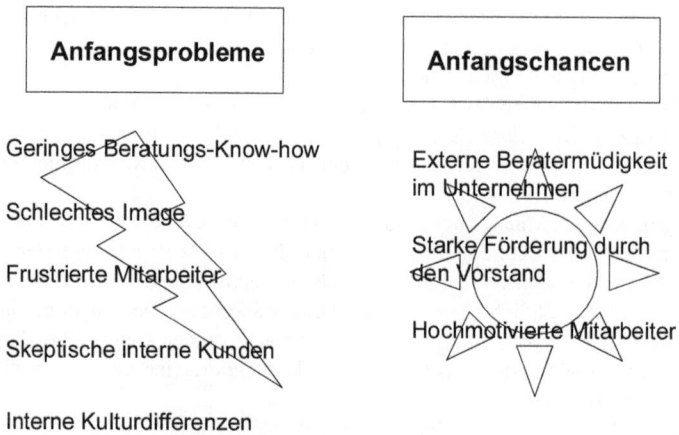

Abb. 2: Risken und Chancen der Gründungsphase Ende 1995.

5   Chancen und Risiken der Anfangsphase

Bei der Schilderung des unternehmerischen Umfeldes wurde bereits ausgeführt, daß die politischen Randbedingungen günstig waren, für die Gründung einer Internberatung (Abbildung 2).

Dazu gehörte insbesondere die sehr starke Unterstützung durch den Vorstand, die bei der Akquisition der ersten Projekte auch erforderlich war.

Günstig war weiterhin eine „Beratermüdigkeit„ gegenüber externen Beratern verbunden mit dem Gefühl, genug gelernt zu haben, um das Schicksal selbst in Hand nehmen zu können.

Wichtigstes Kapital war ein Stamm von sehr guten, hochmotivierten Mitarbeitern, die die Chance gesehen haben, etwas im Unternehmen bewegen zu können. Diese Motivation drückte sich unter anderem aus in einem überproportionalen Arbeitseinsatz und einer für ein traditionelles Großunternehmen damals noch unüblichen Flexibilität.

Demgegenüber gab es auch Mitarbeiter, die keine Wahlmöglichkeiten bei dem Wechsel in die Internberatung hatten und für die Tätigkeit dort nicht die erforderliche Motivation mitbrachten. Es war ein längerer Prozeß, diese Mitarbeiter zu integrieren oder sich von ihnen zu trennen.

Bei vielen der übrigen Mitarbeitern war in der Anfangsphase bei allem Enthusiasmus für die Sache, das Beratungs-Know-how noch nicht entwickelt. Intensive Schulungen und Zusammenarbeit mit externen Beratern halfen über diese Klippe des ersten Jahres.

Bis heute nicht eindeutig gelöst ist das Imageproblem, verursacht durch die breit im Unternehmen diskutierte Vermutung, bei der Internberatung handele es sich um eine Auffangstelle für zeitweise nicht unterzubringende Mitarbeiter. In der Anfangsphase gab es auch in der Tat solche Fälle, die dann in der üblichen Art nur zu gerne generalisiert wurden. Auch wenn inzwischen diese Fälle weitgehend gelöst sind und die Managementberatung durch ausgezeichnete Projekte bewiesen hat, daß sie mindestens so gut arbeitet wie viele externe Beratungen, kommt dieses Vorurteil auch heute noch immer wieder hoch. Dieses, die Akquisition und die Arbeit behindernde Problem, hätte nur durch eine Neugründung mit handverlesenen Mitarbeitern, losgelöst von bestehenden Organisationseinheiten, vermieden werden können.

Zielsetzung der ersten Projekte

Erfahrung sammeln durch Zusammenarbeit mit Externen	Bekanntheitsgrad erhöhen	Eigenes Profil gewinnen
- TOP-Projekte mit McKinsey	- Strategieentwicklung und Prozeßverbesserung für die Philharmonia Hungarica	- Optimierung der Analytik
- Beschaffungsoptimierung mit Dicke & Wicharz		- Logistik des Werkes Nünchritz
- Personalprozesse mit AT Kearney		- Change-Management für den Hüls-Konzern
- Materialwirtschaft mit AT Kearney		
- Customer Bonding mit McKinsey		

Abb. 3: Zusammenstellen der wichtigsten Projekte im ersten Jahr.

6 Produktportfolio der Inhouse-Beratung

Für eine Beratungseinheit mit breitgefächertem Mitarbeiterspektrum, sowohl von den Kenntnissen als auch den Fähigkeiten her, stellt sich die Frage einer Selektion von Aufträgen in der Anfangsphase nicht.

Sofern die Aussicht auf eine erfolgreiche Bewältigung des Auftrages besteht, wird das Problem angepackt. In dieser Phase wurde häufig noch die Unterstützung externer Berater in Anspruch genommen um Know-how- Defizite und sehr schnell auch Kapazitätsengpässe auszugleichen.

Die Zusammenarbeit war mit ganz wenigen Ausnahmen sehr zufriedenstellend.

Die wichtigsten beteiligten Berater und einige der gemeinsam durchgeführten Projekte sind in der Abbildung 3 aufgeführt.

Von der Vorerfahrung der Mitarbeiter her gesehen waren Effizienzsteigerungsprojekte, mit der TOP-Methodik und mit arbeitswirtschaftlichen Methoden, sowie Organisationsentwicklungsprojekte und Managementsystemeinführungen die wichtigsten Aktivitätsfelder.

Parallel dazu wurde in einem Goodwill-Projekt versucht, die Leistungsfähigkeit der Internberatung öffentlichkeitswirksam nachzuweisen. Dazu bot sich ein ortsansässiges, weltbekanntes Orchester an, das in eine ernste Existenzkrise geraten war. Es wurde eine neue Strategie für das Orchester entwickelt und das dazugehörige Marketingkonzept erarbeitet. Gleichzeitig wurden die inneren Strukturen des Orchesters mit Methoden der Organisationsentwicklung verbessert. Das Projekt wurde von der lokalen Politik, der Presse und der Unternehmensöffentlichkeit mit kritischem Interesse verfolgt. Es hatte den gewünschten Effekt, dass das Orchester zusätzliches Rüstzeug für einen erfolgreichen Weiterbestand erhielt, und die Managementberatung eine positiv belegte Bekanntheit erreichte.

Sehr schnell nach der erfolgreichen Etablierung des neuen internen Dienstleisters stellte sich die Frage, nach einer Fokussierung der Beratungsprodukte. Die Erfahrung der ersten beiden Jahre zeigte, dass eine qualitativ hochwertige Beratungsleistung in der bisher angegangenen Methodenbreite nicht durchzuhalten war. Darüberhinaus ergab eine Nachkalkulation der durchgeführten Projekte, daß etliche Beratungsprodukte bzw. Dienstleistungen nicht attraktiv waren. Die Attraktivität wurde ermittelt aus den Faktoren

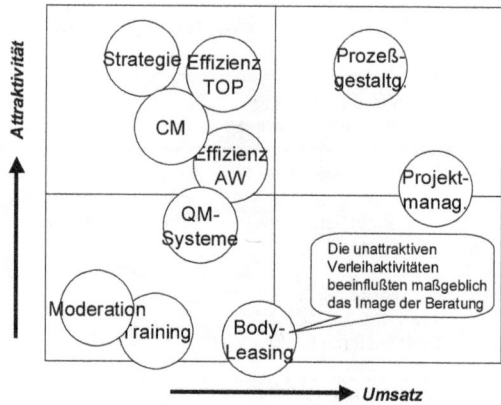

Abb. 4: Produktportfolio im 3. Jahr.

– Marktwachstumspotential: Wie sieht die Nachfrage innerhalb des Unternehmens in den
  nächsten drei Jahren aus?
– Erzielbare Rendite: Wie wird die Beratungsleistung honoriert? Welche Preise können externe Berater durchsetzen?
– Standardisierungspotential: Läßt sich das Produkt, ohne großen zusätzlichen Entwick-
  lungsaufwand an mehreren Stellen des Konzerns einsetzen?
– Sichtbarkeit im Unternehmen: Kann durch das Produkt das Image der Internberatung
  innerhalb des Unternehmens positiv gestärkt werden?
– Kundenbindungspotential: Sind aus dem Projekt heraus Folgeprojekte im gleichen Bereich zu erwarten?

Zur Ermittlung des Marktwachstumspotentials wurde eine Befragung aller internen Kunden
durchgeführt und zum Vergleich auch externe Studien herangezogen.

Die Portfolio- Betrachtung der Attraktivität in Abhängigkeit vom Umsatz ist in Abbildung 4
dargestellt. Es zeigte sich, daß Prozeßgestaltung und Projektmanagement die bei weitem in-
teressantesten Aktivitätsfelder waren. Insbesondere die Fähigkeiten der Mitarbeiter, Projekte
jeglicher Art effizient und zielgerichtet zu führen, war und ist nachgefragt und gut honoriert.

Als Folge der Portfolio- Einstufung wurden die Moderations- und Trainingsaktivitäten,
sofern sie nicht integraler Bestandteil eines Beratungsprojektes waren, drastisch reduziert.
Sehr gerne verzichtet hätte man auch auf die „Bodyleasing"–Aktivitäten. Hierbei handelte es
sich um die zeitweise Überlassung von Mitarbeitern, um aktuelle Personalengpässe beim
internen Kunden zu überbrücken. Diese Aktivität entspricht mehr einer Zeitarbeitsvermitt-
lung als einer Beratungstätigkeit. Allerdings war dies eine gute Möglichkeit, Mitarbeiter sinnvoll zu beschäftigen, die nicht für die Beratertätigkeit geeignet waren. Für diese Mitarbeiter
stand eine Weitervermittlung auf eine andere Arbeitsstelle innerhalb des Unternehmens im
Vordergrund der Bemühungen. Die Zeitarbeit war ein gutes Vehikel dazu und eine aus wirtschaftlichen Gründen erforderliche Überbrückungsmaßnahme.

Eine weitere Folge war, daß verstärkte Bemühungen zur Entwicklung der Strategieberat-
tung eingeleitet wurden. Hier zeigte sich auch deutlich die Notwendigkeit einer klaren Ab-
stimmung mit anderen Unternehmensstellen. In der damaligen Struktur der Hüls AG war
Strategieentwicklung die Hauptaufgabe der Abteilung Konzernentwicklung. Neben eigenen
Ressourcen setzte sie dazu bevorzugt unabhängige (= externe) Berater ein. Eine Internberatung hat somit drei Möglichkeiten, sich zu positionieren

Sonstige

Silane/Silicone

Tochterfirma A

Tochterfirma B

Vorstand

Spezialchemie

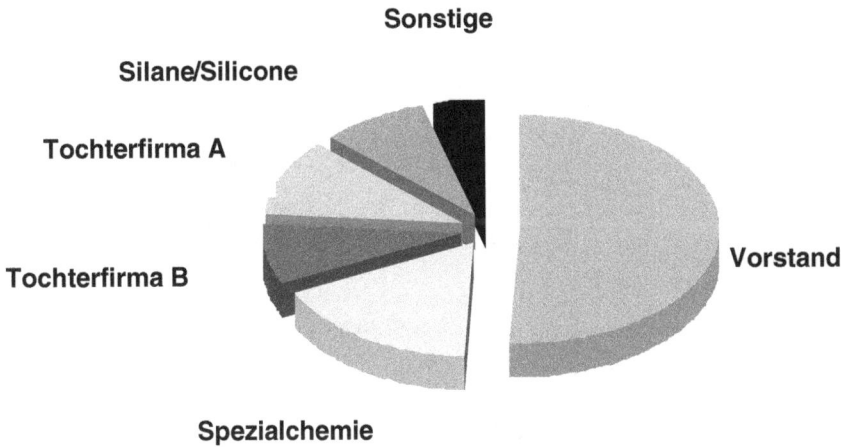

Abb. 5: Umsatzverteilung im Jahre 97.

- in Konkurrenz zu externen Beratern sich um Konzern- Strategieprojekte zu bewerben,
- als Unterstützer bei Engpässen der Konzernentwicklung zu wirken oder
- das Feld der Weiterentwicklung und Verfeinerung bereits ausgearbeiteter Strategien und der Strategieumsetzung zu besetzen.

Der dritte Weg wurde mit einigem Erfolg beschritten.

7 Kundenstruktur und Marketing

Zunächst bestand die Notwendigkeit, innerhalb des Unternehmens durch erfolgreiche Projekte Akzeptanz und Renommee zu gewinnen. Wie aus einer internen Workshop-Serie mit den Bereichsleitern des Konzerns Anfang 1995, noch vor Gründung der Internberatung, hervorging, hatten diese die Einrichtung einer solchen Organisationseinheit für prinzipiell sinnvoll erachtet. Allerdings haben die damaligen Top-Führungskräfte einen Bedarf bei sich selbst, in ihren eigenen Organisation, nur in untergeordnetem Maße gesehen. Eine Bereitschaft, auf eigene Kosten Beratungsprojekte mit Internen anzugehen, war kaum zu erkennen.

Vielmehr wurde die Notwendigkeit gesehen, übergreifende Themen im Vorstandsauftrag und auf Vorstandskosten zu bearbeiten: z.B. Restrukturierung bei zentralen Dienstleistungen, Bearbeiten von Aufgaben der klassischen Organisationsabteilungen.

Folglich wurden die ersten Projekte mit starker finanzieller und argumentativer Unterstützung des Vorstandes akquiriert. Aus den Erfahrungen und Erfolgen heraus ergab sich dann eine Kundenbindung mit einigen Bereichen, die zu eigenständigen, von den Bereichen finanzierten Projekten führte. Nach zwei Jahren hatte sich eine Kundenstruktur entwickelt, bei der nur noch die Hälfte des Umsatzes durch direkte Vorstandsaufträge gebildet wurde (Abbildung 5). Diese Tendenz hat sich im Zusammenhang mit der Fusion Degussa-Hüls wieder zurückentwickelt, da die Kapazitäten der Internberatung von der Hüls-Seite in die Fusions- und Integrationsprojekte eingebracht wurden.

Als Kunden wurde, außer dem Vorstand selbst, nahezu ausschließlich die erste Führungsebene nach dem Vorstand angesehen. Dorthin richteten sich auch die Akquisitionsbemühun-

Abb. 6: Tätigkeitsfelder der Internberatung seit Anfang 1999.

gen. Trotz anfänglicher Skepsis entwickelten sich andauernde „Geschäftsbeziehungen" mit etlichen Bereichen und Tochterunternehmen. Grössere Werbeaktionen und Lobby-Aktionen waren nicht erforderlich, da die Kapazitäten fast zu jedem Zeitpunkt überbucht waren.

Obwohl keine Ressourcen zur Verfügung standen, wurden die Möglichkeiten für eine Teilnahme am externen Markt eruiert. Hintergrund war die immer wieder diskutierte Verselbständigung als eigenes Beratungsunternehmen. Diese hätte eine Bewährung am freien Markt erfordert.

Zusammen mit einer studentischen Unternehmensberatung wurden 3000 Industrieunternehmen nach ihrem Beratungsbedarf und ihrer Einstellung gegenüber Internberatungen befragt. Die resultierende Studie ergab interessante Anhaltspunkte für den Eintritt in den freien Markt, die jedoch aufgrund der weiteren Entwicklung nicht genutzt wurden.

8 Ergebnis- und gewinnorientierte Führung

Von Beginn an wurde darauf geachtet, dass die Internberatung nach wirtschaftlichen Gesichtspunkten geführt wurde. Dies betraf zwei Aspekte:

1. Der Nutzen der Beratungsprojekte muß für das Unternehmen größer sein als der dadurch verursachte Aufwand.
2. Die durch bei der Internberatung verbuchten Einnahmen sollen größer sein, als die angefallenen Kosten.

Der erste Punkt bezieht sich auf die bei allen Beratungsprojekten angestellte oder anzustellende Rentabilitätsrechnung. Da auch bei Internberatungen die Realisierung häufig allein in den Händen des Projektauftraggebers liegt, beziehen sich die verfügbaren Zahlen im wesentlichen auf die aufgezeigten Verbesserungspotenziale und nur in Ausnahmefällen auf konkret realisierte Ergebnisverbesserungen. Aus der Potenzialbetrachtung heraus konnte zu jedem Zeitpunkt nachgewiesen werden, dass die Aufwendung für die Beratung selbst in ungünstigen Fällen in weniger als einem halben Jahr amortisierten.

Der zweite Punkt, gewinnorientierte Führung des Beratungsgeschäftes, war zunächst sehr umstritten. Die damalige Hüls AG kannte über Jahrzehnte nur zentrale Strukturen mit mächtigen internen Dienstleistern, die keine Möglichkeit und keine Notwendigkeit hatten, Überschüsse zu erwirtschaften oder Defizite auszuweisen. Dementsprechend existierten auch keine betriebswirtschaftlichen Systeme zur Geschäfteuerung der Dienstleister.

Der im Zusammenhang mit dem Turn-around des Unternehmens herbeigeführte Kulturwandel erforderte nun auch von den Dienstleistern, gewinnorientiert zu arbeiten. Diese veränderte Denkweise stieß sowohl bei bei den Dienstleistern selbst als auch bei ihren Kunden auf Unverständnis und teilweise heftige Ablehnung.

Es läßt sich sicher darüber diskutieren, ob es sinnvoll ist, innerhalb eines Unternehmens bei den unterstützenden Funktionen Gewinne zu lasten der operativen Bereiche anzusammeln. Insbesondere sind die dazu erforderlichen zusätzlichen Kostenrechnungs- und Controllingsysteme kritisch auf ihre Effizienz zu prüfen.

Nicht weg zu diskutieren sind jedoch die internen Effekte beim Dienstleister selbst: Durch den Zwang in Konkurrenz zu Externen profitabel zu operieren, wird eine zusätzliche Motivation aufgebaut für kostenorientiertes Arbeiten, für Weiterqualifizierung und Professionalisierung der Arbeit. Nicht zuletzt wird in einer solchen marktwirtschaftlichen Struktur die Leistungsbemessung und Leistungshonorierung vereinfacht.

Alle diese Effekte konnten bei der Internberatung festgestellt werden.
Der Nachweis von 8 % Jahresüberschuß wurde zunächst von den operativen Bereichen als nahezu „unanständig" gewertet. Zwei Jahre später wurde bei einem Gewinn von 10 % noch vermutet, daß die Internberatung wohl nicht so effektiv wie externe Berater arbeite, weil deren Gewinnspannen höher eingeschätzt wurden.

Zunächst losgelöst von den offiziellen Rechnungssystemen wurde ein einfaches Controlling aufgebaut, das zur Aufgabe hatte, solide Grundlagen zur Projektkalkulation und Wirtschaftlichkeitsberechnung, sowie zur Businessplanung zu liefern.

Projekte wurden in der Regel zu Festpreisen angeboten. Kalkulationsgrundlage war dabei ein Tagessatz von DM 2300 (Zahlen für 1998) für erfahrene Projektmitarbeiter. Es wurde von 170 fakturierbaren Tagen ausgegangen, wobei die restliche Zeit für Nachbearbeitung/Dokumentation, Projektentwicklung und Weiterbildung genutzt wurde.

Im Laufe der weiteren Entwicklung im neuen Konzern trat der Profitcenter-Gedanke in den Hintergrund zugunsten einer Führung als Costcenter.

9 Internberatung als Institution zur Führungskräfte-Entwicklung

Eine häufig gestellte Frage befasst sich mit der Motivation, warum ein Unternehmen sich überhaupt eine Internberatung „leisten" soll. Externe Beratungen sind unabhängiger, flexibler einzusetzen und binden keine Personalkapazität. Eine Antwort darauf, und damit ein wichtiges Argument zur Differenzierung von Externen, ist die Möglichkeit innerhalb der Internberatung Know-how für das Unternehmen zu bündeln und Führungskräfte „on the job" zu entwickeln.

In Rahmen von Projekten lernen Führungskräfte und Nachwuchsführungskräfte

- wirtschaftliche Zusammenhänge an Praxisbeispielen,
- Strukturen, Organisationen und Abläufe im Unternehmen,
- erprobte und neue Managementtechniken,
- Projektmanagement,
- Arbeiten in Teams unter kritischen Bedingungen,
- Umgang mit Entscheidungsträgern und Interessenvertretern.

Es gibt kaum eine andere Stelle im Unternehmen, wo diese Kenntnisse in ähnlich konzentrierter Form vermittelt und praktisch angewendet werden können.

Somit sollte eine Tätigkeit in der Internberatung gleichermaßen attraktiv für das Unternehmen als auch für den Mitarbeiter sein.

Damit diese theoretische Attraktivität auch zu Tragen kommt, müssen aus der Erfahrung der vergangenen Jahre etliche Voraussetzungen zwingend erfüllt werden:

1. Der zeitlich begrenzte Aufenthalt in einer Internberatung muss ein Baustein des unternehmensspezifischen Führungskräfte- Entwicklungsprozesses sein.
   Vorausgesetzt wird, daß das Unternehmen den Willen hat, bereichsübergreifende Führungskräfteentwicklung durchzuführen und auch die Instrumente etabliert hat, dies gegen eventuelle Bereichsegoismen durchzusetzen.
2. Es müssen definierte Einstiegskriterien vorhanden sein und diese konsequent eingehalten werden.
   Wichtig ist hier, auch bei dringendem Personalbedarf, keine Kompromisskandidaten aufzunehmen und erst recht keine Parkposition für momentan (oder dauerhaft) nicht zu vermittelnde Führungskräfte zu bilden.
3. Der Ausstieg sollte nach 2 bis 3 Jahren auf eine (im Idealfall) vorher vereinbarte Zielfunktion erfolgen.
   Für den Mitarbeiter ist es sicherlich attraktiv, eine Plattform zu erhalten, vor der aus er sich mehrere Stellen im Unternehmen aussuchen kann. Von Seiten einer effektiven Mitarbeiterentwicklung sollte dabei ein Abgleich mit den individuellen Entwicklungsplänen stattfinden.
4. Der Aufenthalt in der Internberatung muss dem Anspruch an eine Entwicklungsstelle gerecht werden.
   Was damit im einzelnen verbunden ist, soll nur ein Stichworten aufgezählt werden: konkrete Entwicklungspläne, vereinbarte Lerninhalte, gezielte Weiterqualifizierung, herausfordernde Aufgaben, regelmäßige Beurteilung (nicht nur durch die Vorgesetzten) und Feedbackgespräche.

Aus dieser Zusammenstellung allein ist erkennbar, dass die Neupositionierung als Führungskräfteentwicklungsstelle schwierig und risikoreich ist und hohe Anforderungen an die Stelle selbst, wie auch an das Unternehmensumfeld stellt. Darüberhinaus ist auch eine gewisse Kontinuität und Stabilität im Umfeld erforderlich.

Unter anderem aufgrund fehlender Kontinuität war die Etablierung der Managementberatung als Führungskräfte-Entwicklungsstelle bis jetzt noch nicht erfolgreich. Obwohl prinzipiell als solche anerkannt, gelang es nicht in ausreichendem Maße, den Prozess integriert zu werden.

Die Nachfrage nach Mitarbeitern mit Ausbildung und Erfahrung aus der Managementberatung ist zwar nach wie vor hoch, jedoch gelingt es nicht in ausreichendem Maße, qualifizierten Nachwuchs auf dem unternehmensinternen Markt zu gewinnen.

Bei einem ohnehin sehr knappen Angebot und sich ständig wandelnden Strukturen, erhält eine Beschäftigung in einem operative Bereich, z.b. einer Tochterfirma oder einem Geschäftsbereich, eine besondere Attraktivität: neben einem stabilerem Umfeld und breiterer Auswahl an unterschiedlichen Funktionen besteht auch die Möglichkeit zu einem bereichsinternen Aufstieg, der in einer Internberatung nur in ganz eingeschränktem Maße gegeben ist.

Unter diesen Randbedingungen erhält die Akquisition und Einstellung externer Mitarbeiter einen hohen Stellenwert. Vom Grundsatz her sollte ein Direkteinstieg externer in die interne Beratung eher die Ausnahme sein, z.B. wenn eine bestimmte Qualifikation gefordert ist, die unternehmensintern nicht vorhanden ist. Um der Nachfrage aus dem Unternehmen nur annähernd gerecht zu werden, wurden besonders gute Hochschulabsolventen mit wirtschaftswissenschaftlichem oder naturwissenschaftlichem Hintergrund eingestellt. Trotz längerer Einarbeitszeiten (gegenüber Mitarbeiter mit einigen Jahren Unternehmenserfahrung) hat sich dieses Experiment als erfolgreich erwiesen.

10 Die Internberatung im Fusionsprozeß Degussa-Hüls

Wie bereits ausgeführt war die Managementberatung im Fusionsprozess Degussa-Hüls in zweifacher Hinsicht beteiligt: zum einen als Mitgestalter der Integration im Integrationsoffice und Projektmanager bei vielen Integrationsteams, zum anderen als Gegenstand der Betrachtung bei der Gestaltung der neuen, gemeinsamen Organisation.

Die Grundpositionen der beiden Unternehmen dazu waren konträr: beibehalten als Dienstleistungseinheit (Hüls) oder auflösen bzw. sehr stark reduzieren (Degussa). Im Laufe langwieriger Diskussionen konnte eine gemeinsame Linie zur Fortführung gefunden werden. Hauptgründe waren:

– die Integration der beiden Unternehmen wird auch in den nächsten Jahren interne Kapazitäten erfordern,
– die anstehenden Zukunftsaufgaben bei der konsequenten Ausrichtung zum Spezialchemieunternehmen wird einer – auch internen – Beraterunterstützung bedürfen.

Die Organisationsfrage wurde mit der Einordnung als einer von 17 Konzernbereichen, wieder mit direkter Anbindung an ein Vorstandsmitglied, entschieden.

Da die ehemalige Degussa ebenfalls über eine kleine arbeitswirtschaftliche Gruppe und darüberhinaus eine Wertanalysegruppe verfügte, wurde diese der neuen Organisationseinheit „Integrationsoffice und Beratung" angegliedert.

Das gesamte Tätigkeitsspektrum ist in Abbildung 6 dargestellt.

11 Zukünftige Entwicklung

Internberatung wird bei Degussa-Hüls, wie bei einer schnell wachsenden Zahl mittleren und großen Unternehmen, zweifelsohne eine Zukunft haben. Die Vorteile sind offensichtlich und überzeugend (Abbildung 7).

Mit gleicher Überzeugung kann auch festgestellt werden, daß externe Beratung ihren Stellenwert behalten wird, dort wo Unabhängigkeit und spezielle Kenntnisse gefragt sind. Viele

---

Internberatung bietet dem Unternehmen Effektivitäts- und Effizienzvorteile

- Erhalt und Weiterentwicklung des projektspezifischen Know-hows im Unternehmen
- vertrauensvolle Zusammenarbeit, da Kunde und Berater langfristig im gleichen Konzern arbeiten
- schnelle Erfassung der Probleme durch Kenntnis des Umfeldes
- effiziente Problemlösung durch Kenntnis der Abläufe und Randbedingungen
- gute und schnelle Umsetzbarkeit der Ergebnisse durch Kenntnis des „Machbaren" und der Entscheidungswege
- erleichterte Implementierung durch Know-how-Aufbau bei Mitarbeitern des Kunden während des Projektablaufs
- motivierte und geschulte Mitarbeiter, die sich mit dem Unternehmen identifizieren

---

Abb. 7: Für eine Internberatung sprechende Gründe.

Beispiele haben gezeigt, daß Koexistenz und Kooperation zum Nutzen des Unternehmens funktionieren kann und beiden Seiten Vorteile bringen kann.

Wie ausgeführt wurde, hängt die Frage der organisatorischen Ausgestaltung stark von der Struktur und Ausrichtung des Unternehmens und nicht zuletzt von der Unternehmenskultur ab.

Eine Stammhausstruktur legt die Führung als direkt an den Vorstand angebundenen Zentralbereich nahe. Wird das Unternehmen als Finanzholding geführt, bietet sich eine Ausgliederung als eigenständige Gesellschaft an. Bei einer strategischen Holding bietet sich die ganze Palette der Möglickeiten beginnend bei Vorstandsstab über Dienstleistungsabteilung bis hin zur selbständigen Gesellschaft. Die Entscheidung wird davon abhängig sein, wie stark hoheitliche Funktionen und die Funktion als Führungskräfteentwicklung damit verbunden werden.

Mehrwert durch interne Beratung
Inhouse Consulting Deutsche Bank AG

Thomas Beemelmann, Managing Director,
Inhouse Consulting Deutsche Bank AG
Jan D. Wiedei, Project Manager,
Inhouse Consulting Deutsche Bank AG

Inhaltsübersicht

Mit steigender Dynamik und Komplexität der relevanten Unternehmensumwelt sehen sich Unternehmen immer stärker unter Anpassungsdruck und erkennen, daß die effiziente und effektive Gestaltung ihrer organisationalen Strukturen und Prozesse wichtige Erfolgsfaktoren im Wettbewerb darstellen. Berater werden gesucht, die diese Aufgabe übernehmen und damit die Wettbewerbsfähigkeit erhalten bzw. neu aufbauen. Die Deutsche Bank AG hat sich vor einigen Jahren entschieden, diese Beratungsleistungen (neben dem Einkauf am externen Markt) in einer eigenen Beratung „DB Inhouse Consulting" intern anzubieten.

1 Der Markt und kritische Erfolgsfaktoren für Unternehmensberatungsleistungen innerhalb der Deutsche Bank AG

Der Bedarf an Unternehmensberatungsleistungen ist in den letzten Jahren permanent angestiegen. So verdoppelte sich der Umsatz in Deutschland zwischen 1990 und 1998 von 8,8 Mrd. DM auf 16,4 Mrd. DM [1]. Einige Branchen zeigen zudem einen überproportional ansteigenden Bedarf. In der Banken- und Versicherungsbranche z. B. stieg der Umsatzanteil 1997 in nur einem Jahr um mehr als das Doppelte – von 9,3 % (1996) auf 23 % (1997).

Aus den Zahlen und unter Berücksichtigung der Unternehmensgröße läßt sich schließen, daß ein großer relevanter Markt innerhalb der Deutsche Bank AG bestehen müßte. Dennoch erscheint die interne Beratung nicht in jedem Fall ökonomisch sinnvoll zu sein. Eine Erfolgs-

---

[1] Vgl. Timmermann, Forum der Deutsche Bank AG, 1998, S. 22.

story läßt sich nur dann generieren, wenn die interne Beratung über einen echten Wettbewerbsvorteil gegenüber der externen Alternative verfügt. In diesem Zusammenhang sollen die Faktoren Qualität, Kosten und Zeit für die interne Beratung analysiert und zur externen Beratung abgegrenzt werden.

Die Qualität der Unternehmensberatungsleistungen stellt sich wegen der hohen Bedeutung vieler Projekte als ein dominierendes Kriterium zur Auswahl extern oder intern dar. So scheinen interne Berater immer dann vorteilhafter zu sein, wenn das Beratungsprojekt ein hohes Branchen- und (internes) Fach-Know-how verlangt, wenn das weitreichende Beziehungsnetzwerk direkt angewendet werden kann und wenn das Commitment der internen Beratung zur Implementierung der Ergebnisse und der Zugriff auf den Berater nach Beratungsende dem Kunden wichtig erscheinen. Daraus folgt, daß die interne Beratung besonders für Aufgaben des Projektmanagements und der Prozeß(um)gestaltung eine besondere Stärke aufweist.

Externe Berater verfügen hingegen über eher übergeordnetes Know-how, genießen oftmals den Ruf der Neutralität und haben Zugang zu externen Informationen, d.h. sie können im Rahmen eines Projektes aktiv und neutral den Markt betrachten und erheblich leichter Kontakt zu verschiedenen Organisationen (potentiellen Kunden, Konkurrenten) knüpfen. Marktanalysen und reine Strategieberatung erscheinen folglich in einer externen Beratung optimal angesiedelt zu sein.

Die Kosten stellen den zweiten Erfolgsfaktor der Beratung dar. Es ist ein Preis zu wählen, der die verfügbaren Ressourcen einer ergebnismaximalen Verwendung zuführt und gleichzeitig eine dauerhafte Auslastung der Berater sicherstellt. DB Inhouse Consulting setzt diesen Verrechnungspreis zwar geringer an als bei externen Beratern gleicher Qualifikation (Fixkosten zwingen interne Berater zu einer hohen und dauerhaften Kapazitätsauslastung), jedoch deutlich höher als die reinen Personalkosten, um einem Einsatz der Berater als Ausgleich von rein operativen Kapazitätsengpässen im Kundenbereich zu entgehen. Auch darf die motivatorische Wirkung eines „angemessenen" Preises, sowohl für den Berater als auch für den Kunden, nicht unterschätzt werden.

Der Faktor Zeit bildet das letzte Kriterium der Beurteilung. Oftmals wird hier ein echter Vorteil der internen Beratung gesehen, da diese flexibel und schnell an Probleme herangehen kann. Mit einiger Beratungspraxis kann sich der Folgerung aber nur bedingt angeschlossen werden. So besitzt ein Unternehmen wie die Deutsche Bank AG eine Reihe von Beratungen, mit der sie regelmäßig zusammenarbeitet – langwierige Beratersuche und Verhandlungen fallen weg. Weiterhin liegt die Auslastungsquote bei internen Beratern der Deutsche Bank AG derzeit erheblich höher (ca. 92 %) als bei externen Beratern (70-80 %). Folglich müssen Anfragen, die nicht eine absolute Dringlichkeit aufweisen, zeitlich nach hinten priorisiert werden.

2   Produktpalette Unternehmensberatung

Zur besseren Operationalisierung werden im DB Inhouse Consulting die angesprochenen Erfolgsfaktoren auf das Kriterium der Kompatibilität zusammengefaßt. Externe Kompatibilität bedeutet, daß die Aufgaben Anforderungen stellt, die nur ein externer Berater erfüllt (z. B. Marktanalyse). Demgegenüber fallen unter die interne Kompatibilität jene Projekte, die von einer internen Beratung effizienter und/oder effektiver zu bearbeiten sind (z.B. Business Process Re/Engineering). Da nicht alle (möglichen) Aufgaben mit einer gleichbleibenden Attraktivität für eine Beratung anzusehen sind, wird folgend ebenfalls die strategische Bedeutung der Leistungen unterschieden (Vgl. Abb. 1).

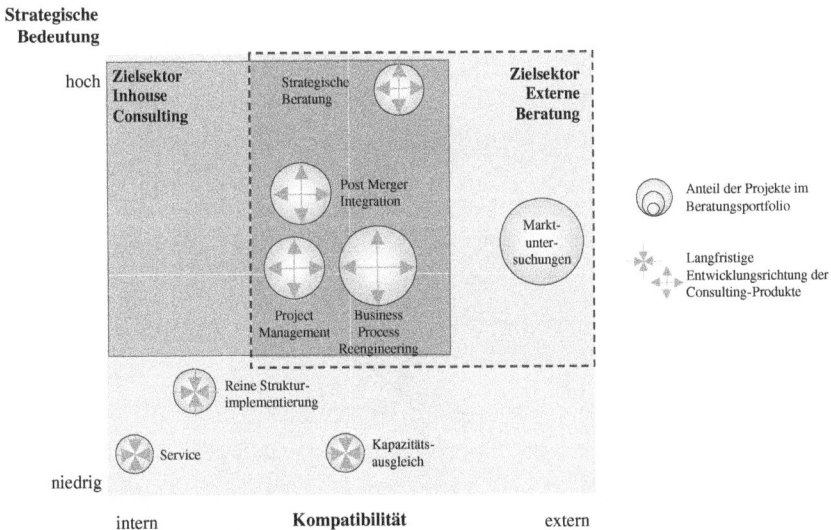

Abb. 1: Beratungsportfolio Inhouse Consulting vs externe Beratung nach Produkten.

Der Großteil der Projekte der internen Unternehmensberatung der Deutsche Bank AG liegt im Bereich des Business Process Re/Engineerings, der Post Merger Integration und des Projektmanagements. Diese Aufgaben können sowohl intern als auch extern erbracht werden. Die starke Stellung des DB IC im Vergleich zu externen Anbietern dürfte mit in den Anforderungen zur Implementierung neuer Strukturen begründet liegen.

Sehr spezifisch und fast nur von internen Support-Dienstleistern zu erbringen sind die Leistungen Service und reine Strukturimplementierungen. Diese Leistungen sind in der Regel dauerhaft zu erbringen und haben daher keinen Projektcharakter. Typisches Beispiel in der Deutsche Bank AG sind DV-Maintenance-Leistungen.

Als Zielsektor ist der Bereich mit hoher strategischer Bedeutung und maßgeblich interner Kompatibilität anzusehen. Hier finden sich Leistungsarten, die aufgrund ihrer Bedeutung für das Unternehmen, ihres Gestaltungsspielraums und ihrer Kreativitätsanforderungen als besonders interessant anzusehen sind. Besonders um die strategische Beratung findet ein harter Wettbewerb zwischen internen und externen Beratern statt. Generell hat die Einführung in der Deutsche Bank AG jedoch gezeigt, daß strategische Beratung oftmals in einem Phasenmodell abläuft. So werden externe Berater eingeschaltet, wenn es gilt, strategische Alternativen aufzuzeigen und marktnah zu bewerten (Bestimmung der Akzeptanz und des relevanten Marktes bei der Gründung einer Retail Bank). Interne Berater werden dann beauftragt, die abstrakte Idee umzusetzen und „zum Laufen" zu bringen (so z.B. aktuell den Aufbau der Deutsche Bank 24 als Retailbank, die Positionierung einer Private Bank oder Ausgründung einer „Processing Unit"). Der Markt der strategischen Beratung ist zwar hart umkämpft, besonders bei großen Projekten setzt sich aber zusehends die Erkenntnis durch, daß Kooperationen oftmals den optimalen Lösungsweg darstellen.

Leistungen, wie z. B. Marktstudien, sollte eine interne Beratung den externen Beratern überlassen. Es mangelt bei derartigen Anforderungen am Zugang zu Dritten, und es fehlt oftmals auch an der Neutralität der internen Berater.

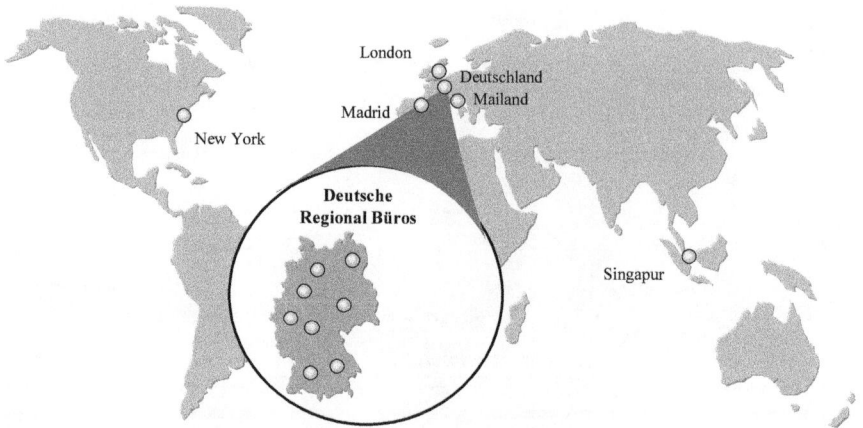

Abb. 2: Weltweite Präsenz der Inhouse Consulting Berater.

3 Deutsche Bank Inhouse Consulting – 250 Berater in 15 Büros weltweit

Gemäß der Vision „To provide skilled resources and sophisticated tools to help our customers achieve their goals" unterhält das DB Inhouse Consulting Büros im Head Office in Frankfurt/ Eschborn und an allen wichtigen Drehscheiben des Deutsche Bank Konzerns. Diese regionale Präsenz stellt einen wichtigen (zusätzlichen) Erfolgsfaktor für unsere Kunden dar. So kann ein Projekt sowohl global (Workflowmanagement SAP R3) oder auch regional in Deutschland (Re/Engineering der Belegbearbeitung in 47 Scannerstellen) umgesetzt werden.

Zu den Kunden des DB Inhouse Consulting zählen neben dem Corporate Center auch alle fünf Unternehmensbereiche (Private & Retail Banking, Corporates & Real Estate, Global Corporates & Institutions, Asset Management, Global Technology & Services) sowie die Tochtergesellschaften der Deutsche Bank Gruppe. Konsequenterweise hat sich die Beratung auch intern nach diesen Kunden aufgestellt, da die Beratungsinhalte doch erhebliche Unterschiede aufweisen. Die Höhe des Verrechnungspreises richtet sich nach den Aufgabenanforderungen, den Risiken des Projektes und den eingesetzten Beratern. Hierzu wird, je nach den Erfahrungen und den Skills des Beraters, zwischen verschiedenen Beraterstufen unterschieden: vom Consultant bis zum Senior Project Manager.

In einer stark räumlich verteilten Organisation mit über 200 Beratern kommt dem Aufbau und Transfer von Wissen eine besonders wichtige Rolle zu. Überwunden wurde das Kommunikationsproblem durch Implementierung einer Wissensdatenbank, die allen Beratern zugänglich ist. Kompetenzzentren, die eine Patenschaft für bestimmte Produkte des Beratungsportfolios übernommen haben, sichern zusätzlich die Weiterentwicklung von Know-how und Produkten der DB Inhouse Consulting.

Als Abschluß seien kurz einige wichtige Projekte angesprochen, die aktuell oder dem Leser noch bekannt sein dürften:
– Konsolidierung verschiedener Hypothekenbanken zur „Eurohypo",
– Projektmanagement zur Integration Bankers Trust GIS,
– Gründung der European Transaction Bank.

Deutsche Bank Management Support GmbH – ein Beschäftigungskonzept für das 21. Jahrhundert

Dr. Klaus Juncker, Geschäftsführer

Inhaltsübersicht

1 Das Deutsche Bank Mosaik für Beschäftigung

Die Welt der Unternehmen und damit die Welt der Arbeit ist im Wandel. Schlagworte wie Globalisierung, Strukturwandel oder Wissensgesellschaft sind nicht nur für die Unternehmen, sondern eben auch für die darin Arbeitenden mit Herausforderungen verbunden. Ähnlich wie die Unternehmen rechtzeitig und flexibel auf die sich rasant wandelnden Märkte und Kundenbedürfnisse reagieren müssen, so muss auch jeder Einzelne heute alles in seiner Kraft stehende tun, um den wachsenden Anforderungen des Arbeitsplatzes gerecht zu werden. Ein Unternehmen und die darin arbeitenden Menschen müssen lernen, mit dem permanenten Wandel zu leben und damit umzugehen.

Die Personalarbeit im Deutsche Bank-Konzern steht unter der Zielsetzung, den Wandel menschlich zu gestalten. Vor diesem Hintergrund ist im vergangenen Jahr begonnen worden, ein innovatives Deutsche Bank-Mosaik für Beschäftigung aufzubauen. Die Mosaikbausteine bieten kreative Maßnahmen und neuartige Instrumente an, um die Beschäftigung jedes einzelnen Mitarbeiters zu sichern, zunächst innerhalb, aber wenn unvermeidbar auch außerhalb des Konzerns. Wenn man so will, ist das Deutsche Bank-Mosaik eine Antwort des Deutsche Bank-Konzerns auf die Forderung der letzten Studie des Club of Rome, für die Arbeitswelt von morgen neue Beschäftigungsmodelle zu entwickeln (Abb. 1: Deutsche Bank-Mosaik für Beschäftigung). Umschulungsprogramme, Stellenvermittlung über Intranet und Telearbeit sind einige der Bausteine. Oder, sollte sich beispielsweise zeigen, dass ein von Restrukturierungsmaßnahmen betroffener Mitarbeiter in dem von ihm ausgeübten Beruf keine echte Zukunftsperspektive mehr hat, so unterstützt die Bank eine weitere Ausbildung nach dem dualen System. Besondere Aufmerksamkeit in der Öffentlichkeit hat die „Beschäftigungsbrücke" der Deutsche Bank gefunden, die Firma Bankpower. Das rechtlich unabhängige Zeitarbeitsunternehmen Bankpower ist eine gemeinsame Gründung der Deutsche Bank und des Zeitarbeitsspezialisten Manpower. Es verleiht Mitarbeiter in die Finanzabteilungen anderer Branchen

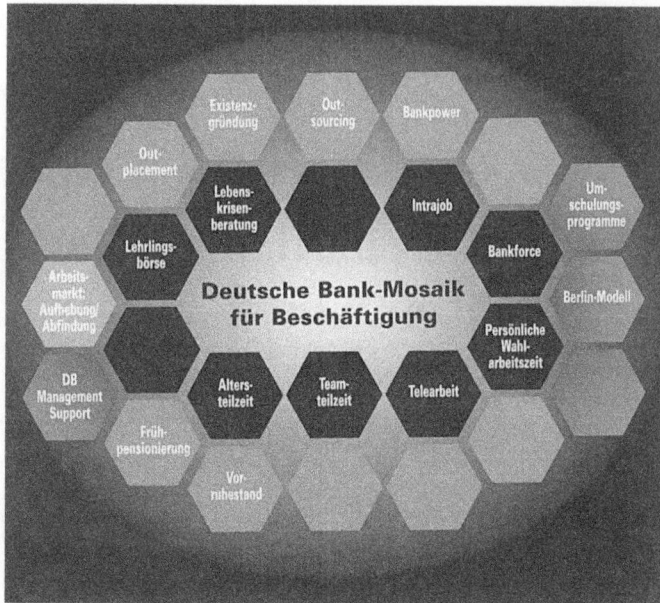

Abb. 1: Deutsche Bank-Mosaik für Beschäftigung.

und an Unternehmen aus dem (Finanz-) Dienstleistungssektor und bietet ihnen somit quasi „Schnupperarbeitsverhältnisse" mit einem potentiellen neuen Arbeitgeber. Wer bei Bankpower startet, erhält ein unbefristetes Arbeitsverhältnis und hat auch keine Probezeit. Das Risiko eines Nichteinsatzes trägt Bankpower unter Fortzahlung des Gehalts.

Daneben deckt ein Inhaus-Zeitarbeitsunternehmen „Bankforce" befristeten Personalbedarf in allen Unternehmensbereichen ab. Es eröffnet den Mitarbeitern durch vielseitige und herausfordernde Einsätze persönliche und fachliche Entwicklungschancen.

Aber was soll man tun, wenn sich die Karriere, die Lebensarbeitszeit, dem Ende zuneigt, Arbeitsplätze infolge Umstrukturierungen oder Rationalisierungsmaßnahmen wegfallen oder wenn es gilt, Platz zu schaffen für Jüngere? Herkömmliche ältere Antworten darauf hießen Wartestand, Frühpensionierung – zumeist keine optimale Lösung, weder für das Unternehmen noch für die Beschäftigten, höchstens in finanzieller Hinsicht, zumal wenn die BfA ihr „Scherflein" dazu tut. Wesentlich eleganter, sozialverträglicher und betriebswirtschaftlich sinnvoller ist dagegen das Modell der Altersteilzeit, das den Betroffenen die Möglichkeit eines gleitenden Übergangs in den Dritten Lebensabschnitt bietet und zugleich den Unternehmen das Know how der älteren Führungskraft noch eine Weile zur Verfügung stellt. Genau da setzt auch die Geschäftsidee der DB Management Support GmbH an.

2 Erfahrung – die unbekannte Ressource im Unternehmen

Lange Zeit galt für Politik und Wirtschaft aus unterschiedlichen Gründen die Devise, ältere Arbeitnehmer so früh wie möglich in den Ruhestand zu schicken. Bundeskanzler Schröder

Altersstruktur der Erwerbstätigen

Demographischer Wandel führt zur
Verlagerung der Leistungsgruppen

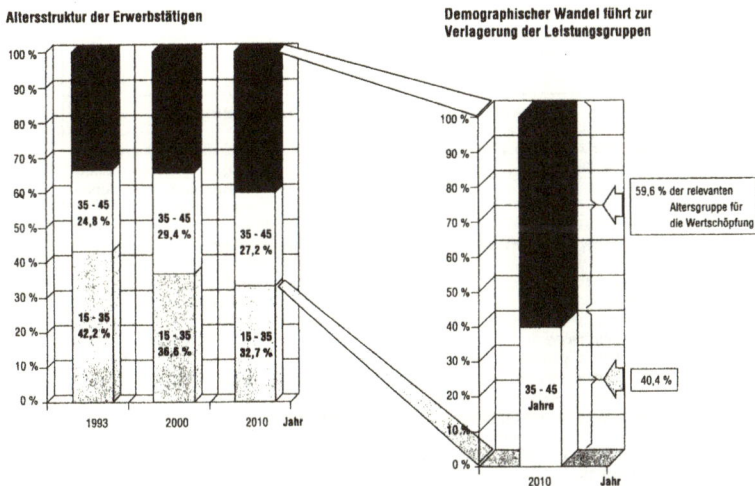

Abb. 2: Veränderung der Altersstruktur der Erwerbstätigen führt zur Verlagerung der Leistungsgruppen.[1]

spricht in diesem Zusammenhang von einer Beschäftigungsbrücke: Ältere Arbeitnehmer sollen vorzeitig in den Ruhestand gehen (Stichwort: Rente mit 60), um damit Jüngeren Platz zu machen. In den Unternehmen fallen zumeist die Arbeitsplätze der Älteren dem Kostenrotstift zum Opfer. Ob diese Rechnungen gesamtwirtschaftlich gesehen aufgehen, oder ob es letztlich lediglich um Umverteilung von Kosten bzw. Arbeitsplätzen ist, darüber kann man sich trefflich streiten, nicht streiten kann man über die damit verbundene Vergeudung des „Produktionsfaktors Wissen".

Vor dem Hintergrund einer sich abzeichnenden Wissensgesellschaft aber mutet es geradezu naiv an, wie diese Massnahmen den Wert der Ressource Erfahrung mißachten. Während in vielen anderen Ländern und in vielen Berufen gerade der ältere Mensch wegen seiner im Laufe der Zeit gewonnenen Erfahrungen besonders geschätzt wird, ist eine Führungskraft in Deutschland über 50 nur noch ein transistorischer Posten auf dem Wege in den Ruhestand. Im besten Bundeskanzleralter beschäftigen sich häufig, mehr der Not als der Tugend gehorchend, heute über 50 % der ehemaligen Führungselite Deutschlands mit Rosenzüchten, reisen in schöne ferne Länder oder jagen dem weißen Golfball hinterher. Dies in einer Zeit, wo gerade Erfahrung immer wertvoller wird und die demographische Entwickung mehr denn je dafür spricht, auch das Potential der über 50jährigen auszuschöpfen (vgl. Abb. 2). Woher kommt diese gravierende Fehleinschätzung des Alters, die allerdings in vielen Unternehmen schon längst korrigiert worden ist. In der Wissenschaft und Praxis gibt es jede Menge Belege, dass Erfahrungen für ein großes Potential an wirtschaftlicher Kompetenz stehen (Abb. 3). Sie ermöglichen einen raschen Know-how-Transfer bei der Nutzung erprobter Instrumentarien. Bei prozeßbezogenen Aufträgen helfen sie, Hintergründe differenzierter zu analysieren und Wirkungsweisen klarer zu antizipieren. Im Umgang mit den Klippen und Kanten des Change-Managements eröffnet ein breiter Erfahrungshorizont das Erschließen souveräner Vorgehensweisen. Bei bedeutenden Verhandlungen oder bei der Klärung strategischer Fragestellungen

---

[1]   Üpping, M., Leistung der Erfahrung, in Kompetenz der Erfahrung. Hrsg Kayser, F. Üpping, M. 1997, S. 169.

Mit steigendem Lebensalter		
erhöhen sich	bleiben **weitgehend erhalten**	**verringern** sich
Körperliche Eigenschaften und Fähigkeiten		
Geübtheit (in Abhängigkeit von Art und Dauer der Tätigkeit)	Widerstandsfähigkeit gegen physische Dauerbelastung unterhalb der Belastungsgrenze	Muskelkraft, Widerstandsfähigkeit gegen kurzzeitige Belastungen, Seh-, Hörvermögen, Tastsinn
Geistige Eigenschaften und Fähigkeiten		
Erfahrung, Geübtheit, Urteilsvermögen, Ausdrucksvermögen, Selbständigkeit, sprachliche Gewandheit, dispositives Denken, soziale Kompetenz, Verantwortungsbewußtsein, Zuverlässigkeit, Ausgeglichenheit, Beständigkeit, positive Einstellung zur Arbeit, Sicherheitsbewußtsein	Allgemeinwissen, Fähigkeit zur Informationsaufnahme und -verarbeitung, Aufmerksamkeit, Konzentrations-, Merkfähigkeit, (Langzeitgedächtnis), Widerstandsfähigkeit gegen eine im Arbeitsprozeß übliche psychische Belastung	geistige Beweglichkeit, Reaktionsvermögen bei komplexer Aufgabenstellung, Widerstandsfähigkeit bei hoher psychischer Dauerbelastung, Abstraktionsvermögen, Kurzzeitgedächtnis, Risikobereitschaft

Abb. 3: Kompetenzwechsel im Alter. [3]

bilden Erfahrungswerte als bewährtes Know-how einen sicheren Hintergrund. Auf diese Weise können Entscheidungen schnell und sicher getroffen werden, kann ein Unternehmen viel Geld und Zeit sparen „VEP's" – also die „Very Experienced People" sind ein nicht zu unterschätzendes Asset einer Firma, man muß es nur schätzen lernen und entsprechend fördern. So mag ein Grund der Geringschätzung des Kapitals des Alters, „der Erfahrung", darin liegen, dass man es nicht messen kann und es sich einer Analyse und Bewertung durch die Ratingagenturen entzieht. Zukunftsidee der DB Management Support ist es, aus der Erfahrung ehemaliger Führungskräfte Kapital zu schlagen, das Produkt Erfahrung zu vermarkten.

3   Die DB Management Support GmbH – ein innovatives Beschäftigungsmodell nach Schweizer Vorbild

Als bei ABB, Schweiz vor Jahren die Entscheidung getroffen wurde, Führungskräfte mit 60 grundsätzlich in den Ruhestand zu schicken, tauchte die Frage auf, wie man einerseits diese Regelung kostenmäßig günstig gestalten und wie man andererseits das Know-how der Pensionäre weiterhin für das Unternehmen nutzen könnte. Als Antwort darauf wurde die ABB Consult gegründet, die ehemalige Führungskräfte in- und außerhalb des Konzerns vermittelt, durchaus erfolgreich, wie man heute konstatieren kann. Allerdings sind die Bedingungen des ABB-Konzeptes nicht ohne weiteres auf andere Unternehmen und Wirtschaftsräume übertragbar. So ist in Deutschland die Altersteilzeit ein ernstzunehmendes Substitut für jede Art von Beschäftigungsmodellen für ältere Führungskräfte. Bei frühpensionierten Führungskräf-

---

[3]   Steiner, W. Personalentwicklung – Gedanken zu einem lebenslangen Prozess, in Kayser F., Üpping, M. Kompetenz der Erfahrung, 1997, S. 133.

ten schiebt die BfA, manchmal auch das Unternehmen, einen Riegel vor: Nebenbeschäftigungen, die Geld einbringen, sind verboten. Das Gesetz über die Scheinselbständigkeit ist eine weitere Hürde. So bleiben als Zielgruppe für ein Beschäftigungsmodell à la ABB im Prinzip nur diejenigen über, die es sich „leisten" können, vorzeitig, sozusagen auf eigene Rechnung, aus einem Arbeitsverhältnis auszuscheiden, oder die es im Rahmen von Abfindungsverträgen getan haben, sowie die echten Pensionäre. Im Gegensatz zur ABB Consult hat sich daher die DB Management Support GmbH neben der Aufgabe, die Frühpensionierung von Führungskräften kosteneffizient zu gestalten, auch zum Ziel gesetzt, für einen aus Sicht des Unternehmens und des Mitarbeiters reibungslosen, sozialverträglichen und wirtschaftlich sinnvollen Übergang in den Ruhestand zu sorgen:

– Reibungslos für das Unternehmen, weil die Ressource Erfahrung weiterhin abgerufen werden kann,
– reibungslos für den Mitarbeiter, weil er noch gebraucht wird.

Letztlich möchte die DB Management Support GmbH

– die Flexibilität für den DB-Konzern erhöhen,
– eine Kapazitätsreserve für eine „schlanke" Führungsspitze schaffen,
– die Erfahrungen älterer Führungskräfte nutzen und
– die Lebensarbeitszeit flexibel gestalten.

Die DB Management Support GmbH soll die Plattform für einen bankinternen und bankübergreifenden Know-how-Transfer schaffen und Wege aufzeigen, wie wir im 21. Jahrhundert mit dem Alter und der Erfahrung besser umgehen können.

4   Der strategische Fokus

„Wir von der DB Management Support GmbH bieten unseren interen und externen Kunden beste Beratungs- und Management-Dienstleistung zu marktüblichen Preisen an. Wir beanspruchen nicht nur, exzellentes Methoden-Know-how, sondern insbesondere Erfahrungen und Wissen transportieren zu können." So das anfangs angedachte Leitbild der DB Management Support GmbH oder der DB Consult, wie sie ursprünglich hieß. Damit wäre die DB Management Support GmbH in der Nähe der klassischen Unternehmensberatungs- und Vermittlungsgesellschaften für Manager auf Zeit und damit in eine nahezu aussichtslose Wettbewerbsposition gerückt. Gerade aber im Alind der DB Management Support, nämlich Know-how zu einem attraktiven Preis anzubieten, liegt die eigentliche Chance, um im Wettbewerb erfolgreich zu sein. Die DB Management Support GmbH verlängert sozusagen die Wertschöpfungskette der klassichen Unternehmensberatung in Richtung Umsetzung. Dann, wenn Konzepte auf den Prüfstand der Praxis kommen, wenn es nicht nur darum geht, was gemacht werden, sondern vor allen Dingen wie es gemacht werden soll, kommt Erfahrung – und damit „handelt" die DB Management Support GmbH – zum Zuge. Der Fokus der DB Management Support GmbH liegt im Coaching und Mentoring. Die DB Management Support GmbH liefert sozusagen einen Beirat auf Zeit. Immer dann, wenn Unternehmen oder Institutionen beispielsweise bei der Einführung einer neuen EDV, beim Bau eines Hochregallagers oder bei strategischen wichtigen Gesprächen mit der Bank, Fehler vermeiden wollen, die andere Unternehmen bei ähnlichen Projekten gemacht haben, sollen sie Know-how über die DB Management Support GmbH abrufen können und dies zu einem attraktiven Preis: Denn für die Partner der DB Management Support GmbH steht nicht der Gelderwerb oder die Karriere im

Vordergrund, sondern die Beschäftigung, die Freude an der Weitergabe ihrer Erfahrung. Das Honorar ist zweitrangig, da sie zumeist über eine gute finanzielle Basis verfügen. Die DB Management Support GmbH will also einen Markt für Erfahrung aufbauen, etwas, das es in dieser Form weder in Deutschland noch sonst wo auf der Welt gibt. Das Know-how der älteren Fach- und Führungskräfte, denen diese Aufgabe Spaß macht, soll sozusagen auf Knopfdruck abrufbar sein.

5   Geschäftsfelder der DB Management Support

Vor dem Hintergrund dieser Vision, den Wandel menschlich zu gestalten und die Ressource Erfahrung besser zu nutzen, ist die DB Management Support heute auf zwei Geschäftsfeldern aktiv:

1. Sie vermittelt primär innerhalb der Bank und mittlerweile auch außerhalb die Erfahrung von Führungskräften zumeist Pensionären. Dazu nutzt sie die in einem Konzern üblichen Informations- und Kommunikationskanäle wie beispielsweise die Mitarbeiterzeitschrift Forum oder das DB Fernsehen. Im ersten Geschäftsjahr konnten so fünf Projekte abgewickelt werden und weitere sieben sind in Bearbeitung mit einem sechsstelligen Honoraraufkommen. Darunter waren Projekte wie:

    –   Entwicklung eines Konzeptes für die Markteinführung eines innovativen Produktes der Haustechnik für ein mittelständisches Unternehmen.
    –   Beurteilung der Bonität des Kreditportefolios einer südamerikanischen Bank für eine Entwicklungshilfegesellschaft.
    –   Moderation eines Controllingprojektes einer Tochter der Deutschen Bank AG.
    –   Portfoliomanagementberatung für einen „Business Angel".
    –   Mitherausgabe eines Leitfadens für Wissensmanagement für den Geschäftsbereich Mittelstand der Deutsche Bank AG.

2. Aufbau einer Börse für Erfahrung in Kooperation mit an diesem Thema interessierten Partnern der Großindustrie aber vor allem aus dem Mittelstand.

6   Rückblick und Ausblick

Das erste Jahr der DB Management Support GmbH war von den typischen Anlaufschwierigkeiten wie bei jeder Unternehmensgründung geprägt. Da es für diese innovative Geschäftsidee bisher keinen eigentlichen Markt gab, galt das Prinzip des learning by doing. Die Anfangserfolge dürfen nicht darüber hinwegtäuschen, dass der eigentliche Erfolg davon abhängen wird, wie wir zukünftig in unserer Gesellschaft mit dem Thema Erfahrung umgehen. Erst wenn Unternehmen und ehemalige Führungskräfte lernen, in dieser neuen Form miteinander umzugehen, wird der eigentliche Marktdurchbruch erfolgen. Dazu müssen allerdings wichtige Bausteine des Geschäftssystems noch weiter entwickelt werden. Dies liegt auch im Sinne der „Erfinder" der DB Management Support GmbH: Ein Konzept zu entwickeln, wie wir zukünftig mit einer wichtigen Ressource im Konzern Deutsche Bank AG aber auch in unserer Volkswirtschaft besser umgehen. Ein solches Konzept ist kein Schnellschuß sondern muß reifen. Hierzu bedarf es neben einer Vision eines langen Atems und ganz sicher der Kunst der kleinen Schritte.

Die MIT & OC Consulting, das Beratungshaus im RWE-Konzern

Frank Wendiggensen, Prokurist

Inhaltsübersicht

1   Wie war die Ausgangslage?

Ausgangspunkt für die MIT & OC Consulting in ihrer heutigen Form war die IV-Strategie des RWE-Konzern der Jahre 1993/94. Für nicht wettbewerbsrelevante Querschnittsanwendungen sollte zukünftig konzernweit SAP's R/3 zum Einsatz kommen. Zum Aufbau einer wirtschaftlichen Support-Organisation sollte für den RWE-Konzern ein SAP-Kompetenz-Center als professionelles Beratungshaus eingerichtet werden.

Die MIT-Beratung (als Vorläufer der MIT & OC Consulting) wurde als 100 %-ige Tochter der RWE AG (Holding des RWE-Konzerns) gegründet und startete 1994 mit einer Handvoll SAP-Beratern, die von den führenden Beratungshäusern auf dem SAP-Markt akquiriert wurden. Allein die Geschäftsführung kam aus der Konzernholding.

2   Welche Ziele wurden verfolgt?

Die MIT & OC Consulting sollte anfänglich SAP-orientierte Beratung, die Realisierung von SAP-Projekten sowie die Betreuung bei speziellen SAP-Problemen innerhalb des Konzerns anbieten. Neben dem Aufbau einer wirtschaftlichen Support-Organisation sollten eine stärkere Position gegenüber dem Hersteller und geringere Kosten für Lizenz- und Wartungsleistungen erreicht werden.

Neben den o.g. SAP-spezifischen Zielen werden aus Konzernsicht die folgenden übergeordneten Ziele verfolgt:

– das konzernweite Synergiepotential der Informationsverarbeitung erschließen,
– die Qualität der Informationsverarbeitung verbessern,
– die Grundlagen für ein stärkere Zusammenwachsen der IV-Strukturen schaffen,
– weitergehende Ausschöpfung von Beschaffungssynergien in der IV ermöglichen.

3 Welche Erfahrungen wurden bei der Umsetzung gemacht?

Die bisherigen Projekterfahrungen sind weitestgehend positiv. Eine Reihe von erfolgreich abgeschlossenen Projekten, Folgeprojekten und neuen Kunden und Aufgabenstellungen zeigt, dass der eingeschlagene Weg richtig ist.

Die mit der Gründung der MIT & OC Consulting verfolgten Ziele sind erreicht bzw. werden kontinuierlich weiterverfolgt. Die MIT & OC Consulting realisiert erfolgreich mit allen Führungsgesellschaften des RWE-Konzerns und teilweise auch mit deren Töchtern Einführungs- und Migrationsprojekte im R/3-Umfeld.

Insbesondere auch die Umsetzung der übergeordneten Ziele wird durch die MIT & OC Consulting positiv unterstützt. In verschiedenen Konzernarbeitskreisen bereitet die MIT & OC Consulting Entscheidungsgrundlagen vor, spricht Empfehlungen aus und leitet Arbeitsgruppen. Durch erzielte IV-Standards werden signifikante Synergiepotentiale erschlossen.

Konzernweite bzw. unternehmensbereichsübergreifende Projekte unterstützen strategische Wandlungsprozesse und die Entwicklung neuer Geschäfte für den Konzern. Die Zielsetzung des von der MIT & OC Consulting konzipierten und realisierten RWE-Intranets ist die Schaffung eines „vernetzten Konzerns" mit transparenten Wissens- und Informationsstrukturen. Mehrere tausend Mitarbeiter nutzen das Intranet als Informationsquelle, fachbezogene Anwendungen ermöglichen Zusammenarbeit und Synergieeffekte über Unternehmensgrenzen hinweg. Das Projekt RWE Intranet soll als Beispielprojekt für die Umsetzung von Vision und Strategie nun näher dargestellt werden.

Die Ziele, die mit dem RWE Intranet verfolgt werden sind strategischer und operativer Natur:

– Unterstützung bestimmter Konzernziele, wie Förderung der Innovationsfähigkeit oder Intensivierung der konzerninternen Zusammenarbeit,
– Beiträge zur Verbesserung der Zielorientierung der Mitarbeiter durch aktuelle Informationen über wesentliche Geschehnisse im Konzern,
– Verbesserung der Kommunikationsfähigkeit nach außen und nach innen,
– Verbesserung der Personalqualifizierung und -weiterbildung durch konzernübergreifende Nutzung von Online Lern-Angeboten,
– optimierte Nutzung der Personalressourcen durch verbesserte konzerninterne Personalentwicklung,
– Effizienzverbesserung und Vermeidung von Doppelaktivitäten durch erhöhte Breite und Aktualität der Informationsbasis,
– Beschleunigung von kundenrelevanten Prozessen,
– Kosteneinsparungen durch zentrale Lösungen anstelle von dezentralen Mehrfachlösungen,
– Kosteneinsparungen bei den Konzerngesellschaften durch die Möglichkeit zum Verzicht auf die Errichtung und den Betrieb eines eigenen Intranets,
– Kosteneinsparungen beim Personalaufwand aufgrund von Zeiteinsparungen und vereinfachten Abläufen, insbesondere bei der Informationsbeschaffung.

Die folgende Projektstruktur verdeutlicht die Wichtigkeit des Projekts, dass deshalb direkt durch den Holdingvorstand gesteuert wird.

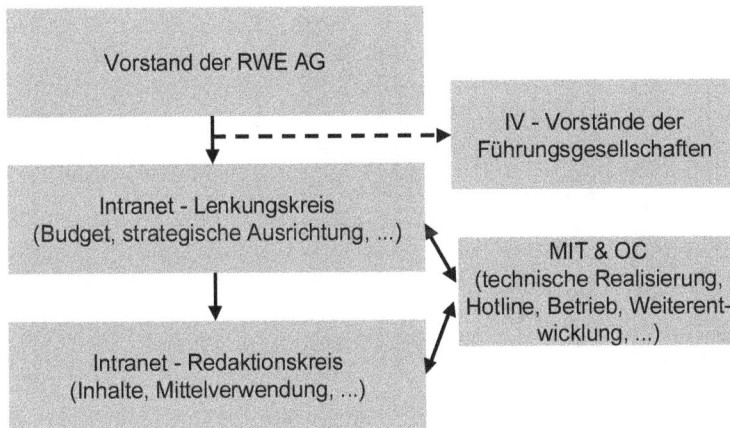

Abb. 1: Projektstruktur.

Die Initiierung des Projekts erfolgt unmittelbar durch den Holdingvorstand durch die im Konzern-Leitbild formulierte Vision zu einem „vernetzten Konzern" mit transparenten Wissens- und Informationsstrukturen. Die Koordination und Definition notwendiger Rahmenvorgaben erfolgt durch den Intranet-Lenkungskreis, der durch die Zentralbereiche Konzernentwicklung, Konzernkommunikation, Personal und Informationsverarbeitung repräsentiert wird. Dieser Lenkungskreis richtet einen ständigen Redaktionskreis ein, der die Aufgabe hat, Zielsetzungen für die Neu- und Weiterentwicklung des Intranets zu definieren, Vorschläge für geeignete Inhalte auszuarbeiten, abzustimmen und die entsprechende Umsetzung zu organisieren. Beide Gremien werden durch die MIT & OC Consulting unterstützend beraten. Die technische Realisierung liegt allein bei MIT & OC Consulting.

Zunächst wurde auf der Grundlage der Ziele ein Ebenen-Konzept entwickelt, welches als Rahmen für die weitere Konkretisierung diente.

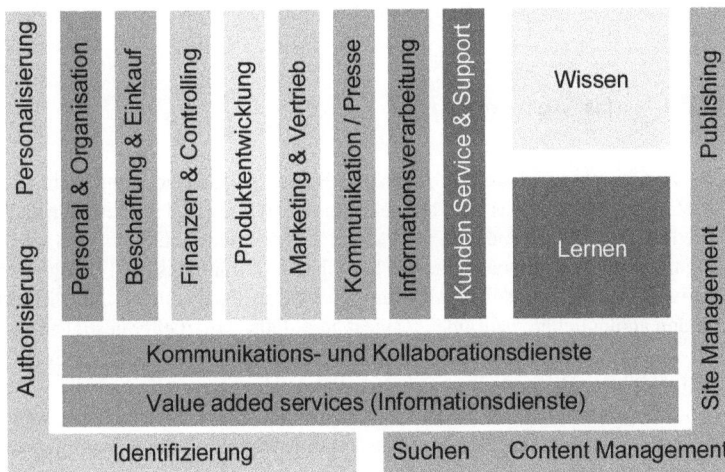

Abb. 2: Intranet-Framework.

Benutzerrollen

Password

Stellenmarkt, Training, Job Rotation, Arbeiten im Ausland, Personalnachrichten, Kollegen

Bezugsquellennachweis, Rahmenverträge, Unternehmensspiegel

Aktuelle Stuerfragen, internat. St.Berater, Organkreis, Richtlinien

Ideenwettbewerb

RWE International

Agentur- & Pressemeldungen, Termine, Messekalender, Aktienticker, Drehscheibe

Strategie, Standards, Gremien, Protokolle, Konzernprojekte, Vorträge, Arbeitskreise

Formulare, Links zu anderen Intranets

Management im Dialog
Führungswissen
Führungskräfte"brief"
Profile, Skills
Expertenhomepage

Virtual Campus

Web-faähiger Editor

Content Stores

Ideenwettbewerb, Dreamteam, themenspezifische Newsgroups, Management I & II, Telefon- & Email-Verzeichnis, Gestaltungsvorlagen, Foliensätze, Dienstwagen, Reisen, Hotelverzeichnis

Schlagzeilen, Aktienticker, Agenturmeldungen, Pressemeldungen, Konzernvision, BranchenNews, Konjunkturtrends, Volkswirt. Themen, Bibliothek, Vergünstigungen, Marktplatz, Speiseplan, ...

Benutzerkennung   Index   Datenbanken

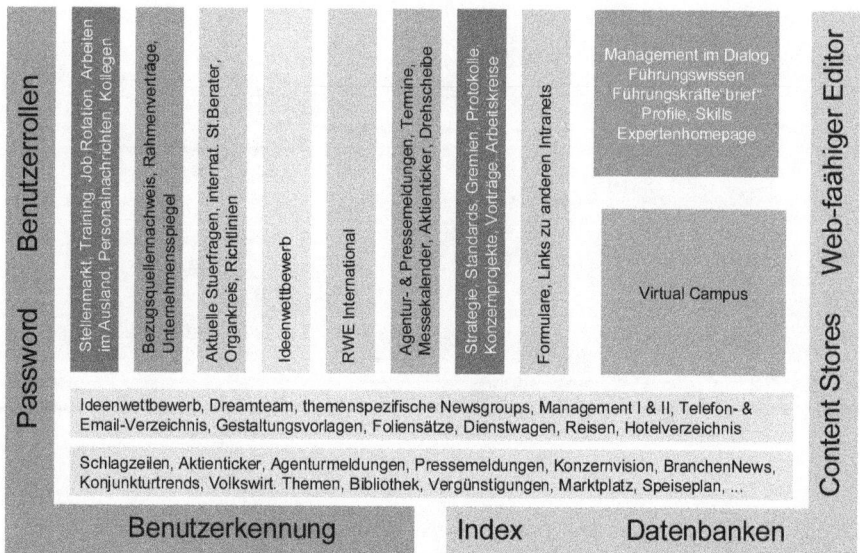

Abb. 3: RWE-Intranet.

Die Komponenten innerhalb der Ebenen sollten möglichst modular gestaltet sein, um eine größtmögliche Wiederverwendbarkeit im Projekt und innerhalb des Konzerns zu unterstützen. Nach einer Untersuchung gängiger Content-Management-Systeme durch MIT & OC Consulting wurde eine Eigenentwicklung mit standardisierten Werkzeugen vorgeschlagen und durchgeführt. Das entwickelte Intranet basiert auf einer Trennung von Inhalt und Layout. Der Inhalt wird dynamisch aus verschiedenen Datenbanken in Layout-Templates eingelesen und dem Benutzer präsentiert. Das Framework wurde durch konkrete Inhalte ausgefüllt. Darüberhinaus dient das RWE Intranet als Drehscheibe zu weiteren Intranets im RWE Konzern.

Das Projekt entwickelte sich zu einem Best Practice. Verschiedene Intranets auf Ebene der Führungsgesellschaften sind mit dem gleichen Konzept entwickelt und erfolgreich.

4   Wie geht es weiter?

Die MIT & OC Consulting ist ein professionelles Beratungshaus und damit nicht nur innerhalb des RWE-Konzern tätig Das Kundenspektrum ist vielfältig und mittlerweile auch international. Die Projektaufgaben und die Projektdauer sind sehr unterschiedlich und reichen von Kurzanalysen mit wenigen Personentagen zu kompletten Einführungs- und Beratungsprojekten (R/3, Intranet, Vertriebsmodelle) mit mehreren hundert Personentagen. Die Mitarbeiterzahl ist von den anfänglichen 5 auf über 100 fest angestellte Mitarbeiter gestiegen.

Um die Ziele ganzheitlich zu erreichen, wurden neben dem SAP-Kompetenz-Center weitere Geschäftsfelder bzw. Themen entwickelt. Vor diesem Hintergrund ist auch die strategische Fusion mit der Organisationsberatung aus dem Konzernbereich Umweltdienstleistungen zur MIT & OC Consulting zu sehen. Das Themenspektrum der MIT & OC Consulting stellt sich heute wie folgt dar:

Thema	Tätigkeitschwerpunkte
e-business	– Entwicklung und Umsetzung von e-business-Strategien
	– Konzeption und Umsetzung von Multi-Channel-Vertriebsmodellen (speziell in der Energieversorgung)
	– Beratung und Umsetzung im Bereich des Customer-Relationship-Management (CRM)
	– Analyse und Bewertung von e-business-(Standard)anwendungen
	– Komplette Beratung und Dienstleistung für Einführungsprojekte von e-business-(Standard)anwendungen
	– Konzeption und Entwicklung von e-business-Komponenten auf Internet-Technologie
Wissensmanagement	– Forschungsprojekte zum Thema Online-Lernen, Virtuelle Lernwelten und Wissensmanagement
	– Analyse und Bewertung von Content-Management-Systemen (CMS) und Dokumenten-Management-Systemen (DMS)
	– Konzeption und Realisierung von Informations- und Wissenssystemen auf Internet-Technologie
	– Organisatorische Beratung bei der Einführung von Wissensmanagement
	– Konzeption und Entwicklung von integrierten Buisness Intelligence Systemen
SAP	– Komplette Beratung und Dienstleistung für R/3-Einführungsprojekte
	– Optimierung von bestehenden Systemen
	– Integration von R/3 und Internet/Intranet
IT-Sicherheit	– Entwickeln von Sicherheitsrichtlinien (Security Policy)
	– Erstellung und Realisierung von Sicherheitskonzepten
IT-Strategie	– Ableitung der IT-Strategie aus der Unternehmens-Strategie
	– IT-Gesamtkonzeption für Unternehmen und Konzern
	– Architekturrahmen für Prozesse, Anwendungen und IT-Infrastruktur
	– Funktionen des IT-Management
	– Post-Merger-Integration

Durch die zukunftsorientierte Beschäftigung mit aktuellen wettbewerbsstrategischen, technologischen und organisatorischen Fragestellungen wird die MIT & OC Consulting ihre Beratungs- und Serviceleistungen entsprechend den Marktanforderungen weiterentwickeln und diese sowohl konzernintern als auch konzernextern anbieten. Durch die strategische Ausrichtung der RWE Gruppe als internationaler Partner für Energie und energienahe Services (Multi Energy/Multi Utility) müssen die wettbewerbsstrategischen Systeme unternehmensbereichsübergreifend organisiert werden, um die Vertriebsaktivitäten der einzelnen Unternehmen zu koordinieren und Angebote verschiedener Anbieter zu bündeln. Ein bereichsübergreifendes Customer Relationship Managementsystem und „Vertriebs"-Projekt-Informationssystem werden bereits konzipiert und realisiert.

SIEMENS UNTERNEHMENSBERATUNG
Weltklasse-Ziele und nachhaltige Umsetzungserfolge im Inhouse Consulting der Siemens AG

Dr. Horst H. Kayser
Leiter Siemens Unternehmensberatung, Siemens AG

Inhaltsübersicht

1 Mit Benchmarking zur Weltklasse

„Benchmarking? Das ist, wenn andere sich an uns messen!" zeigt sich der Leiter einer Geschäftseinheit, die komplexe technische Systeme der Produktionsautomatisierung herstellt und vertreibt, selbstsicher. Das ist verständlich bei der gegebenen Ausgangslage: Die Einheit ist Weltmarktführer und erzielt überdurchschnittliche Umsatzrenditen. Dennoch wird ihre gesamte Wertschöpfungskette mit Hilfe von Benchmarking auf ihre globale Wettbewerbsfähigkeit hin analysiert. Die aggressivsten Wettbewerber in Asien und den USA werden detailliert hinsichtlich ihrer strategischen Ausrichtung, ihrer Kostenposition und wichtiger Leistungsparameter bei Entwicklung, Fertigung, Logistik, Vertrieb untersucht. Informationen aus einer großen Zahl von Quellen werden outside-in wie in einem Puzzle zusammengefügt und im Falle des japanischen Wettbewerbers durch einen Benchmarking-Besuch vor Ort durch persönliche Eindrücke ergänzt. Außerdem werden die Produkte der Wettbewerber auf kostenrelevante Design-Vorteile hin untersucht. Analysen zu technologischen Trends und Änderungen der Kundenanforderungen runden die Geschäftsdiagnose ab (s. Abb. 1).

Die Benchmarking-Diagnose basiert auf Outside-in Analysen und Benchmarking-Besuchen

Informationsquellen und Kernelemente einer Benchmarking-Diagnose

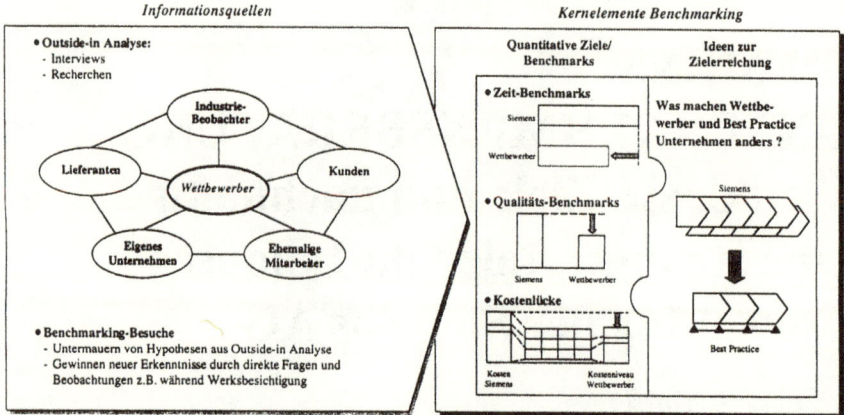

Für die Wettbewerber-Analyse stehen eine Reihe komplementärer Informationsquellen zur Verfügung

Quelle: Siemens Unternehmensberatung

Abb. 1: Informationsquellen und Kernelement einer Benchmarking-Diagnose.

Nach intensiver fünfmonatiger Zusammenarbeit eines fünfköpfigen Beraterteams mit einem ungefähr doppelt so großen Kliententeam der Geschäftseinheit liegt ein erstaunliches Ergebnis vor. Obwohl die Geschäftseinheit Weltmarktführer und sehr profitabel ist, ergibt die kombinierte Betrachtung aller Erkenntnisse von Kosten- und Leistungsvorteilen von Wettbewerbern eine „Produktivitätslücke" zur Weltklasse von 20 %. Projiziert man diese beim bekannten Produktivitätsfortschritt von Wettbewerbern und beim zu kompensierenden Preisverfall 2-3 Jahre in die Zukunft, so ist eine „dynamische Produktivitätslücke" von 35 % zu schließen. Das heutige Produktspektrum wäre somit in 3 Jahren mit $1/3$ weniger Ressourcenaufwand zu erstellen oder das Volumen wäre bei heutiger Struktur um $1/3$ zu steigern.

Die Siemens AG – Kennzahlen – Schlaglichter

- Weltweit führendes Unternehmen der Elektrotechnik und Elektronik
- Umfassendes Produktspektrum – vom Handy bis zum Kraftwerk
- 80% des Geschäfts mit Investitionsgütern und Infrastruktursystemen
- 416.000 Mitarbeiter in über 190 Ländern der Welt
- Jahresumsatz 1997/98:   117"7 DM
- Gewinn nach Steuern 97/98 (vor a.o. Erträgen / Aufwendungen):   2"6 DM
- F&E-Aufwendungen 97/98:   9"1 DM
- 8 Arbeitsgebiete: Information & Kommunikation, Industrie, Energie, Bauelemente, Verkehr, Medizin, Licht, Finanzdienstleistungen
- 17 Bereiche, über 100 Geschäftsgebiete und -zweige

Quelle: Siemens Unternehmensberatung

Abb. 2: Die Siemens-AG – Kennzahlen und Schlaglichter.

Die SU hat das Beratungsspektrum einer General Management Beratung

SU-Leistungsspektrum

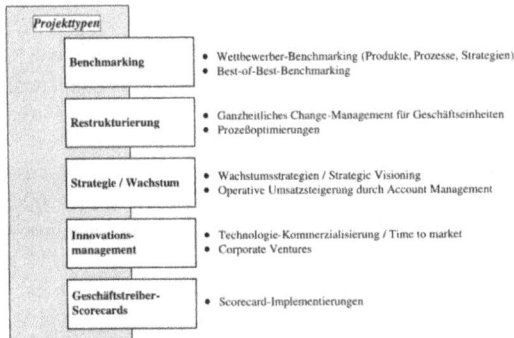

Projekttypen

Benchmarking	• Wettbewerber-Benchmarking (Produkte, Prozesse, Strategien) • Best-of-Best-Benchmarking
Restrukturierung	• Ganzheitliches Change-Management für Geschäftseinheiten • Prozeßoptimierungen
Strategie / Wachstum	• Wachstumsstrategien / Strategic Visioning • Operative Umsatzsteigerung durch Account Management
Innovations- management	• Technologie-Kommerzialisierung / Time to market • Corporate Ventures
Geschäftstreiber- Scorecards	• Scorecard-Implementierungen

Eine der SU-Kernkompetenzen ist das Benchmarking-Know-how

Quelle: Siemens Unternehmensberatung

Abb. 3: SU-Leistungspektrum.

Nur die intensive gemeinsame Teamarbeit während des Projekts und die persönliche Erkenntnis der Teammitglieder der Geschäftseinheit, daß diese Verbesserungspotentiale tatsächlich möglich sind, schafft Akzeptanz für ein solches Ergebnis. Durch diese Akzeptanz setzt das Ergebnis nun aber enorme Energien frei, die eigene Marktführungsposition auch in eine echte Weltklasse-Führung auszubauen. Nach zwei Jahren hat die Geschäfteinheit alle Maßnahmen umgesetzt und ergebniswirksam realisiert und ist heute – belegt durch ein erneutes Quick-Benchmarking – neben der Weltmarktführerschaft auch echter Weltklasse-Produktivitätsführer mit entsprechend positiver Ergebnisentwicklung.

2   Die Mission der Siemens Unternehmensberatung: Professionelle Beratung und Nachwuchsschmiede

Mit Benchmarking-Projekten und anschließenden ganzheitlichen Restrukturierungs- und Change-Management-Programmen Geschäftseinheiten gezielt und nachhaltig zu Weltklasse-Positionen zu verhelfen, das ist eine der Kernkompetenzen der Siemens Unternehmensberatung, die mit ca. 100 Beratern, Projektleitern und Partnern weltweit Geschäfte des Siemens-Konzerns berät (s. Abb. 2). Aber auch Strategie-, Umsatzsteigerungs- und Innovationsmanagement-Projekte, Einführungen von Geschäftstreiber-Scorecards oder prozeßorientierte Best-of-Best-Benchmarks z. B. zum State-of-the-art des Projektmanagements für industrielle Großprojekte gehören mit zum Leistungsportfolio (s. Abb. 3).

Die Siemens Unternehmensberatung (SU) wurde 1996 aus zwei Zentralabteilungen als eigenständiges internes Profit-Center, das direkt an den Vorstandsvorsitzenden der Siemens AG berichtet, gegründet und hat eine doppelte Mission:

1. Die Geschäfte der Siemens AG im Wettbewerb um die Weltspitze mit ihrem Know-how zur Erreichung ganzheitlicher und nachhaltiger Verbesserungen beraten ...
2. ... und einen Pool exzellenter Management-Talente bilden und für Führungsaufgaben im Konzern qualifizieren.

Weltbeste Performance bei wertsteigerndem Wachstum durch überlegenen Kundennutzen und optimierte Prozesse ist das Ziel für unsere Klienten, das Professionalitätsniveau der weltbesten Management-Berater ist der Maßstab für die Siemens Unternehmensberatung selbst. Zu spüren bekommen wir diesen Maßstab im Wettbewerb, denn die SU bewirbt sich häufig im Wettbewerb mit externen Beratern um Projekte. Unser Ziel ist es, in unserem Markt, dem weltweiten Siemens-Konzern, die Nummer Eins der Berater zu werden, eine Position, die wir in einigen der 17 Geschäftsbereiche nach Kundenfeedback und Auftragslage bereits erreicht haben.

Wie kann das gehen? Wie kann eine 100-Personen-Beratung mit den internationalen Netzwerken der großen Management-Berater mithalten? Durch die richtigen Mitarbeiter, Fokussierung, und Lernen, Lernen, Lernen!

3   Mitarbeiter

Die doppelte Mission der SU stützt sich gegenseitig. Um im Auftrag des Top-Managements schwierige Change-Management-Projekte auch im Wettbewerbsvergleich mit externen Management-Beratern erfolgreich durchzuführen, bedarf es einer hochqualifizierten Mannschaft. Die Siemens Unternehmensberatung ist – wie wir u.a. durch Marktforschung in der Zielgruppe der „High Potentials" wissen – eine hochinteressante Alternative zu Tätigkeiten in der externen Beratung, da sie denselben Professionalitätsanspruch stellt und Aufgabenstellungen derselben Tragweite bietet. Die Fokussierung auf die noch immer große Bandbreite an Industrien der Elektrobranche ist dabei für Bewerber mit technischer Ausrichtung eher ein zusätzlicher Vorteil, wie auch die Tatsache, daß man neben einem Berufseinstieg als Berater gleich damit beginnt, den persönlichen Grundstein für eine längerfristige Karriere in einem internationalen Technologie-Konzern zu legen. Die Siemens Unternehmensberatung hat damit Zugang zum Potential der Top-Absolventen und leistet so neben der Sicherstellung professioneller Beratungsarbeit einen wichtigen Beitrag zur Nachwuchssicherung für die Siemens AG.

Neben hochqualifizierten Nachwuchsberatern kommt es jedoch auf die Mischung an. Die Siemens Unternehmensberatung ist auch ein attraktiver Karriereschritt für junge Führungskräfte mit erfolgreicher erster Berufserfahrung im Konzern, so daß Teams häufig eine breite Mischung an Erfahrung repräsentieren. Die notwendige Beratungserfahrung haben die Teams durch die gestufte Teamstruktur. Nach 2-3 Jahren Beratung haben die Besten die Chance, zum Projektleiter aufzusteigen, nach weiteren 2-3 Jahren können die erfolgreichsten Projektleiter zum Partner ernannt werden, einer Funktion, die zum Oberen Führungskreis der Siemens AG zählt. Partner sind über ein variables Gehaltssystem am Geschäftserfolg der SU beteiligt (s. Abb. 4).

Eine Lebensstellung bietet die SU aber bewußt nicht. Ziel ist für alle der Übergang in Linienfunktionen im Konzern. So leiten ehemalige Partner der SU heute Geschäftseinheiten in der Medizintechnik, Antriebstechnik oder Datenvernetzungstechnik mit Umsatzvolumina von 500 Mio DM bis zu mehreren Milliarden DM und ehemalige Projektleiter z.B. strategisch wichtige Business-Development-Einheiten in den Geschäftsbereichen Anlagenbau oder Telekommunikationsvermittlungstechnik oder auch den Stab eines Zentralvorstandes.

Die SU hat eine klassische Beratungsstruktur

SU-Mitarbeiterstruktur

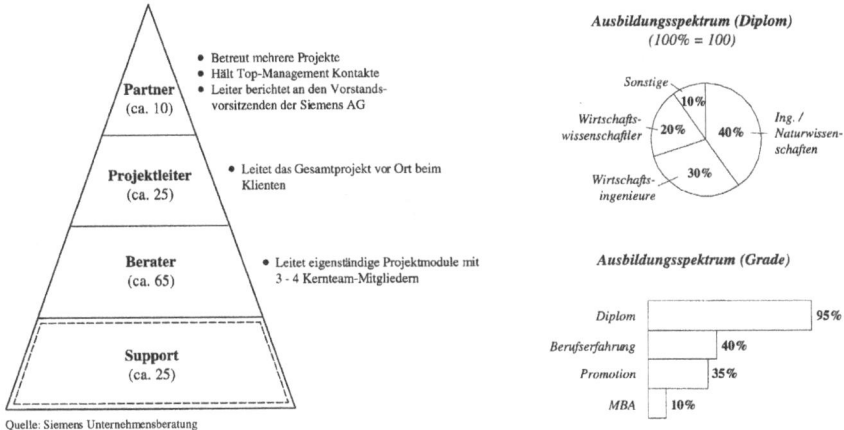

Partner
(ca. 10)
- Betreut mehrere Projekte
- Hält Top-Management Kontakte
- Leiter berichtet an den Vorstandsvorsitzenden der Siemens AG

Projektleiter
(ca. 25)
- Leitet das Gesamtprojekt vor Ort beim Klienten

Berater
(ca. 65)
- Leitet eigenständige Projektmodule mit 3 - 4 Kernteam-Mitgliedern

Support
(ca. 25)

Quelle: Siemens Unternehmensberatung

Ausbildungsspektrum (Diplom)
(100% = 100)

- Sonstige 10%
- Wirtschaftswissenschaftler 20%
- Ing. / Naturwissenschaften 40%
- Wirtschaftsingenieure 30%

Ausbildungsspektrum (Grade)

- Diplom 95%
- Berufserfahrung 40%
- Promotion 35%
- MBA 10%

Abb. 4: SU-Mitarbeiterstruktur.

4 Fokussierung

Die SU fokussiert sich in mehrfacher Hinsicht. Zum einen ist der Branchenmix durch den Geschäftsfokus der Siemens AG definiert. Dividiert man die Größen anderer Berater durch die Vielzahl an bedienten Branchen und Themen, relativiert sich ihr Größenvorteil deutlich. Zum anderen setzt die SU einen Methodenschwerpunkt auf Benchmarking. Durch die konsequente Optimierung des Vorgehens kann SU heute weltweit Best-Practices identifizieren und quantifiziert vergleichen und in eigene Prozeßverbesserungen umsetzen. Entgegen landläufiger Meinung wird die externe Kontaktaufnahme durch den Namen Siemens dabei oft eher erleichtert; natürlich sind Spielregeln einzuhalten. Schließlich sind Wettbewerber oft auch Kunden und Lieferanten, so daß unterschiedliche Beziehungsnetze bestehen und genutzt werden können. Wenige Berater haben heute eine so versierte Benchmarking-Practice wie die SU. Schließlich arbeitet die SU auch mit einem Netzwerk an kleineren Beratern zusammen, um deren Spezialisierungsvorteile zu nutzen.

5 Lernen, Lernen, Lernen

Schließlich gilt für jeden Einzelnen wie für die SU in Summe, die Notwendigkeit in der maximal möglichen Geschwindigkeit zu lernen. Junge Berater lernen nach eintägiger Einführung sofort im „kalten Wasser" eines Projekts das Handwerk. Ein systematisches Trainingsprogramm internationaler Spitzentrainer schult das Wissen über Geschäftsinhalte, Beratungsmethoden und interpersonelle Fähigkeiten begleitend über die gesamte Laufzeit der Beratertätigkeit.

Die Management-Tools wurden mit Unterstützung von SU-Teams entwickelt

Quelle: Team top+

Abb. 5: Die Management-Tools im Siemens top+ – Programm.

Durch systematisches Knowledge-Management ist auch das institutionelle Lernen der SU gesichert. Projekterfahrungen werden in Practice-Groups ausgewertet und aggregiert. In diesen Gruppen, in denen jeder Berater neben seiner Projektarbeit tätig ist, wird auch der State-of-the-art zu wichtigen Management-Themen verfolgt und für Projektarbeit nutzbar gemacht; dies z.T. in Zusammenarbeit mit Top-Business-Schools wie z.B. INSEAD in Fontainebleau. Gerade in den Anfangsjahren der SU hat auch die Zusammenarbeit mit externen Beratern eine wichtige Rolle gespielt. Ohne falsche Selbstüberschätzung war man zunächst der „Junior-Partner" in großen Change-Management-Programmen, dann zunehmend selbst verantwortlich für Teilprojekte. Heute gibt es Zusammenarbeit oft aufgrund von Kapazitätsbeschränkungen bei SU – das Wachstumstempo ist durch die bewußte Fluktuation auf allen Ebenen begrenzt – als gleichwertige Partner mit jeweils eigenen Kompetenzschwerpunkten.

Das Lernen und Sammeln von Erfahrungen spiegelt sich auch in der Größenordnung von Projekten wider. Standen zunächst Projekte für Business-Units im Vordergrund, werden heute oft Programme für ganze Geschäftsbereiche durchgeführt, und außerdem spielt die SU eine zentrale Rolle beim unternehmensweiten Performance-Steigerungs- und Mobilisierungsprogramm top+ (s. Abb. 5).

Schließlich stehen alle Prozesse der SU ständig auf dem Prüfstand der Verbesserung. Dies gilt für alle Prozesse der Durchführung und Qualitätssicherung der Projekte wie die der Personalentwicklung, des Knowledge-Managements oder des generellen Supports. Z.B. hat die systematische Personalentwicklung eine große Bedeutung. Neben laufendem Feedback im Projekt werden mit jedem Mitarbeiter alle 6 Monate detaillierte Coaching-Gespräche anhand eines ausgefeilten Kriterien-Katalogs geführt, um den persönlichen Entwicklungsbedarf bei Trainingsmaßnahmen wie bei der Besetzung von Projekten möglichst gut zu berücksichtigen. Um dies jetzt auch bei der Aufgabenzuordnung innerhalb des Projektteams zu ermöglichen, wurde gerade eine verkürzte Version des persönlichen Entwicklungsplans jedes Beraters erstellt, den neben dem persönlichen Betreuer aus der Partnergruppe auch der jeweils verantwortliche Projektleiter nutzen kann (SU Kriterien).

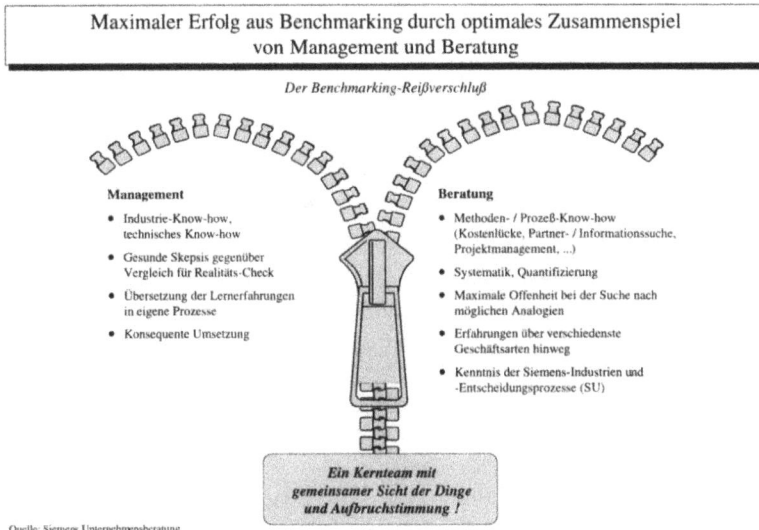

Abb. 6: Der Benchmarking-Reißverschluss.

6   Erfolgreiche Inhouse-Beratung mit eigenem Profil

Heute hat SU ihren eigenen Beratungsstil entwickelt. Neben strikter Professionalitäts-orientierung muß es uns als Inhouse Berater auf die Sicherung des Umsetzungserfolgs und die Akzeptanz von Vorgehensweisen und Empfehlungen ankommen. Analytische Schärfe und die natürliche Distanz des Externen sind die Grundvoraussetzung des Beratungserfolgs. Auch eine notwendige Konfliktfähigkeit als „advocatus diaboli" des Wettbewerbsdrucks muß jeder Berater mitbringen. Als Inhouse Berater besteht dennoch die Chance, die Ebene der Kollegia-lität zu nutzen und eine höhere Identifikation von Beratern mit dem Geschäft und des Klien-ten mit dem Projekt zu erreichen. Einzelne Problemlösungen bleiben oft lange mit einer be-stimmten Person verbunden. Trotz der Suche nach ausgeprägten Persönlichkeiten ist der Verdacht auf „Beraterarroganz" darum z.B. ein ganz klar negatives Auslesekriterium im Re-krutierungsprozess (s. Abb. 6).

Schließlich ist Integrität einer der wichtigsten Überlebensfaktoren der internen Beratung. Der Leiter einer Geschäftseinheit muß als Kunde von der Verschwiegenheit des Beraters z. B. gegenüber internen Kunden und Lieferanten ausgehen können. Auf der anderen Seite muß jeder Kunde wissen, daß eine interne Beratung in besonderer Weise darauf achten muß, Emp-fehlungen aus der Gesamtunternehmensperspektive zu geben – „Gefälligkeitsgutachten" im Partikularinteresse einer einzelnen Geschäftsleitung kann es nicht geben.

Bei der Siemens AG spielt die interne Unternehmensberatung eine wichtige Rolle für die kontinuierliche Verbesserung von Wettbewerbs- und Ergebnisposition der Geschäftseinhei-ten und bei der Optimierung der Nutzung von Beratungsleistung, d.h. der Sicherung ihrer Qualität und der Begrenzung ihrer Kosten. Die SU lebt dabei von ihrer Reputation bei den Kunden, d.h. vor allem bei den über 100 Geschäftsleitungen der Business-Units. Auf Basis der guten Ausgangssituation ist eine weitere positive Entwicklung ihrer Rolle zu erwarten.

Der Controller als Berater des Managements

Ulrich Roth, Sal. Oppenheim jr. & Cie., Leiter Konzerncontrolling

Inhaltsverzeichnis

1 Zusammenfassung

Der Markt für Unternehmensberatung wächst mit exponentiell steigenden Raten. In großen Unternehmen entstehen beachtliche interne Consulting-Einheiten, die einen guten Teil des Beratungsbedarfs abdecken. Welche Rolle spielt dabei der Controller? Läuft er Gefahr, daß ihm interne und externe Berater das Wasser abgraben? Muß er sich neu positionieren, um den gestiegenen Anforderungen des Managements gerecht zu werden?

Als Ergebnis der nachstehenden Überlegungen kommt der Autor zu folgenden Schlußfolgerungen:

- Einer der zentralen, wenn auch nicht der einzige Berater des Managements ist der Controller.
- Der zunehmende Beratungsbedarf ist keine Modeerscheinung, sondern eine Forderung unserer Zeit – auch im Controlling. Ursachen sind der immer raschere Wandel des Kundenbedarfs, der rasante technische Fortschritt und die immer kürzer werdenden Produktzyklen.
- Gelingt es dem Controller, sich dieser zukunfts- und marktorientierten Themen anzunehmen, wird er gegenüber externen Unternehmensberatern an Terrain gewinnen.

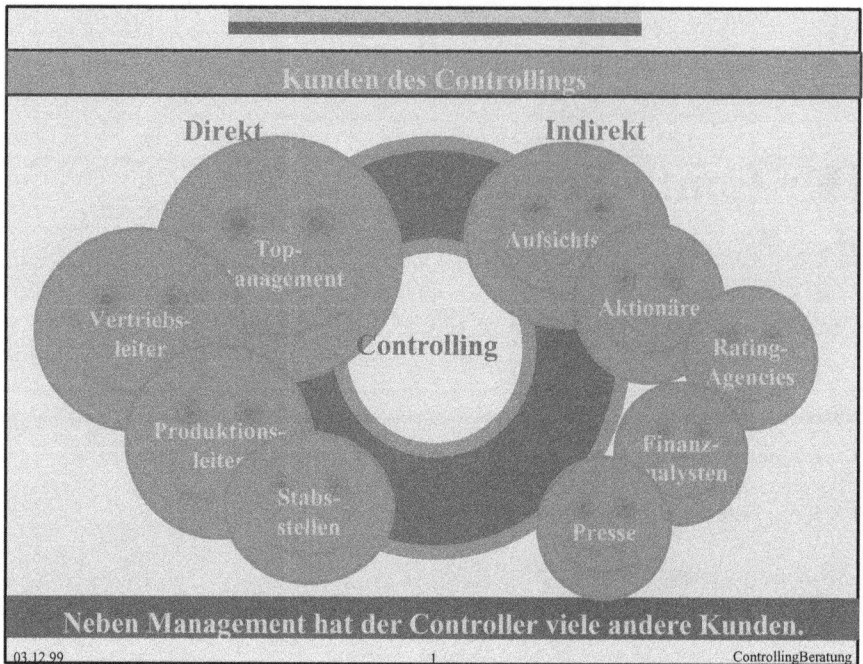

- Da der Controller die Probleme seines Unternehmens und meist auch deren Ursachen bereits kennt, kann er mit der Suche nach Lösungsalternativen schon beginnen, wenn der externe Berater noch lange mit der Ortung der Probleme beschäftigt ist.
- Der Einsatz externer Berater ist immer dann sinnvoll, wenn Spezialwissen im Hause nicht verfügbar ist, interne Kapazitäten für ein Projekt fehlen oder, wenn unternehmenspolitische Gründe dies erfordern.
- Bevor ein externer Berater unter Vertrag genommen wird, sollten im Controlling der Auftrag genau definiert, die zum Einsatz kommenden „tools" vereinbart und die aus dem Hause erforderlichen Ressourcen festgelegt werden. Erfahrungsgemäß stellt sich dabei sehr häufig heraus, daß ein guter Teil der geplanten Aufgaben ebenso gut und viel kostengünstiger vom Controlling übernommen werden können.

2   Wer sind die Kunden des Controllings?

Die direkten Abnehmer von Controlling-Dienstleistungen sind neben dem Top-Management, die Bereichsleiter in Vertrieb, Produktion und Stabsstellen. Die Inhalte der Berichte und Analysen des Controlling an diese Zielgruppe unterscheiden sich je nach Problemstellung der einzelnen Abnehmer ganz erheblich. Der Top-Manager denkt in Kategorien wie Shareholder value, Rorac, EVA etc. womit z.B. ein Vertriebsleiter meist wenig anfangen kann. Ihn interesssieren vielmehr Größen wie Umsatz, Transaktionszahlen und Ertrag pro Kunde oder pro Betreuer.

Darüber hinaus beliefert das Controlling indirekt über die Geschäftsleitung oder gesonderte Public Relations Abteilungen Interessenten wie Aufsichtsrat, Aktionäre, Rating-Agentu-

Berater des Managements

Intern

Extern

Vertriebsleiter

Produktionsleiter

Rechtsabteilung

Revision

Controlling

Internes Consulting

Top-
Management

Rechts- und Steuerberater

Personalberater

Prozeßberater

DV-Berater

Marktforscher

Strategieberater

Der Controller ist einer von vielen Beratern.

06.12.99　　　　6　　　　ControllingBeratung

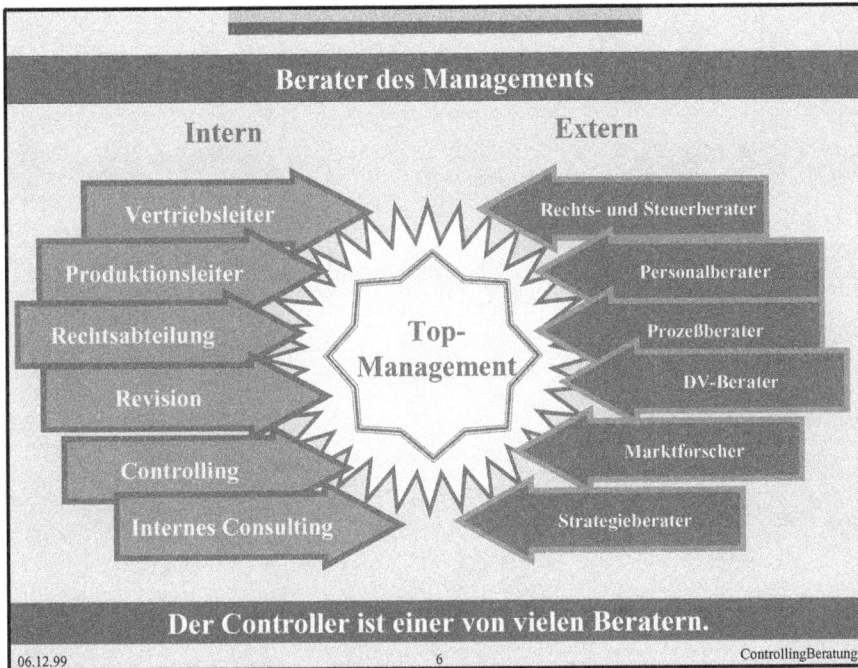

ren, Finanzanalysten und die Presse mit Informationen über die Unternehmensentwicklung. Die Pressekonferenzen und Hauptversammlungen großer Konzerne gestalten sich heute ähnlich aufwendig wie eine Operninszenierung. Das Controlling wirkt dabei in enger Zusammenarbeit mit Investor Relations Abteilungen bei der Erstellung des Librettos mit. Für Bühnenbild und Regie sind entsprechende Medienspezialisten tätig.

3 Wozu braucht das Management Beratung?

3.1 Berater des Managements

Genau so wie epochemachende Kaiser und Könige sich durch kluge Auswahl kompetenter Berater ausgezeichnet haben, so tun dies heute die Manager großer Unternehmen auch. Machiavelli sagte bereits vor 500 Jahren: „ Das erste Urteil, das man sich über einen Herrscher und über seinen Verstand bildet, beruht auf den Personen, die ihn umgeben. Sind sie tüchtig und treu, so wird er stets für weise gelten".

Die Bandbreite der Beratungsleistungen ist so groß wie das Aufgabengebiet des Managers. Die Leistungen der Berater reichen von reiner Informationsbeschaffung über die Lösung von steuerlichen oder rechtlichen Spezialproblemen bis hin zur Ausarbeitung von Strategien. Die Palette der externen Berater reicht vom Personalberater über den Rechts- und Steuerberater bis zum DV- und Strategieberater. Zu den internen Beratern gehören neben eigens dafür eingerichteten Beratungsstellen auch das Controlling, die Revision oder gesonderte Planungs- und Strategieabteilungen vor allem auch die jeweiligen Fachbereichsleiter, die das Ohr am Markt oder die Hand am Puls des Geschehens haben.

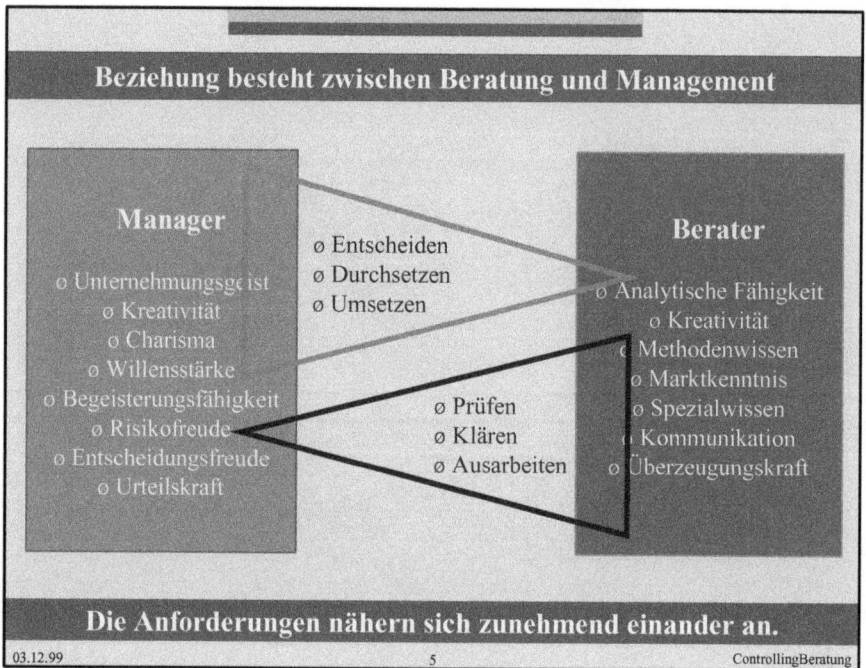

Beziehung besteht zwischen Beratung und Management

Manager		Berater
ø Unternehmungsgeist	ø Entscheiden	ø Analytische Fähigkeit
ø Kreativität	ø Durchsetzen	ø Kreativität
ø Charisma	ø Umsetzen	ø Methodenwissen
ø Willensstärke		ø Marktkenntnis
ø Begeisterungsfähigkeit	ø Prüfen	ø Spezialwissen
ø Risikofreude	ø Klären	ø Kommunikation
ø Entscheidungsfreude	ø Ausarbeiten	ø Überzeugungskraft
ø Urteilskraft		

Die Anforderungen nähern sich zunehmend einander an.

03.12.99   5   ControllingBeratung

3.2 Aufgaben des Managements

Was sind die Aufgaben des Managements, was sind seine Sorgen und Nöte, wo kann der Controller ihm helfen, wo ihn beraten?

Die Kernaufgabe des Managements besteht darin, klare Zielvorstellungen für sein Unternehmen zu entwickeln. Es genügt aber nicht, brilliante Ideen zu haben. Der erfolgreiche Manager zeichnet sich dadurch aus, daß er diese Ideen schnell und zielstrebig umzusetzen versteht. Gerhard Schmid, Gründer und Geschäftsführer der Mobilcom AG sagte vor kurzem: „Unternehmertum kann man nicht lernen und Führungsqualitäten nicht in Kursen erwerben". Kann der Berater eine hier eventuell vorhandene Lücke füllen? Wäre das der Fall, dann sollten Berater und Manager die Stühle tauschen.

Auch dies sah Machiavelli bereits voraus: „ Es ist eine allgemeine, untrügliche Regel, daß ein Fürst, der selbst nicht weise ist, auch nicht gut beraten werden wird, es sei denn, daß er sich auf einen einzigen, sehr gescheiten Mann verläßt, der ihn in allem regiert. In diesem Falle mag er zwar gut geleitet werden, es währt aber nicht lange, dann wird ihm ein solcher Minister bald die Herrschaft entreißen".

3.3 Beratung als Trend der Zeit

Heute will jeder, der etwas auf sich hält, Berater werden. Die großen Unternehmensberatungen dieser Welt stehen bei Studenten der Wirtschaftswissenschaft ganz oben auf der Liste potentieller Arbeitgeber. In den Anzeigenteilen der Tagespresse werden statt Verkäufern heute nur noch Kundenberater oder neuerdings Consultants oder Unternehmensberater gesucht. Auf der Visitenkarte eines Klempners fand ich vor kurzem die Bezeichnung: „Sanitärberater".

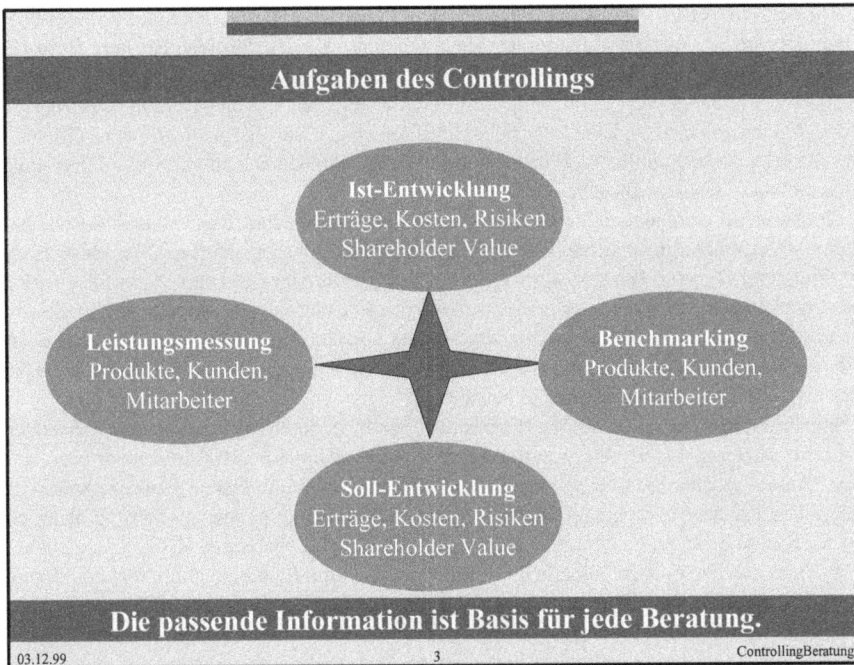

Aufgaben des Controllings

Ist-Entwicklung
Erträge, Kosten, Risiken
Shareholder Value

Leistungsmessung
Produkte, Kunden,
Mitarbeiter

Benchmarking
Produkte, Kunden,
Mitarbeiter

Soll-Entwicklung
Erträge, Kosten, Risiken
Shareholder Value

Die passende Information ist Basis für jede Beratung.

03.12.99   3   ControllingBeratung

Der steigende Beratungsbedarf ist nur oberflächlich gesehen eine Modeerscheinung. Er ist das Ergebnis des immer rascheren Wandels des Kundenbedarfs, des rasanten technischen Fortschritts und der immer kürzer werdenden Lebenszyklen von Produkten. Er reflektiert auch den Wandel unserer Gesellschaft von der Produktions- zur Dienstleistungsgesellschaft und führt zu einer Veränderung der Rollen des Beraters wie auch des Managers. In diesem Umfeld kann der Manager nur dann angemessen und schnell genug auf Umweltveränderungen reagieren, wenn er die Unterstützung verschiedenster Spezialisten in Anspruch nimmt.

Wenn heute ein Unternehmensberater einen Auftrag gewinnen will, zählt ein vorzeigbarer „track-record" in Umsetzungskompetenz weit mehr als das Nachbeten frisch von der Uni erworbener Methoden und Konzepte. Auf der anderen Seite ändert sich auch die Rolle des Managers, der in einer zunehmend komplexen Welt sachgerechte Entscheidungen nur treffen kann, wenn er auch über analytische Kompetenz verfügt und ein gewisses Grundverständnis für die Methoden und Verfahren der Unternehmensberater mitbringt. Damit nähern sich die Anforderungen an das Management denen an die Berater zusehends einander an.

4 Aufgaben des Controlling

4.1 Informations- und Steuerungsfunktion

Was hat nun das Controlling mit Beratung zu tun? Es kommt darauf an, ob sich das Controlling auf eine Rolle als Gehilfe des Managements, Lieferant von Informationen und Alarmposten beschränkt oder ob es aktiv und partnerschaftlich am Prozeß der Ziel- und Entscheidungsfindung des Managements mitwirkt.

Die zentrale Aufgabe des Controllings besteht in der Information des Managements über Geschäftsverlauf, Wertentwicklung des Unternehmens und geschäftliche Risiken. Dazu gehören die Leistungsmessung der verschiedenen Unternehmenseinheiten, Bereiche, Produkte, Kunden, Mitarbeiter. Das Controlling hilft durch Bereitstellung von Informationen Illusion durch Fakten zu ersetzen. Eine Entscheidung ist nur so gut wie die informatorische Grundlage. Statt der vielfach üblichen Entscheidung aus dem „hohlen Bauch" hilft das Controlling eine rationale Basis für Entscheidungen zu schaffen.

Traditionelle, vergangenheitsorientierte Finanzdaten bleiben auch in Zukunft Basis eines jeden Managementinformationssystems. Die Performance der abgelaufenen Berichtsperiode ist Grundlage für jedes Bonussystem. Auch ein externer Berater wäre ohne diese Information des Controlling kaum in der Lage eine zutreffende Lagebestimmung vorzunehmen. Ein Benchmarking zur Konkurrenz oder auch zwischen den verschiedenen Geschäftsbereichen eines Unternehmens sollte nicht bei konsistenten und vergleichbaren historischen Finanzdaten Halt machen, wäre aber ohne diese nur unvollständig.

Inhaltlich hat sich die Art der vom Controlling bereitgestellten Informationen in den letzten Jahren drastisch geändert. Wie man sich bei der Steuerung eines Schiffs nicht nur auf das, was über Wasser erkennbar ist, beschränken kann und für Nacht und Nebel, Eisberge und Riffe besondere Radarsysteme eingerichtet hat, kann auch die Unternehmenssteuerung nicht auf solche Systeme zur Früherkennung von Markt-, Kredit- und operativen Risiken verzichten.

In einer idealen Welt sollten alle diese Informations- und Steuerungsfunktionen vollautomatisiert ablaufen. Das Management sitzt wie der Flugkapitän in seinem Cockpit umgeben von zahllosen Meßinstrumenten, die ihm genau Standort, Flughöhe und Geschwindigkeit anzeigen und ihm bei Nebel oder Dunkelheit auch den Blindflug erlauben. SAP hat diese Vision in einem Modell im letzten Herbst in Straßburg vorgeführt.

In der Praxis sieht es leider vielfach anders aus. Die Welt entwickelt sich so schnell, daß die Programmierer gerade fertig sind, wenn das Controlling das bestellte System schon wieder durch ein neues ersetzen möchte. Das Resultat sind unendlich viele Krücken und Brücken, mit denen der Controller die vom Management gewünschten Daten beschafft.

Auch bei perfekten internen Managementinformationssystemen stößt der Controller in Bezug auf Automatisierung schnell an Grenzen, wenn es um die Beschaffung externer Benchmark- oder Marktdaten geht. Kenngrößen dieser Art können von quantitativen Finanzdaten bis hin zu qualitativen Beschreibungen von „best-practice"-Prozessen reichen.

4.2   Beratende Funktionen

Während der Controller als Informationslieferant des Managers oft nur in einer einseitigen Hilfsfunktion agiert, setzt die Rolle des Controllers als Berater des Managements einen bilateralen und eher partnerschaftlichen Prozeß voraus. Dies entspricht der angelsächsischen Vorstellung von Controlling im Sinne von Steuerung, Navigation und nicht dem oft in Deutschland vorzufindenden Verständnis vom Controller als Kontrolleur und Aufpasser.

Planung ohne einen intensiven Dialog zwischen Controller und Manager wird immer nur eine strategisch irrelevante, oft aber sehr zeitaufwendige rituelle Übung bleiben, bei der Vergangenheitsdaten in die Zukunft projiziert werden. Planung darf nicht zum Selbstzweck degenerieren. Planung und Kontrolle sollen helfen, herauszufinden, wo der Weg hingehen soll, und sobald man aufgebrochen ist, verhindern, daß man auf den Holzweg gerät. Vergangenheitsdaten können immer nur helfen, den Ausgangspunkt zu bestimmen. Die sinnvolle Planung der Zukunft setzt eine intensive Auseinandersetzung mit dem Produkt, dem Kunden, dem Markt und der Konkurrenz voraus. Nur wenn dem Controller dies gelingt, kann er Terrain vom externen Berater oder internen Consulting-Einheiten gewinnen.

Zu den Beratungsleistungen des Controlling im engeren Sinn gehören die Analyse der Planabweichungen, die Überprüfung der einer Strategie zugrunde liegenden Prämissen über die interne und externe Umwelt bis hin zur Mitwirkung bei der strategischen und operativen Planung. Entscheidend ist hierbei, daß das Controlling nicht einfach als Informationsvermittler auftritt, sondern daß es die Erfolgsfaktoren für ein Projekt ausfindig macht, kritische Punkte eines Geschäftsvorhabens erkundet, und vor allem Handlungsalternativen im Falle einer Kursabweichung erarbeitet. Die Kunst besteht dabei darin, aus der unendlichen Vielfalt von Informationen genau die herauszufinden, die zur Lösung eines bestimmten Problems erforderlich sind.

Die besten Performance-Meßsysteme sind nur dann etwas wert, wenn sinnvolle Vergleichsmaßstäbe vorliegen. Nur über Benchmarks kann die Flut von Informationen, die heute aus den Computern strömen, gewichtet und beurteilt werden. Die von einem Geschäftsbereich erzielte Rendite von 25 % kann sehr gut oder sehr schlecht sein, je nach dem was bei gleichartigen Risiken von der Konkurrenz in diesem Geschäftsfeld erzielt wird. In vielen Controlling-Abteilungen entfällt mehr als Hälfte des Aufwands auf die Bereitstellung von vergangenheitsorientierten, unternehmensinternen Informationen zur Ertrags- und Risikolage, 10-20 % auf die Planung und 10 % oder weniger auf das Benchmarking. In einem markt- und zukunftsorientierten Controlling sollte der Anteil für Planung und Benchmarking etwa doppelt so hoch liegen.

Die Beratungsleistung des Controlling umfaßt darüber hinaus die Wertermittlung von Unternehmensteilen, die Rentabilitätsprüfung von In- und Outsourcing-Entscheidungen bis hin zur Beratung bei Erwerb und Veräußerung von Töchtern oder Beteiligungen oder die Fusion mit anderen Unternehmen. Das Controlling kann auch bei Änderungen der Organisationsstruktur oder dem Reengineering von Prozessen, Bereichen oder des ganzen Unternehmens mitwirken. Allerdings ist hier die enge Zusammenarbeit mit internen oder externen Spezialisten gefragt.

Neben dem laufenden Betrieb bestehender Managementinformations-, Performance- und Risikomeßsysteme, gehören auch die Konzeption und Einrichtung solcher Systeme zu den Beratungsaufgaben des Controlling. Diese Aufgabe kann nur gemeinsam dem Management gelöst werden. Geschäftsphilosophie, Strategie, marktorientierte Organisation und ein steuerungsadäquates Planungs- und Managementinformationssytem sind interdependent. Dies ist ein wichtiger Punkt im Konzept der „balanced scorecard".

5 Möglichkeiten und Grenzen für Beratungsleistungen des Controllings?

5.1 Leistungsfähigkeit im Vergleich zu anderen internen Beratern

Wie bereits erwähnt, sind die Konkurrenten des Controlling bei der internen Beratung des Managements neben den Fachbereichsleitern vor allem Stabsabteilungen wie die Revision, gesonderte Planungs- und Strategieabteilungen oder gar eigenständige interne Consulting-Einheiten.

In der Revision werden schwerpunktmäßig die Einhaltung interner und externer Vorschriften, die Zweckmäßigkeit interner Regelungen, die Sicherheit und Funktionsfähigkeit von Systemen, Organisationsstrukturen und Prozessen geprüft. Bei seiner Tätigkeit erhält der Revisor einen umfassenden Einblick in die Abläufe und Strukturen eines Unternehmens und ist daher prädestiniert für Beratungsleistungen auf dem Gebiet der Prozeßoptimierung.

Dabei ist der Blick des Revisors vor allem auf den Mikrokosmos des Unternehmens gerichtet. Im Vergleich dazu richtet der Controller seinen Blick mehr nach Außen und in die Zukunft. In dieser Hinsicht konkurriert das Controlling natürlich mit gesonderten Planungs- und Strategieabteilungen, die sich in größeren Konzernen finden lassen.

Das Aufgabenspektrum eigenständiger interner Consulting-Einheiten, die sich ebenfalls meist nur in größeren Unternehmen lohnen, reicht von der Projektleitung für Systemeinführungen, Umstrukturierungen oder Neuorganisationen bis hin zur Strategieberatung.

5.2   Leistungsfähigkeit im Vergleich zu externen Beratern

Die vielen verschiedenen externen Berater decken ein weit größeres Feld ab als das Controlling. Ein Controller würde kaum mit einem Personal- oder DV-Berater konkurrieren wollen. Steuerliche, rechtliche Probleme sind besser beim Steuerberater oder Anwalt aufgehoben. Kundenzufriedenheit läßt sich wegen höherer Neutralität leichter von einem unabhängigen Berater ermitteln und bestimmte Marktanalysen werden effizienter von darauf spezialisierten Instituten ausgeführt.

Nur bei Unternehmensberatern im engeren Sinn lassen sich Überschneidungen zu den Aufgaben des Controlling feststellen. Im Vergleich zum externen Unternehmensberater hat das Controlling einen erheblichen Platzvorteil durch die intensive Unternehmenskenntnis. Während ein externer Berater meist einige Monate Zeit benötigt, um zu verstehen, worin die Probleme eines Unternehmens eigentlich bestehen, kann der Controller aus dem Stand mit der Suche nach Lösungen für ihm bereits bekannte Probleme beginnen.

Ein wichtiger Grund für die Einschaltung interner Einheiten wie die des Controllings ist auch der Umsetzungsdruck, dem sie ausgesetzt sind. Umsetzungskompetenz steht zwar neuerdings auf der Fahne vieler Berater, aus Kosten- und organisatorischen Gründen bleibt aber die Umsetzung meist doch internen Einheiten überlassen.

Die Einschaltung interner Einheiten verhindert auch den Know-How-Verlust, der bei externer Beratung unvermeidlich ist. Einen Wettbewerbsvorsprung erzielt man immer nur durch Innovation. Die mit Hilfe eines externen Beraters geborene Innovation wird man in Windeseile bei sämtlichen Konkurrenten auftauchen sehen.

Ein selten ausgesprochener, aber ganz wesentlicher Grund, warum externe Berater sehr gern eingeschaltet werden, sind unternehmespolitische Gründe. Nach dem Motto: „der Prophet gilt nichts im eigenen Land", läßt sich ein neues Konzept leichter durchsetzen, wenn es durch einen markterfahrenen Berater vorgelegt wird. Die mit Umstrukturierung einhergehenden Kündigungen lassen sich leichter auf den „bösen" externen Berater abschieben. Quelle für diese Art von Beratungsleistungen können diplomatische Erfordernisse aber auch verkrustete interne Organisationsstrukturen oder Führungsschwäche des Managements sein.

Inhaltlich liegen die Kernkompetenzen des Controlling traditionell auf dem Feld der Performance-Messung. Dazu gehören neben dem Standard-Reporting die Risikomessung genau so wie die jährliche Budgetierung, das Benchmarking und Shareholder value Analysen.

Überall da, wo Erfahrungen mit neuen Methoden fehlen oder wo Kenntnis neuer Märkte gesucht wird, sollte der Controller eng mit externen Beratern zusammenarbeiten. Bei Projekten, die intensive Kenntnisse der unternehmensinternen Prozesse erfordern, kann der Controller in der Regel begleitend tätig werden und die auf solche Projekte spezialisierten inter-

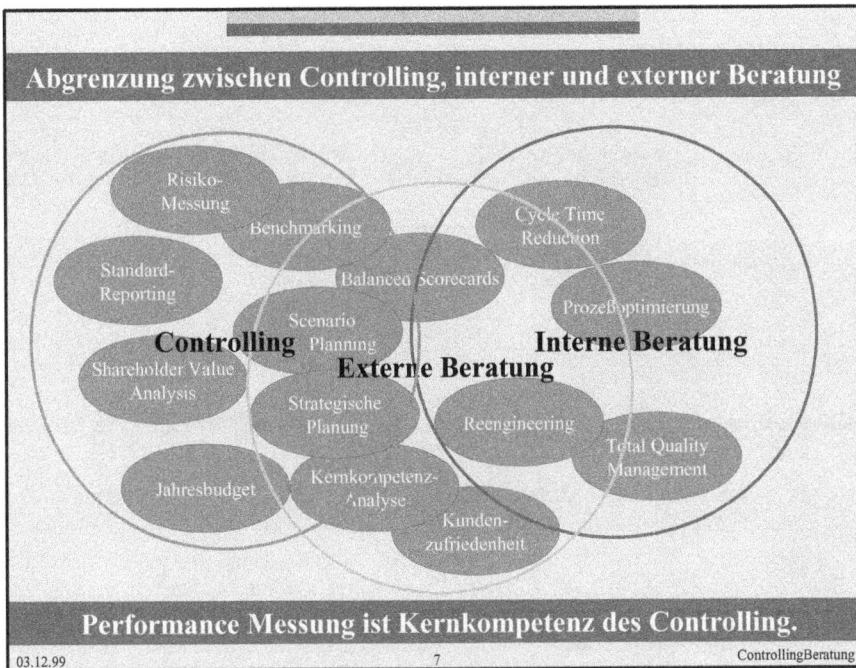

Abgrenzung zwischen Controlling, interner und externer Beratung

Risiko-Messung

Benchmarking

Standard-Reporting

Balanced scorecards

Cycle Time Reduction

Prozeßoptimierung

Scenario

Controlling Planning   **Interne Beratung**

Shareholder Value Analysis   **Externe Beratung**

Strategische Planung

Reengineering

Jahresbudget

Kernkompetenz-Analyse

Total Quality Management

Kunden-zufriedenheit

Performance Messung ist Kernkompetenz des Controlling.

03.12.99   7   ControllingBeratung

nen Beratungseinheiten und externen Spezialisten mit Daten versorgen oder konzeptionell unterstützen.

Ist der Einsatz externer Berater unumgänglich, kann das Management viel unnötigen Aktionismus und vor allem hohe Beraterhonorare sparen, wenn deren Einsatz gut geplant wird. Für eine solche Aufgabe ist das Controlling die ideale Koordinationsstelle. Bevor ein Berater unter Vertrag genommen wird, können hier die Aufträge genau definiert, die zum Einsatz kommenden „tools" ausgesiebt, die aus dem Hause erforderlichen Resourcen festgelegt und später der Projektfortschritt überwacht werden. Dabei wird sich des öfteren herausstellen, daß ein guter Teil der in Frage kommenden Aufgaben ebenso gut und viel kostengünstiger vom Controlling übernommen werden können. Außerdem kann hier eine Evidenzzentrale für enttäuschende Beratungsleistungen aufgebaut werden.

5.3   Situation des Unternehmens

Wie der Untergang der Dynosaurier demonstriert, überlebt nicht unbedingt der Größte, sondern derjenige, der sich am schnellsten seiner Umwelt anpassen kann. In unserer heutigen Zeit hat diese Erkenntnis aber eine besondere Bedeutung erlangt. Die Unternehmensentwicklung ist um so weniger planerisch-analytisch erfaßbar, je schneller sich die Umwelt ändert. Maxime unserer Zeit ist es daher nicht, die Prozesse bis zur Perfektion zu optimieren, sondern Gewinnchancen möglichst als erster zu erkennen und wahrzunehmen.

Um schnell genug reagieren zu können, sind konzernübergreifende zentrale Informationssysteme meist zu schwerfällig. Dezentrale Systeme können schneller und flexibler dem jeweiligen Informationsbedarf angepaßt werden.

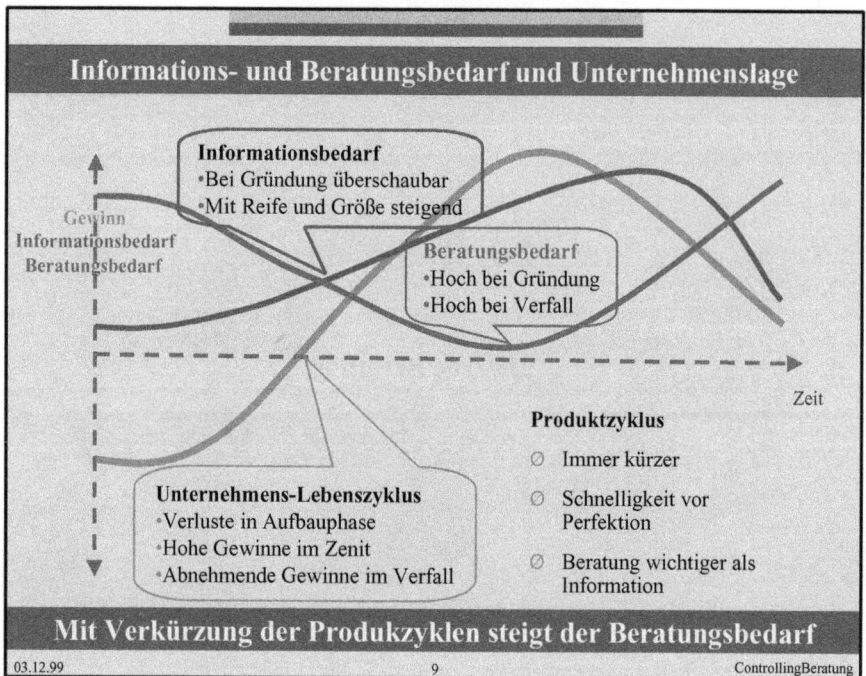

Informations- und Beratungsbedarf und Unternehmenslage

Informationsbedarf
•Bei Gründung überschaubar
•Mit Reife und Größe steigend

Gewinn
Informationsbedarf
Beratungsbedarf

Beratungsbedarf
•Hoch bei Gründung
•Hoch bei Verfall

Zeit

Produktzyklus

∅ Immer kürzer

Unternehmens-Lebenszyklus
•Verluste in Aufbauphase
•Hohe Gewinne im Zenit
•Abnehmende Gewinne im Verfall

∅ Schnelligkeit vor
Perfektion

∅ Beratung wichtiger als
Information

Mit Verkürzung der Produkzyklen steigt der Beratungsbedarf

03.12.99   9   ControllingBeratung

Befindet sich ein junges, innovatives Unternehmen in der Aufbauhase, ist der Rat von Spezia-listen aller Art gefragt. Das Management eines solchen Unternehmens hat andere Sorgen, als z.B. die Reisekosten der Mitarbeiter minutiös zu analysieren. Je reifer die Märkte und je intensiver der Wettbewerb, um so ausgefeilter werden die Informations-Systeme. In der Auto-industrie z.B. können die Produktionskosten eines Fahrzeugs bis zur letzten Schraube ermit-telt werden.

Hat ein Unternehmen seinen Zenit überschritten, dann ist guter Rat teuer. In einer solchen Situation helfen vergangenheitsorientierte Informationssysteme nur noch wenig, vielmehr ist zukunfts- und marktorientierte Beratung gefragt.

Die Möglichkeiten, im Controlling Beratungsleistungen auszubauen, sind um so günstiger, je größer das Unternehmen und damit in der Regel auch die Kapazität des Controlling ist. In einem Großkonzern, wie z.B. der Deutschen Bank mit weltweit etwa 2000 Mitarbeitern im Controlling ist es kein Problem für ein beratungsorientiertes Sonderprojekt 10-20 Mitarbeiter freizustellen.

Unser Weg zum Beratungspartner der Volkswagen AG

– Entstehung, Entwicklung und Profil einer Internen Unternehmensberatung -

Jan Wurps, VW Coaching GmbH,
Leiter des Geschäftsfeldes Consulting

Inhaltsübersicht

1   Die Ausgangssituation

Die Volkswagen Coaching Gesellschaft mbH wurde am 01.01.1995 als 100 %ige Tochter der Volkswagen AG gegründet. Sie hat den Auftrag der Sicherung der Qualität der Belegschaft im internationalen Wettbewerb und der Entwicklung, Förderung und Unterstützung innovativer Personal- und Beschäftigungskonzepte.

Volkswagen CG Consulting[1] ist seit dem 01.04.1998 eines von heute acht Geschäftsfeldern der Volkswagen Coaching Gesellschaft mbH.

Die Consulting entstand aus dem damaligen Geschäftsfeld ‚Unternehmensberatung für Prozeßoptimierung'. Dieses Geschäftsfeld beinhaltete den Bereich Organisationsentwicklung mit Beratung hinsichtlich Organisationstransformation und arbeitsorganisatorischer Veränderungsmaßnahmen sowie den Bereich KVP[2] (**K**ontinuierlicher **V**erbesserungs-**P**rozeß zum Quadrat), d.h. eine Methode zur Beseitigung von Verschwendung durch Optimierung von Arbeitsabläufen und Prozessen in allen Unternehmensbereichen mit dem Ziel der Erhöhung der Kundenzufriedenheit und der Wettbewerbsfähigkeit durch marktgerechte Gestaltung von Qualität, Service und Preis der Produkte unter besonderer Berücksichtigung der Mitarbeiterzufriedenheit.

---

[1]   Die Volkswagen CG Consulting wird zur Vereinfachung im folgenden nur als Consulting bezeichnet.

Seitens der Geschäftsführung bzw. des Aufsichtsrates der Volkswagen Coaching Gesellschaft mbH erging der Auftrag an die Consulting, eine angesehene, professionelle und profitable Interne Unternehmensberatung für die Volkswagen AG sowie den externen Markt aufzubauen, um

- den operativen Wissenstransfer durch Multiplikation des vorhandenen
  Know-hows zu steigern,
- als attraktiver Arbeitgeber Management-Nachwuchskräfte auf eine Karriere bei der Volkswagen AG vorzubereiten,
- den mit dem Einsatz externer Beratungsunternehmen verbundenen Abfluß von Volkswagen-spezifischem Know-how zu verhindern und
- die Kosten für den Einsatz externer Beratungsunternehmen bei der Volkswagen AG zu reduzieren.

2   Die Idee

Unter Berücksichtigung des oben beschriebenen Auftrags und der damit verbundenen Zielsetzungen entwickelte die Consulting die Vision, als Interne Unternehmensberatung die ‚Nr.1' für Beratungsleistungen bei der Volkswagen AG zu werden und an allen Beratungsprojekten entweder als alleiniger Auftragnehmer oder in Zusammenarbeit mit externen Beratungsunternehmen beteiligt zu sein.

Als entscheidende Zielsetzung wurde das Erreichen einer adäquaten Positionierung und Akzeptanz sowohl bei der Volkswagen AG als auch am externen Markt über ein gezielt aufzubauendes Image identifiziert. Erfolgreiche Beratung stellt dabei den wesentlich imageprägenden Faktor dar. Demzufolge wurde eine Strategie der Kapazitäts- und Kompetenzerweiterung definiert.

Zur Umsetzung der Strategie wurden verschiedene Alternativen diskutiert. Gegen die Option des Zukaufs beziehungsweise der Fusion mit einem geeigneten Beratungsunternehmen wurde zugunsten des ‚Wachstums aus eigener Kraft' entschieden. Die Möglichkeiten der Kooperation und des Aufbaus eines Expertennetzwerkes sollten sukzessive umgesetzt werden.

Für den Aufbau und die Entwicklung der Consulting sollte ein individuelles Konzept erstellt werden, um die vorhandenen, erfolgreichen Kompetenzen der Prozeß- und Produktoptimierung und der Begleitung von Veränderungsprozessen, die aus den ursprünglichen, in der Consulting zusammengefassten Bereichen resultieren, weiterzuentwickeln und sinnvoll zu ergänzen.

Neue Kompetenzen sollten unter Orientierung an den Bedarfen und Erwartungen des Primärkunden Volkswagen AG identifiziert und aufgebaut werden.

Zur Erreichung der angestrebten Professionalität sollte darüber hinaus eine Optimierung der internen Abläufe im Sinne einer Unternehmensberatung erfolgen.

3   Die Vorgehensweise

Nach einer Phase der Orientierung und anfänglich kontrovers geführter Diskussionen bezüglich Wachstum, zu ergänzender Kompetenzen und erforderlicher Organisationsstruktur wurden zur Ermittlung der sich aus der Vision, den Zielen und der Strategie ergebenden Anforderungen an die Consulting eine Kundenbefragung einerseits und ein Benchmarking andererseits

Consulting	**Service Coaching**

Consulting
- Strategieberatung
- Organisationsberatung/Prozeß-
  begleitung

Service Coaching
- Service-/Kundenorientierung
- ganzheitlicher Dienstleistungsanbieter
  für kundenorientierte Unternehmensberatung
- Service-Analyse, -Beratung und
  -Training

Aus- und Weiterbildung
- Berufsausbildung
- fachliches und überfachliches Training
- höherqualifizierende Fortbildung mit
  anerkannten Abschlüssen

Managemententwicklung
- Management-Diagnostik und
  Potentialanalyse
- Managementtraining
- Internationale Entwicklungs- und
  Traineeprogramme
- Internationale und systemische
  Managementprogramme
- Talentsuche und –bindung
- Wissensmanagement

**Personalforschung /
Benchmarking**
- Aufspüren von Entwicklungen und
  Trends in der Personalarbeit und im
  Management (Weltstandard) in
  Europa, USA und Asien
- Beratung zu ausgewählten Bench-
  marking-Themen
- Initiieren und Bearbeiten von
  Benchmarking-Projekten

Coaching
- Top-Management und Führungskräfte im Management

**Arbeitsmarktpolitische
Projekte**
- Geförderte Ausbildung und Um-
  schulung
- Insourcing- / Outsourcingprojekte
  begleiten und unterstützen
- Beratung für arbeitsmarktpolitische
  Initiativen
- Unterstützen von Unternehmens-
  gründungen und Industriepark

Ideenmanagement
- Förderung des Ideenpotentials für
  mehr Wertschöpfung
- Nutzung der Synergieeffekte von
  Vorschlagwesen / KVP^2 zur
  Förderung der Mitarbeiterkreativität
- Prozeßgestaltung und Unterstützung
  bei der Bearbeitung, der Umsetzung
  vor Ort und der Prämierung von
  Ideen

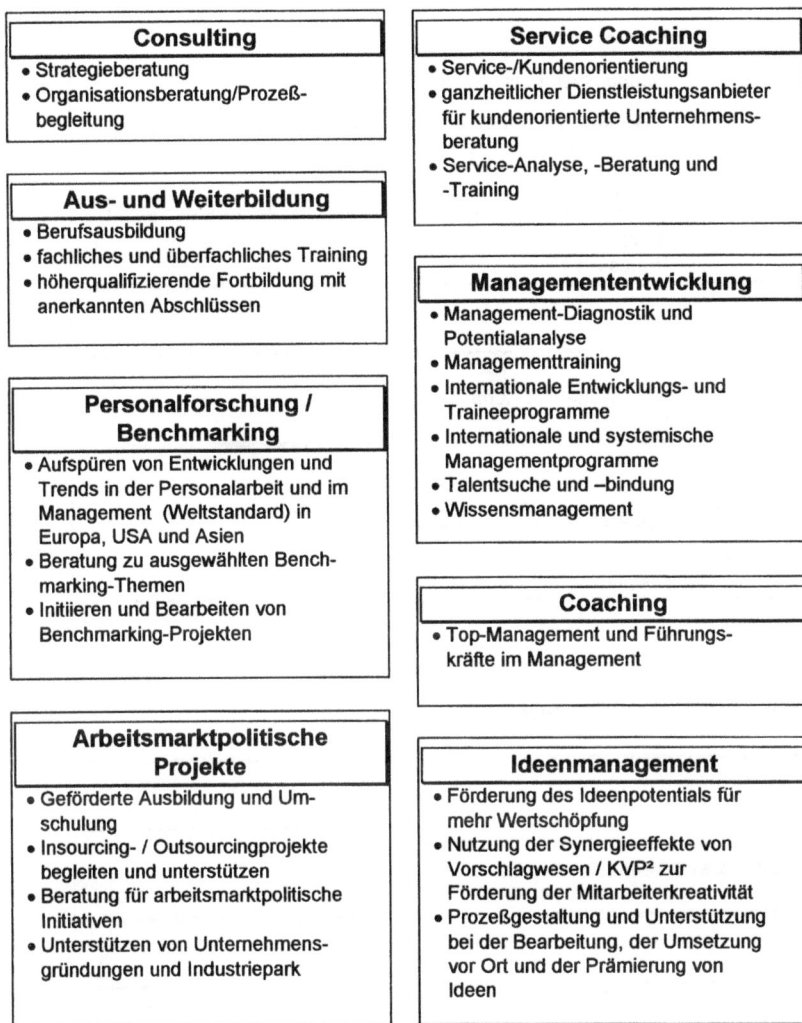

Abb. 1: Die Geschäftsfelder der Volkswagen Coaching Gesellschaft mbH.

durchgeführt. Die Kundenbefragung mit den Inhalten einer Image-, Bedarfs-, Wettbewerbs-, Erfahrungs- und Erwartungsanalyse und das Benchmarking zum Abgleich des Leistungsangebots dienten als Orientierung der zur Umsetzung der Strategie notwendigen Ausrichtung der Consulting.

Mit Hilfe externer Unterstützung wurde die entwickelte Vision konkretisiert und ein Business Plan erstellt, in dessen Rahmen zur Erreichung der Vision notwendige Ziele ermittelt und mit Maßnahmen belegt wurden:

Um qualifizierte, den Kundenanforderungen entsprechende Beratungsleistungen bieten zu können, sollte eine flexible und marktorientierte Struktur geschaffen werden. Dementsprechend wurden zwei Bereiche differenziert: ein Bereich Organisationsberatung, dem die bestehenden Kompetenzen und Arbeitsinhalte in entsprechenden Fachbereichen zugeordnet

| Vision: | Hauptanbieter für Volkswagen |

| Ziele: | Positionierung und Akzeptanz bei VW und am externen Markt
Image
Professionalität |

| Strategie: | Kapazitäts- und Kompetenzerweiterung |

| Optionen: | ‚Wachstum aus eigener Kraft'
Zukauf beziehungsweise Fusion
Kooperationen und Netzwerke |

| Umfeld: | Aktuelle Projekte |

| Mitbewerber: | Trends auf dem Beratermarkt |

| Kunden: | Image-, Bedarfs-, Wettbewerbs-, Erfahrungs- und Erwartungs-
analyse |

| Maßnahmen: | Strukturelle Veränderungen, Aufbau Support
Einstellung neuer Mitarbeiter, PE-Maßnahmen für Mitarbeiter
Kooperationsverhandlungen, Aufbau eines Expertennetzwerks |

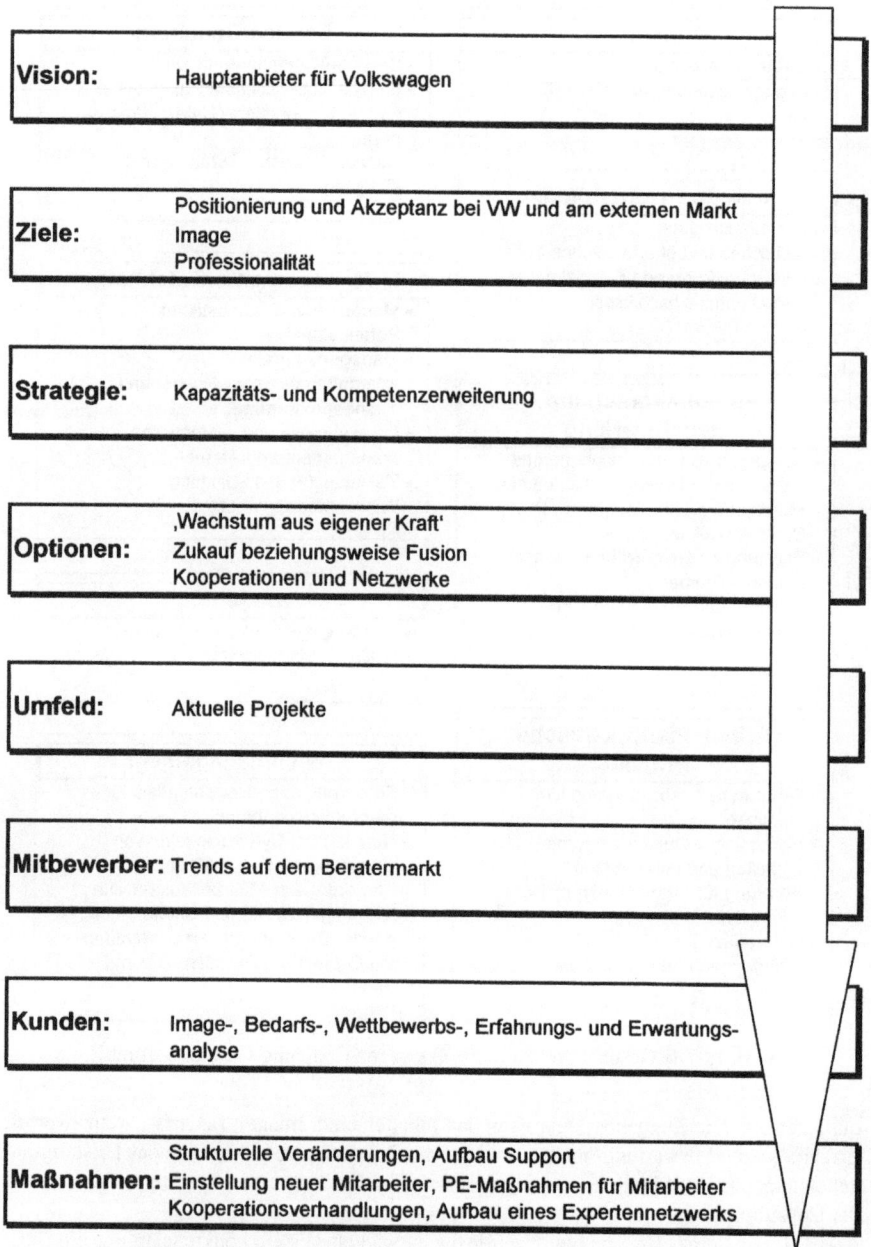

Abb. 2: Entwicklung der Consulting in zeitlicher Abfolge.

wurden und ein Bereich der klassischen Strategieberatung, der ausgebaut werden mußte. Ein Support wurde zur Unterstützung der Berater neu aufgebaut und ein Qualitätsmanagement eingeführt.

Zur Schaffung einheitlicher, grundlegender Beratungskompetenzen wurden die 26 Mitarbeiter mit Inhalten der professionellen Unternehmensberatung qualifiziert. Anhand von Mitarbeiterprofilen wurden Personalentwicklungsmaßnahmen für jeden Mitarbeiter erstellt und durch spezifische Qualifizierungsmaßnahmen ergänzt.

Neue Mitarbeiter wurden im Hinblick auf die Kapazitäts- und Kompetenzerweiterung gezielt ausgesucht. Die im Rahmen der Kundenbefragung und des Benchmarking ermittelten Defizite hinsichtlich der erforderlichen Beratungsfelder und Kompetenzen wurden mit der Einstellung klassischer Unternehmensberater vom externen Markt ausgeglichen und so der Bereich der Strategieberatung aufgebaut. Das eingebrachte Methodenwissen in Verbindung mit einer externen Sichtweise trugen nicht nur zur Kompetenzerweiterung, sondern auch zur Erreichung der angestrebten Professionalität bei.

Darüber hinaus wurden Mitarbeiter mit Projekterfahrung vom internen Volkswagen-Markt sowie Mitarbeiter mit Entwicklungspotential (z.B. Hochschulabsolventen) eingestellt.

Nach Abschluß einer ersten Phase der Initiierung wurden Gespräche hinsichtlich Kooperationsmöglichkeiten mit geeigneten Beratungsunternehmen geführt und parallel dazu mit dem Aufbau eines Expertennetzwerkes begonnen.

4 Das Ergebnis

Die Consulting als Interne Unternehmensberatung der Volkswagen AG wird als Profitcenter geführt und erbringt ihre Leistungen auch bei internen Kunden auf Honorarbasis. Damit steht sie sowohl am externen als auch internen Markt in direkter Konkurrenz zu unabhängigen Beratungsunternehmen.

Auftraggeber und Kunde der Consulting ist in erster Linie die Volkswagen AG, aber auch auf den externen Markt wird besonderer Wert gelegt, um Markterfahrung und Reputation zu steigern. Demzufolge beträgt der Anteil des externen Geschäftes am Gesamtumsatz der Consulting etwa ein Drittel.

Um insbesondere in der noch andauernden Wachstumsphase auf situativ notwendige Fachexpertise und ausreichende Beratungskapazitäten zurückgreifen zu können, kooperiert die Consulting mit zwei renommierten Beratungsunternehmen und nutzt ein umfangreiches internes und externes Netzwerk von Experten.

Sowohl in der Automobilindustrie als auch bei nationalen und internationalen Groß- und mittelständischen Unternehmen anderer Branchen erbringt die Consulting individuelle und innovative Beratung. Im Hinblick auf unternehmensspezifische Rahmenbedingungen bietet sie keine standardisierten Beratungsansätze, sondern entwickelt ganzheitliche, die Komplexität des Gesamtunternehmens berücksichtigende Konzepte. Dabei wird die aus der Historie gewachsene hohe Implementierungskompetenz beteiligungsorientiert eingesetzt, d.h. die Potentiale aller auf Unternehmensseite Beteiligten werden bei umfassender Transparenz und stetigem Informationsfluß genutzt.

Die Beratungsschwerpunkte der Consulting liegen gemäß der ursprünglichen Festlegung in klassischer Strategie- und moderner, umfassender Organisationsberatung.

Derzeit 50 Mitarbeiter bieten für die Volkswagen AG und externe Kunden Beratung entlang der gesamten Wertschöpfungskette an. Sie bilden aufgrund permanenter Qualifizierung ein leistungsfähiges Beratungssystem, das die Instrumente und Methoden der Strategie- und Organisationsberatung beherrscht. Die Mitarbeiter verfügen über entsprechendes Wissen und notwendige Erfahrung, um fachliche und soziale Kompetenz in ihrer Arbeit zu verbinden.

5   Die Erfolgsfaktoren

Aus der räumlichen und personellen Nähe zu ihrem Hauptkunden Volkswagen, der Kenntnis der Volkswagen-Strukturen, -Organisation und -Prozesse und dem Wissen über die Volkswagen-Kultur und -Mitarbeiter hat die Consulting ihre ganz individuelle Stärke entwickelt.

Sie ist nicht zuletzt aufgrund eines sehr guten internen Netzwerks in der Lage, ein den potentiellen Beratungsbedarfen der Volkswagen AG entsprechendes Leistungsangebot zu bieten, das gemäß der Umsetzungsorientierung mit hoher Implementierungskompetenz einhergeht.

Trotzdem ist sie bestrebt, eine weitgehende Unabhängigkeit und Neutralität gegenüber dem eigenen Unternehmen zu bewahren, um ihren Auftrag und die damit verbundenen Ziele professionell erfüllen beziehungsweise erreichen zu können. Die notwendige Akzeptanz der unabhängigen Beraterrolle drückt sich dabei unter anderem in der Autonomie bei der Auswahl der Projekte und Mitarbeiter aus. Vor dem Hintergrund eines schnellen, aber kontrollierten Wachstums hängt die Entwicklung der Consulting nicht nur von einer einfachen und flexiblen internen Struktur ab, sondern auch von der passenden Zusammensetzung des Beraterteams bezüglich Qualifikation, Know-how und Erfahrung.

Die Attraktivität der Consulting als potentieller Arbeitgeber für die gewünschten Mitarbeiter ergibt sich auch aus der bewußten Konkurrenz zu externen Beratungsunternehmen. Ein um andere Branchen und Schwerpunkte erweitertes Blickfeld macht die Beratungstätigkeit für die Mitarbeiter interessanter. Damit sichert die Consulting auf lange Sicht ihre Wettbewerbsfähigkeit und generiert neue, kreative Lösungen für die Volkswagen AG.

6   Die Zukunft

Die Consulting will ihre Vision, die "Nr.1" für Beratungsleistungen bei der Volkswagen AG zu werden, durch die in den nächsten drei Jahren angestrebte Realisierung eines Marktanteils für Beratungsleistungen innerhalb der Volkswagen AG von ca. 30 % erreichen und damit ein Umsatzwachstum von bis zu 50 % pro Jahr erzielen.

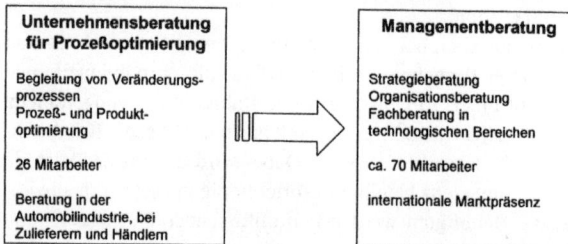

Abb. 3: Von der Prozessoptimierung zur Managementberatung.

Damit einhergehend und dieses Ziel fördernd ist mittelfristig eine Internationalisierung durch den Aufbau von Büros an den weltweiten Standorten der Volkswagen AG, die nach wie vor Hauptkunde der Consulting sein wird, vorgesehen.

Die Beratungsschwerpunkte der klassischen Strategieberatung und Organisationsberatung sollen weiter ausgebaut, professionalisiert und um Fachberatung in ausgesuchten technologischen Bereichen erweitert werden. Die Beratungskapazität wird sich durch die weitere Einstellung externer Berater, Mitarbeiter der Volkswagen AG und Mitarbeiter mit Entwicklungspotential zum Ende des Jahres 2000 mit 70 Beratern insgesamt mehr als verdoppelt haben.

Knowledge Based Management – Wissensmanagement in der internen Beratung

Rainer Springs,
Geschäftsbereichsleiter ABB Management Consulting GmbH
Thade Bredtmann, Berater ABB Management Consulting GmbH

Inhaltsübersicht

1   Einführung

Seit einigen Jahren beschäftigt sowohl Wissenschaftler als auch Manager verstärkt die Frage, wie die Lern- und Innovationsfähigkeit eines Unternehmens gesteigert und das im Unternehmen vorhandene Wissen vermehrt sowie intensiver genutzt werden kann (vgl. Probst, Raub & Romhardt, 1998).

Ausgangspunkt dieser Auseinandersetzung mit der Frage nach der organisationalen Lernfähigkeit und der Nutzung individuellen und organisationalen Wissens war die Feststellung, daß der Ressource Wissen eine kaum zu überschätzende Bedeutung zukommt. So hält beispielsweise Drucker (1993) Wissen für die einzig heutzutage bedeutungsvolle Ressource. Diesen Aspekt betont auch Klein (1998) mit der Äußerung: „Organizations increasingly compete on the basis of their intellectual assets" (S. 1).

Für Unternehmensberatungen ergeben sich aus diesen Überlegungen zwei Schlußfolgerungen:

1. Die zunehmende Notwendigkeit der optimierten organisationalen Wissensnutzung eröffnet Möglichkeiten für umfangreiche Beratungsprojekte, für die keine standardisierten Lösungsansätze vorliegen. Somit stellen diese Projekte eine besondere Herausforderung für Unternehmensberater dar. Auf den für die Durchführung solcher Beratungsprojekte notwendigen Know-how-Aufbau soll in diesem Kapitel allerdings nicht weiter eingegangen werden. Vielmehr ist der folgende Aspekt von Interesse.

2. Beratungsunternehmen, interne wie externe, gründen ihre Wettbewerbsvorteile in besonderem Maße auf der Ressource Wissen. Um den komplexen Kundenanforderungen gerecht werden zu können, müssen Unternehmensberatungen das in der Beratungsgesellschaft vorhandene Wissen optimal nutzen. Die Optimierung des organisationalen Umgangs mit der Ressource Wissen wird damit auch oder insbesondere für Unternehmensberatungen zur erfolgsentscheidenden Notwendigkeit.

Das Ziel der erfolgreichen Wissensnutzung verfolgt ein Managementansatz, der unter dem Namen Wissensmanagement diskutiert wird. In der Literatur werden verschiedenste Wissensmanagementansätze beschrieben (Güldenberg, 1997). Ebenso vielfältig erscheinen die in Unternehmen implementierten Konzepte. Als gemeinsamer Nenner der verschiedenen Ansätze kann festgehalten werden, daß Wissensmanagement versucht, die drei wichtigsten Wissensaktivitäten Generierung, Kodierung und Transfer von Wissen zu unterstützen (Ruggles, 1997).

Bullinger, Wörner und Prietro (1997) konnten zeigen, daß Unternehmen sehr große Hoffnungen mit der Umsetzung von Wissensmanagement verbinden. Davenport (1997) weist ebenfalls auf das große Verbesserungspotential hin, das durch die Umsetzung von Wissensmanagementkonzepten realisiert werden kann. Allerdings stellt Davenport (1997) fest, daß fast ein Drittel der gestarteten Projekte nicht erfolgreich beendet werden kann. Hansen, Nohria und Tierney (1999) beurteilen Wissensmanagement ebenfalls differenziert. Auch sie betonen die Notwendigkeit, die Ressource Wissen zu vermehren und zu nutzen, merken aber an, daß Wissensmanagement nicht etwas Neues darstellt, sondern bereits seit Jahrhunderten in vielen Unternehmen praktiziert wird. Des weiteren fehle es ihrer Meinung nach trotz der intensiven Bemühungen, den organisationalen Umgang mit Wissen zu optimieren, an Erfolgsmustern.

Zusammenfassend kann demnach festgehalten werden, daß Wissensmanagement eine für den unternehmerischen Erfolg wesentliche Herausforderung darstellt. Die Umsetzbarkeit von Wissensmanagement wird von vielen Autoren und Praktikern allerdings angezweifelt. Insbesondere individuelle und kulturelle Hindernisse werden von Kritikern als kaum überwindbar angeführt (Ruggles, 1998). Die Darstellung einiger Maßnahmen zur Verbesserung des internen Wissensmanagements wird verdeutlichen, daß aus der Vielzahl zur Verfügung stehender Instrumente solche ausgewählt werden müssen, die dem Bedarf des Unternehmens entsprechen. Dafür ist eine detaillierte Auditierung des Unternehmens notwendig. Die exakte Ermittlung des Status des aktuellen Wissensmanagements zeigt Verbesserungspotential und Ansatzpunkte für weitergehende Wissensmanagementaktivitäten. Dadurch kann die Angemessenheit und Umsetzbarkeit solcher Aktivitäten gewährleistet werden.

Am Beispiel der ABB Management Consulting GmbH beschreibt dieses Kapitel, welche Instrumente geeignet erscheinen, das Wissensmanagement einer Unternehmensberatung ergebniswirksam zu verbessern. Basierend auf einem eigens entwickelten Wissensmanagementansatz, dem Knowledge Based Management, führte die ABB Management Consulting GmbH ein Organisationsaudit durch und implementierte adäquate Maßnahmen zur Optimierung der organisationalen Wissensnutzung. Im folgenden soll daher zunächst kurz Knowledge Based Management als umsetzungsorientierter und strukturierter Wissensmanagementansatz vorgestellt werden. Daran anschließend wird das durchgeführte Organisationsaudit skizziert. Mit der ausführlichen Darstellung geeigneter Instrumente zur Verbesserung des internen Wissensmanagements sowie einigen abschließenden Schlußfolgerungen endet das vorliegende Kapitel.

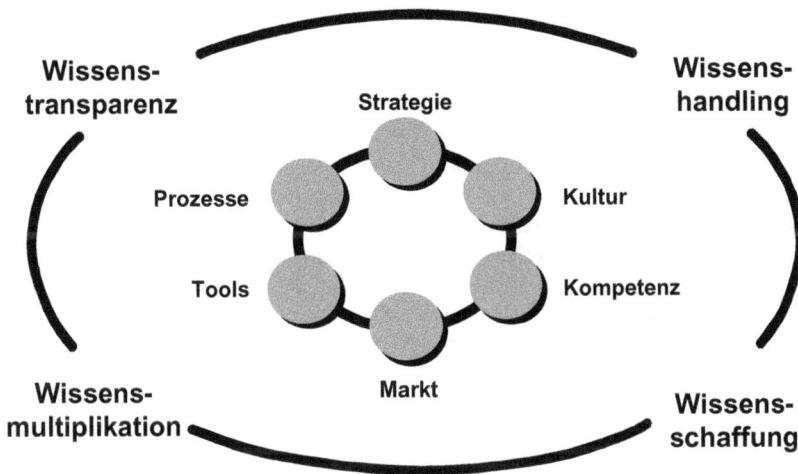

Abb. 1: Der Beratungsansatz der ABB Management Consulting GmbH.

2 Knowledge Based Management

Die ABB Management Consulting GmbH betrachtet den nutzbringenden Umgang mit Wissen als einen wesentlichen zukünftigen Erfolgsfaktoren und bietet daher verstärkt Beratungsleistungen an, die der Einführung oder Verbesserung von Wissensmanagement dienen. Des weiteren wurden in der Vergangenheit Bemühungen intensiviert, das eigene, interne Wissensmanagement zu optimieren. Diese Bemühungen basieren auf dem von der ABB Management Consulting GmbH entwickelten Wissensmanagementansatz, welcher im folgenden kurz vorgestellt wird.

Um der Erkenntnis Rechnung zu tragen, daß dem Management von Wissen, insbesondere von implizitem Wissen, Grenzen gesetzt sind, nannte die ABB Management Consulting GmbH ihren Ansatz Knowledge Based Management. Wissen wird damit nicht als managebare Ressource, sondern als Grundlage für Managementaktivitäten und Unternehmenserfolg definiert. Knowledge Based Management ist demnach vielmehr eine Denkweise als ein bloßes Instrumentarium, aus dem willkürlich einzelne Tools ausgewählt werden können. Der Ansatz stellt einen praktikablen Zugang zur Verbesserung des internen Wissensmanagements dar. Es ist ein ergebnisorientierter Ansatz, der sich auch dadurch auszeichnet, daß informationstechnologische Möglichkeiten und Konzepte der Organisationsentwicklung miteinander kombiniert werden.

Der Beratungsansatz (vgl. Abbildung 1) unterscheidet sich sowohl hinsichtlich der identifizierten Bausteine als auch bezüglich der zugrundeliegenden Annahmen von anderen in der Literatur vorgestellten Wissensmanagementkonzepten. Die vier identifizierten Arbeitsfelder Wissenstransparenz, Wissenshandling, Wissensmultiplikation und Wissensschaffung ergänzen sich in ihrem Fokus und in ihren Zielen. In ihrer Gesamtheit decken sie das breite Spektrum der komplexen Problemstellung von Wissensmanagement ab. Während sich die drei zuerst genannten Arbeitsfelder der Optimierung des Umgangs mit bereits vorhandenem Wissen und Information widmen, adressiert die ABB Management Consulting GmbH mit dem Arbeitsfeld Wissensschaffung die Notwendigkeit, permanent neues Wissen aufzubauen und in Produkten bzw. Dienstleistungen umzusetzen (vgl. Nonaka & Takeuchi, 1995)

Der Beratungsansatz der ABB Management Consulting GmbH zeichnet sich vor allem dadurch aus, daß die Umsetzung von Wissensmanagement nicht als „Selbstzweck" gesehen, sondern mit Augenmaß betrieben wird. Vielmehr besteht das Ziel darin, aufbauend auf einer detaillierten Diagnose bestehender Stärken und Schwächen im Umgang mit Wissen die Arbeitsfelder auszuwählen, die den größten Kundennutzen versprechen. Des weiteren enthält der Ansatz der ABB Management Consulting GmbH viele hilfreiche Instrumente zur Umsetzung von Wissensmanagement, so daß die Realisierbarkeit dieses Ansatzes in der unternehmerischen Praxis gewährleistet ist.

Um ein fokussiertes und zielorientiertes Vorgehen bei der Implementierung von Knowledge Based Management zu ermöglichen, entwickelte die ABB Management Consulting GmbH ein Organisationsaudit, mit dem spezifische Stärken und Schwächen im Umgang mit Wissen festgestellt werden können. Auf Basis der Ergebnisse der Organisationsdiagnose werden die vier identifizierten Arbeitsfelder von Knowledge Based Management priorisiert und einzelne Beratungsschwerpunkte abgeleitet.

Das Audit besteht aus zwei Phasen, die sich in Methodik und Zielgruppe unterscheiden. Zunächst setzen sich Führungskräfte und interne Experten in einem Workshop mit dem aktuellen Status des internen Wissensmanagements auseinander. In einer zweiten Phase wird durch eine Mitarbeiterbefragung die Sichtweise der Mitarbeiter erhoben. Diese Mitarbeiterbefragung kann in schriftlicher oder elektronischer Form erfolgen. Als besonders geeignet erscheinen technische Hilfsmittel, die eine gleichzeitige Befragung mehrerer Mitarbeiter sowie eine sofortige Ergebnisauswertung und -rückmeldung ermöglichen.

Aufbau und Struktur des Workshops und der Mitarbeiterbefragung sind vergleichbar, so daß die Ergebnisse beider Diagnoseschritte kombiniert werden können. Beide Instrumente erheben zum einen den von den Befragten wahrgenommen Ist-Zustand als auch die subjektive Einschätzung des Handlungsbedarfs.

Das Audit stellt einen wichtigen ersten Schritt zur Verbesserung des organisationalen Umgangs mit Wissen dar. Basierend auf den Ergebnissen des Workshops und der Sammlung erfolgversprechender Ansatzpunkte zur Verbesserung des Wissensmanagements können Beratungsprojekte gestaltet und implementiert werden, die sich durch Umsetzbarkeit und hohe Erfolgswahrscheinlichkeit auszeichnen. Durch die Befragung der Mitarbeiter wird zudem eine hohe Bereitschaft geschaffen, an der Verbesserung des internen Wissensmanagements mitzuwirken. Die Einbindung der Mitarbeiter in die Analyse stellt die Angemessenheit der gemeinsam verabschiedeten Maßnahmen sicher.

3 Wissensmanagement in der internen Beratung

Wie bereits erwähnt stellt die Ressource Wissen für jede Unternehmensberatung die Grundlage für unternehmerischen Erfolg dar. Einige Anmerkungen sollen diese Annahme verdeutlichen:

- Produkte und Dienstleistungen von Unternehmensberatungen sind äußerst wissensintensiv.
- Die branchenübliche Mitarbeiterfluktuation beeinträchtigt die dauerhafte Verfügbarkeit vorhandenen Wissens.
- Kunden einer Unternehmensberatung erwarten umfangreiche fachliche und methodische Kompetenz der Berater.
- Unternehmensberatungen sehen sich oft gezwungen, in nur kurzer Zeit Lösungen zu erarbeiten.

Abb. 2: Die Unterstützung des Beratungsprozesses durch Knowledge Based Management.

– Um den Wandel und die Optimierung des beauftragenden Unternehmens gestalten zu können, sind Unternehmensberatungen darauf angewiesen, aktuelle Konzepte und neue Erkenntnisse in die Projektarbeit einfließen zu lassen.

Aus diesen Gründen entschloß sich die ABB Management Consulting GmbH Anfang 1997, den Status des internen Wissensmanagements zu prüfen und Verbesserungspotentiale zu erschließen. Um den aktuellen Zustand des organisationalen Umgangs mit Wissen zu erfassen, wurde das oben beschriebene Audit durchgeführt. Die Ergebnisse zeigten, daß die Mitarbeiter der ABB Management Consulting GmbH sehr zufrieden mit dem Status des internen Wissensmanagements waren. Dennoch konnten durch das Audit einzelne Ansatzpunkte für dessen Optimierung identifiziert werden.

Als wesentliche Arbeitsfelder nannten die Mitarbeiter der ABB Management Consulting GmbH zum einen die Wissenstransparenz, zum anderen die Wissensmultiplikation. Beide Arbeitsfelder wurden daraufhin gezielt optimiert. Nach Hansen et al. (1999) stehen Unternehmensberatungen für diese Optimierung zwei grundsätzliche Strategien zur Verfügung. Beratungsfirmen wie Andersen Consulting oder Ernst & Young wählten die Kodifizierungsstrategie. Dabei wird versucht, mit Hilfe geeigneter Informationssysteme die (Mehrfach-)Nutzung vorhandenen Wissens zu erleichtern. Andere Beratungsfirmen wie McKinsey & Company oder Bain & Company setzten hingegen auf die Personalisierungsmethode. Durch die gezielte Veränderung der organisationalen Rahmenbedingungen wird dabei der persönliche Austausch und somit die Multiplikation individueller Expertise angestrebt. Die ABB Management Consulting GmbH wählte eine Kombination aus diesen beiden grundsätzlichen Methoden. Im folgenden wird deutlich, mit welchen Instrumenten die Funktionalität der vorhandenen Informationstechnologie gezielt erweitert wurde. Auf der anderen Seite wurden verschiedene Veränderungen eingeführt, die der Erweiterungen persönlicher Kontakt- und Austauschmöglichkeiten dienen.

Abbildung 2 zeigt einige Beispiele dafür, inwiefern Knowledge Based Management direkt zum Erfolg von Beratungsprojekten der ABB Management Consulting GmbH beiträgt. Anhand des vereinfachten Beratungsprozesses kann gezeigt werden, welche Instrumente zur Verbesserung von Wissenstransparenz, Wissenshandling, Wissensmultiplikation und Wissensschaffung bei der ABB Management Consulting GmbH zum Einsatz kommen.

Mit der Implementierung der Kundendatenbank gelang es der ABB Management Consulting GmbH die Kundenbeziehungen entscheidend zu verbessern. Die Datenbank ermöglicht allen Beratern den sofortigen Zugriff auf frühere Geschäftsbeziehungen und Ansprechpartner einzelner Kunden. Diese Information kann vor allem für die Problemanalyse und Angebotserstellung genutzt werden. Der benötigte Aufwand für die Angebotserstellung konnte dadurch erheblich reduziert werden. Zudem erleichtert die Kundendatenbank die gezielte Kundenpflege und Akquise neuer Projekte.

Wie alle Unternehmensberatungen verfügt die ABB Management Consulting GmbH über einen ständig wachsenden Datenbestand. Auf mehreren Verzeichnissen sind Informationen über bereits durchgeführte Projekte, Produkte und Dienstleistungen sowie über interne Verfahrensweisen gespeichert. Der Zugriff auf diese Dateien wird durch die übersichtliche und nachvollziehbare Strukturierung der Laufwerke zwar erleichtert, erst der Einsatz einer Information Retrieval Software ermöglicht allerdings die sekundenschnelle Lokalisierung vorhandener Dateien. Mit dem Microsoft Index Server wurde eine überaus kostengünstige und komfortable Lösung implementiert. Die Software durchsucht den Datenbestand nach vom Benutzer eingegebenen Stichworten und zeigt gefundene Dokumente in komprimierter Form an. Durch Mausklick können diese Dokumente geöffnet werden. Zugriffsrechte bleiben dabei gewahrt.

Jeder Berater verfügt über einzigartiges Wissen und individuelle Erfahrungen. In diesem Zusammenhang kommt der Wissensmultiplikation entscheidende Bedeutung zu. Um die Wissensmultiplikation in der ABB Management Consulting GmbH gezielt zu fördern und somit unerwünschte „Wissensgefälle" abzubauen, wurden mehrere kulturverändernde Maßnahmen wie die Einrichtung kommunikationsfreundlicher Büros oder regelmäßige Treffen aller Berater eingeführt. Auch die Projektarbeit wird, wie in Abbildung 2 ersichtlich, gezielt durch Wissensmultiplikation gefördert. Neben dem informellen Austausch zwischen Kollegen erleichtert eine detaillierte Reportingstruktur den Wissensaustausch zwischen einzelnen Projektteams. Dadurch können die Teilprojekte aufeinander abgestimmt und Doppelarbeit vermieden werden. Die Vernetzung der Teilprojekte fördert zudem die persönlichen Lern- und Entwicklungsmöglichkeiten jedes Beraters und trägt damit auch zur Wissensschaffung bei.

Das sorgfältige Projektdebriefing stellt eine weitere geeignete Maßnahme zur Wissenssicherung und Wissensschaffung dar. Erfahrungen, Vorgehensweisen, Hindernisse, Erfolgsstories, Mißerfolge usw. werden während des gesamten Beratungsprojektes selbstkritisch an bestimmten Meilensteinen reflektiert und in nachvollziehbarer Form festgehalten. Diese Dokumente stehen daraufhin allen Beratern zur Verfügung. Vertrauliche Kundeninformationen werden dabei anonymisiert. Zu Beginn neuer Beratungsprojekte greifen die Berater der ABB Management Consulting GmbH auf diese Dokumente zu, um das existierende Wissen und frühere Erfahrungen in die Bearbeitung des Kundenauftrages einfließen zu lassen.

Neben diesen sehr am Beratungsprozeß orientierten Maßnahmen wurden verschiedene kontextsteuernde Veränderungen in die Wege geleitet, deren Auswirkungen zwar nur schwer meßbar sind, die sich aber dennoch in den Leistungsmerkmalen der ABB Management Consulting GmbH niederschlagen. Dazu zählen unter anderem kompetenzcenterübergreifende Meetings, kommunikationsfördernde Sitzecken und Besprechungsräume, die zeitnahe Weiterleitung aktueller Unternehmensinformation oder die unternehmensweite Vorstellung von Kundenprojekten. Durch diese Maßnahmen etablierte die ABB Management Consulting GmbH eine Kultur, die sich dadurch auszeichnet, daß der persönliche Austausch von individuellem Wissen erleichtert und die Schaffung neuen Wissens gefördert wird.

Trotz dieser bedeutsamen Erfolge bei der Optimierung des internen Wissensmanagements wird die ABB Management Consulting GmbH auch in Zukunft vielfältige Aktivitäten zur Verbesserung der Wissensnutzung durchführen. Dazu werden die verstärkte Vernetzung mit anderen Unternehmensberatungen, eine vermehrte Zusammenarbeit und Kommunikation zwischen den Kompetenzcentern der ABB Management Consulting GmbH, die Weiterentwicklung der Informationstechnologie sowie Qualifizierungsprogramme für alle Mitarbeiter der ABB Management Consulting GmbH gehören.

4 Schlußfolgerungen

Die Weiterentwicklung der organisationalen Wissensbasis und der Nutzung stellen entscheidende Voraussetzungen für den Erfolg einer Unternehmensberatung dar. Auf Basis des eigens entwickelten Wissensmanagementansatzes ist es der ABB Management Consulting GmbH gelungen, das interne Wissensmanagement entscheidend zu verbessern. Die Vorstellung einiger Instrumente hat gezeigt, daß geeignete Methoden zur Unterstützung des Wissensmanagements weder neu noch kompliziert sein müssen. Die konsequente Anwendung bewährter Verfahren wie des Debriefings können wesentlich zum Wissensmanagement beitragen und sollten daher auch in anderen Beratungseinheiten verstärkt zum Einsatz kommen.

Die Erfahrungen der ABB Management Consulting GmbH verdeutlichen die Notwendigkeit eines fokussierten Vorgehens bei der Gestaltung und Einführung von Knowledge Based Management. Durch die Identifikation der Arbeitsfelder mit dem größten Handlungsbedarf und der größten Umsetzbarkeit, werden Realisierbarkeit und Erfolg der verabschiedeten Maßnahmen gesichert.

Das Vorgehen der ABB Management Consulting GmbH zeigt aber auch, daß die Optimierung des internen Wissensmanagements ein komplexer Prozeß ist, der nicht mit der Einführung als geeignet erscheinenden Software endet. Statt dessen ist ein umfassendes Vorgehen erforderlich, bei dem sowohl kulturelle, strukturelle als auch informationstechnologische Veränderungen angestrebt werden.

Mit der Einführung von Wissensmanagement sind Unternehmen in der Lage, bisher vernachlässigte Ressourcen zu nutzen und dadurch bedeutendes Verbesserungspotential zu erschließen. Zur Optimierung der organisationalen Wissensnutzung gibt es allerdings keine fertigen Patentlösungen. Es kann sie gar nicht geben. Die genaue Analyse spezifischer Anforderungen ermöglicht jedoch die Identifikation geeigneter Maßnahmen und deren Umsetzung.

5 Literatur

BULLINGER, H.-J., WÖRNER, K. & PRIETRO, J. (1997). *Wissensmanagement heute - Daten, Fakten, Trends*. Stuttgart: Frauenhofer-Institut für Arbeitswirtschaft und Organisation.

DAVENPORT, T. H. (1997, 20.08.1999). Secrets of successful knowledge management [WWW-Dokument]. URL: *http://webcom.com/quantera/Secrets.html*.

DRUCKER, P. F. (1993). *Post-capitalist society*. Oxford: Butterworth-Heinemann.

GÜLDENBERG, S. (1997). *Wissensmanagement und Wissenscontrolling in lernenden Organisationen*. Wiesbaden: Deutscher Universitäts-Verlag.

HANSEN, M. T., NOHRIA, N. & TIERNEY, T. (1999). Wie managen Sie das Wissen in Ihrem Unternehmen? *Harvard Business Manager*, 5, 85-96.

KLEIN, D. A. (1998). The strategic management of intellectual capital. In D. A. Klein (Hrsg.). *The strategic management of intellectual capital* (S. 1-7). Boston: Butterworth-Heinemann.

NONAKA, I. & TAKEUCHI, H. (1995). *The Knowledge-creating company: how Japanese companies create the dynamics of innovation*. New York: Oxford University Press.

PROBST, G. J. B., RAUB, S. P. & ROMHARDT, K. (1998). *Wissen managen: Wie Unternehmen ihre wertvollste Ressource optimal nutzen*. (2. Aufl.). Frankfurt am Main: Frankfurter Allgemeine Zeitung.

RUGGLES, R. (Hrsg.). (1997). *Knowledge Management Tools*. Newton: Butterworth-Heinemann.

RUGGLES, R. (1998). The state of the notion: Knowledge management in practice. *California Management Review, 3*, 80-89.

Zusammenarbeit interner Beratungseinheiten in der BASF

Johannes Heuck, BASF AG, Leiter Zentrales Controlling

Inhaltsübersicht

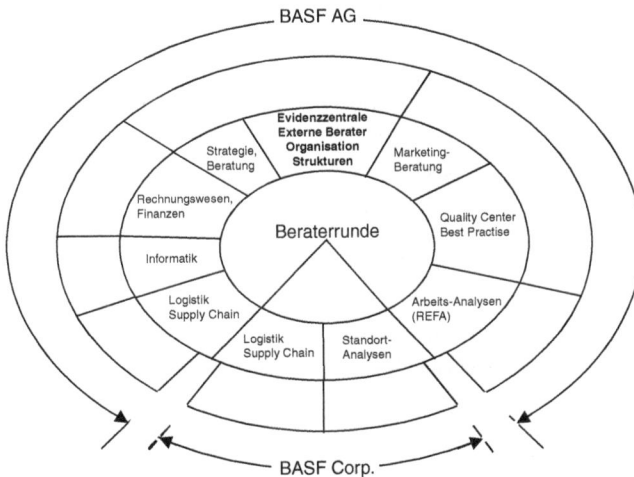

1   Die Struktur

Das interne Beratungswesen der BASF ist durch eine ausgeprägt dezentrale Organisation gekennzeichnet. Zehn Beratergruppen arbeiten aus verschiedenen Facheinheiten heraus in zwei großen Konzerngesellschaften. Die Mitarbeiterstärke dieser Gruppen liegt zwischen 5 und 25 Personen, die sich über alle hinweg zu rund 100 Personen addieren.

Je nach fachlicher Ausrichtung der Beratung sind die Gruppen aus Vertretern der naturwissenschaftlichen und/oder der kaufmännischen Berufe zusammengesetzt.

Die folgende Darstellung gibt einen Überblick über die wesentlichen Beratereinheiten.

Der Schwerpunkt der **Marketing-Beratung** liegt in der
- Entwicklung und Umsetzung von Marketingstrategien,
- systematischen Effizienzsteigerung der Geschäftsaktivitäten,
- Veränderung von Strukturen und Prozessen im Rahmen des Wandels in den Märkten.

In Zusammenarbeit mit der BASF-internen Weiterbildung werden Marketing-Trainings-programme für die Mitarbeiter der BASF-Gruppe entwickelt.

Daneben wird diese Beratungseinheit (bewußt) für den Aufbau von Führungskräfte-nachwuchs für Marketing und Vertrieb herangezogen.

Das **Quality-Center** berät u.a. in allen Fragen des Qualitäts-Management, bei der Einführung kontinuierlicher Verbesserungsprozesse und stellt für alle Unternehmenseinheiten Best-Practice-Informationen bereit.

Die Tätigkeit der **Arbeitsanalytiker** richtet sich auf die Optimierung von betrieblichen und administrativen Routineabläufen.

Die **Standort-Analytiker** in USA sind Spezialisten auf dem Gebiet der Strukturoptimierung innerhalb eines Standortes.

Die beiden **Logistikberater** sind Experten für Fragen des Supply Chain Management, der Auswahl von Logistik-Systemen und der Konzeption von Logistik-Anlagen.

Die **Informatik-Berater** analysieren die Geschäftsprozesse im Vorfeld von Informatik-projekten, um sicherzustellen, daß Verbesserungspotentiale durch geeignete Prozeßgestaltung und Systemwahl ausgeschöpft werden.

Die im **Finanzwesen** angesiedelte Gruppe berät die Konzerngesellschaften in allen Fragen des Rechnungswesens und bietet Unterstützung bei der Gestaltung von Aufbau- und Ablauf-organisationen, von Richtlinien und DV-Systemen, wie z.B. SAP.

Der **strategische Beratungsservice** erstreckt sich u. a. auf Branchen-, Produktbereichs-und Regionalstrategien. Hier kommen Methoden zur Anwendung wie Kundenzufrie-denheitsanalysen, Benchmarking, Szenarioanalysen und Öko-Effizienzanalysen.

Eine weitere zentral angesiedelte **Einheit für Managementberatung**

– führt einerseits bereichsübergreifend Analysen durch und berät bei der Gestaltung von Geschäftsstrukturen oder bei Aufbau- und Ablauforganisationen und wirkt andererseits
– als Evidenzzentrale für interne und externe Beratungsaktivitäten in der BASF-Gruppe, koordiniert den Einsatz externer Berater und berät interne Auftraggeber bei der Auswahl externer Berater.

Sie nimmt unter den Beratungseinheiten eine Sonderrolle wahr, indem sie als „Primus inter Pares" den Vorsitz in der sogenannten Beraterrunde innehat, die acht der zehn Beratergruppen auf freiwilliger Basis zusammenführt.

2   Die Beraterrunde

Diese Runde tagt mehrmals im Jahr und dient dem Erfahrungsaustausch der grundsätzlich unabhängig voneinander arbeitenden Beratergruppen.

In zunehmendem Maße bildet diese Runde eine Basis für die gemeinsame Durchführung von größeren Projekten, für welche das Know-how oder die Personalkapazität einer einzel-nen Gruppe nicht ausreichen würde.

Durch diese Art der fallweisen Zusammenarbeit können wir unter den derzeitigen Rahmen-bedingung das methodische und fachliche Wissen aus allen Gruppen bestmöglich für die BASF einsetzen.

In Einzelfällen können zwischen den Beratergruppen auch Wettbewerbssituationen auftre-ten. Das wird eher positiv als negativ empfunden, denn Wettbewerb belebt auch hier das Geschäft. Da die meisten Gruppen auf bestimmte Beratungsfelder spezialisiert sind, kommen solche Wettbewerbssituationen jedoch sehr selten vor.

Wenn man in dieser Form zusammenarbeiten will, müssen alle Beteiligten bereit sein, sich ohne Vorbehalte in das gemeinsame Team einzuordnen und zu kooperieren. Das ist nicht immer selbstverständlich; denn die verschiedenen Beratereinheiten vertreten z. T. unterschiedliche Beratungsphilosophien.

3   Die Zusammenarbeit

Bevor dem Auftraggeber ein konkreter Beratungsvorschlag vorgetragen wird, müssen einige wichtige Punkte geklärt sein:
- Aus dem Beraterteam heraus muß ein Leiter für die Dauer des Projektes bestimmt werden. Er soll die Rolle des Sprechers gegenüber Auftraggeber und Lenkungskreis im Sinne eines Primus inter Pares wahrnehmen.
- Die anzuwendende Methode zur Lösung des Problems muß einvernehmlich im Beraterteam festgelegt und von allen verstanden sein. Diskussionen über die „richtige" Methode während der Projektdurchführung verunsichern den Auftraggeber und können im schlimmsten Fall zum Scheitern der Teamarbeit führen. Die unmittelbare Folge wäre der Ruf nach einem externen Berater.
- Last but not least müssen alle Teammitglieder vom Auftraggeber akzeptiert sein. Mitarbeiter mit begründeten oder unbegründeten „negativen Vorgeschichten" in den Augen des Auftraggebers können nicht in das gemeinsame Team delegiert werden, es sei denn, es gelingt, die Bedenken des Auftraggebers zu zerstreuen (Diese Voraussetzung muß im übrigen bei externen Beraterteams ebenso erfüllt sein).

Wenn diese Punkte im Vorfeld geklärt sind und – was besonders reizvoll ist – das interne Team sogar den Zuschlag gegen Wettbewerbsangebote externer Berater erhalten hat, läuft das Projekt in seinen verschiedenen Phasen mit den Höhen und Tiefen, die man üblicherweise bei solchen Vorhaben erlebt, ab.

Man kann nun noch einen Schritt weitergehen und große Projekte mit externen und internen Beratern gemeinsam bearbeiten. Unsere Erfahrungen aus der Zusammenarbeit mit oder ohne Einschluß externer Berater lassen sich folgendermaßen zusammenfassen:

Der Know-how-Austausch zwischen internen und externen Beratern ist i.allg. sehr positiv. Die reibungslose Zusammenarbeit ist immer dann schwierig, wenn Zielsetzung und Arbeitsweise des externen Beraters sich von denen der internen Berater unterscheiden. Dem Projekt wird in diesem Fall am besten gedient, wenn der externe Berater einen separaten Projektmodul im Rahmen der gesamten Projektorganisation bearbeitet.

Durch die Zusammenarbeit der internen Berater profitiert der Auftraggeber von den verschiedenen fachlichen Kenntnissen und den Erfahrungen der verschiedenen Berater. Unterschiedliche Beratungsphilosophien können die Zusammenarbeit erschweren. Dieses Problem läßt sich befriedigend lösen, in dem vor Projektbeginn ein entsprechender Konsens zwischen den beteiligten Beratereinheiten hergestellt wird. Da es sich i.a. um erfahrene und in Teamarbeit geschulte Berater handelt, bildet sich sehr schnell ein homogenes Beraterteam, das konstruktiv an der Problemlösung zusammenarbeitet.

Die Projektarbeit mit gemischten Beraterteams wird bei uns seit etwa 2 Jahren durchgeführt. Dazu gehören z.B. folgende Projekte:
- Reengineering einer Geschäftseinheit,
- Weiterentwicklung einer Regionalorganisation,
- Organisation einer großen Funktionseinheit,
- Geschäftsfelddiagnose.

4   Fazit

Per Saldo sind wir in der BASF mit der dezentralen Organisation des Beratungswesens gut gefahren. Das beschriebene Kooperationsmodell bietet Raum für sinnvolle Weiterentwicklungen bis hin zur Einrichtung einer größeren virtuellen Beratungsorganisation. Andere Unternehmen verfügen über eine große zentrale Managementberatung mit 100-200 Mitarbeitern. Mit dieser Beratungsorganisation kann man in bestimmten Beratungsfeldern in einen echten Wettbewerb zu den guten externen Beratern treten. Man muß sich dann aber auch organisatorisch und personell entsprechend ausrichten und sorgfältig prüfen, ob ein solches Konzept in die Organisation und zur Kultur des Gesamtunternehmens paßt, u.a. sollte man folgende Fragen sorgfältig beantworten:

- Soll ein Unternehmen, dessen Kerngeschäft auf die Entwicklung, die Produktion und den Vertrieb von (chemischen) Produkten ausgerichtet ist, schwerpunktmäßig in das Beratungsgeschäft einsteigen?
- Wird eine zentrale Interne Beratung, die fast nur mit chemieorientierten Kunden zu tun hat, auf Dauer den Wettbewerb mit externen Beraterfirmen, die ihre Erfahrung aus der Arbeit in vielen Branchen beziehen, bestehen können?
- Wird die zentrale Beratereinheit eines Industriekonzerns (Chemie) für hochqualifizierten Beraternachwuchs attraktiv genug sein, um bei der Personalakquisition gegenüber den renommierten externen Beratern nicht als nachgeordnete Adresse zu gelten? Positiv könnte hier eine Karrieremöglichkeit im Konzern wirken.
- Kann eine konzerneigene große Beratereinheit in der Beraterbranche übliche Führungs- und Vergütungsmodelle praktizieren, die sich deutlich von den sonst im Konzern gehandhabten Modellen unterscheiden?

Der Einsatz eines großen „Inhouse Consulting" würde die Beschäftigung externer Beratungsfirmen sicher stark einschränken, aber niemals ganz aufheben. Bei einem so großen, vielschichtigen Unternehmen wird es immer Aufgaben geben, die besser von externen Dienstleistern bearbeitet werden, weil intern das Know-how fehlt oder weil andere Gründe dafür sprechen.

Bei entsprechender Koordination der Berateraktivitäten läßt sich aus dem Einsatz externer und interner Berater – kooperativ oder unabhängig voneinander – ein optimaler Nutzen für das eigene Unternehmen erzielen.

Vorgehensweise in Projekten und die Zusammenarbeit mit internen Kunden

Matthias von Alten, BMW AG

Inhaltsübersicht

1 Vorgehensweise in Projekten

In Unternehmen findet die Projektarbeit immer mehr Einzug. Häufig werden diese Projekte aber nach unterschiedlichen Kriterien und Vorgehen aufgebaut und durchgeführt. Speziell hierfür ist es sinnvoll ein Vorgehensmodell für ein Unternehmen zu entwickeln, damit die Projekte in effizienter Art zielgerecht umgesetzt werden können. Anhand des Projekt-Lebenszyklus läßt sich ein Vorgehensmodell ableiten.

1.1 Projekt-Lebenszyklus

Durch den Projekt-Lebenszyklus lassen sich die einzelnen Phasen eines Projektes darstellen und beschreiben. Dabei ist es irrelevant, ob es sich hierbei um ein Projekt zur strategischen Planung, Einführung eines neuen Produktes, oder zur Implementierung von Standardsoftware handelt. Das Vorgehensmodell dient immer nur zur Anleitung. Eine projektspezifische Anpassung wird häufig notwendig sein. Allerdings sollte die Abweichung von dem Standard-Modell nicht zu groß sein, damit über alle Projekte eine Transparenz über die einzelnen Schritte

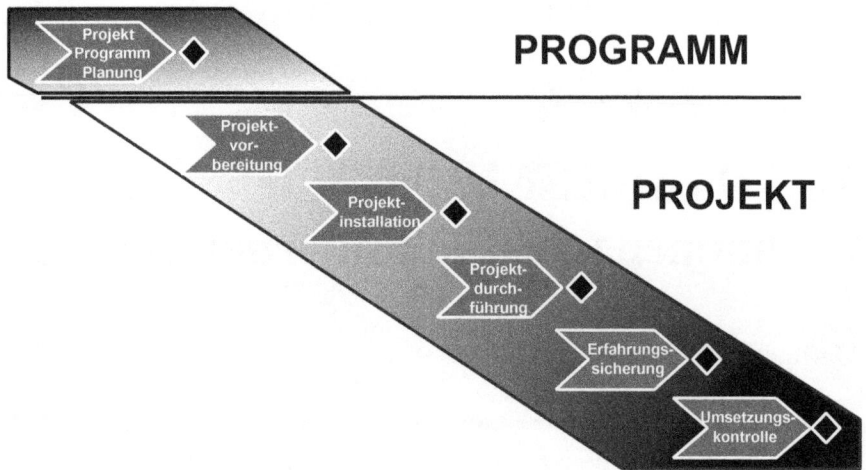

Abb.1: Projekt-Lebenszyklus.

besteht und auch der größtmögliche Lerneffekt aus den Projekten für die jeweiligen Phasen generiert werden kann. Dies hat ggf. auch zur Folge, dass das Vorgehensmodell kontinuierlich an die Bedürfnisse des Projektumfeldes in einem Unternehmen angepasst wird.

Der Projekt-Lebenszyklus besteht aus verschiedenen Phasen, die sich, wie in der Abbildung 1 gezeigt, darstellen lassen.

Prinzipiell wird zwischen einem Programm und einem Projekt differenziert. Ein Programm ist die Sammlung von Projekten. Die Bündelung ist notwendig, um eine Transparenz über alle Projekte zu erhalten. Besonders in heutiger Zeit, aufgrund der knappen personellen und finanziellen Ressourcen, ist eine stringente Übersicht und Steuerung der einzelnen Projekte über ein Programm notwendig.

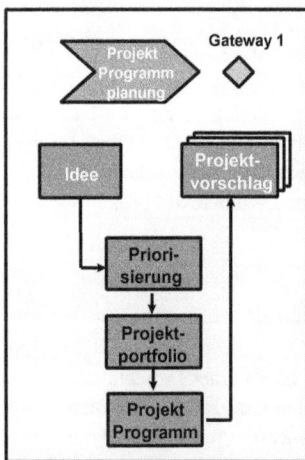

Abb. 2: Phase Projekt Programmplanung.

1.1.1　　Projekt Programmplanung

Basis für eine erfolgreiche Projektplanung und -steuerung ist ein Projekt Programmplanung. Im Rahmen eines Programms werden die Einzelprojekte zusammengefasst. Bis zu welchem Detaillierungsgrad zusammengefasst wird, liegt letztendlich an der Größe, Anzahl von Projekten bzw. eventuell auch an organisatorischen Aspekten, z.B. Aufteilung nach Entwicklung, Produktion, Vertrieb, etc.

Ein Programm enthält sowohl neue, als auch bereits etablierte Projekte und gilt für ein fest definiertes Zeitfenster, z.B. 1 Jahr. Ziel ist es, laufend das Projektportfolio zu bewerten und mit den Unternehmenszielen abzugleichen. Eine Priorisierung kann prinzipiell nach verschiedenen Kriterien erfolgen. Beispiele hierfür sind Potential-/Aufwands-Ratio, strategischer Nutzen, Grad der Veränderung, Realisierbarkeit und Machbarkeit, sowie der Ressourcen- und Kapazitätenaufwand. Die Parameter sollten so gewählt sein, dass sie langfristig und kontinuierlich für die Programmplanung verwendet werden können. An Hand dieser Priorisierungsparameter werden die Projekte und Ideen gegeneinander bewertet und ein entsprechendes Portfolio aufgestellt, das als Entscheidungsgrundlage für das Projekt Programm dient. Um neue Projektideen in den Bewertungsprozess zu integrieren, werden entsprechende Projektvorschläge erstellt, um die Ziele und Inhalte für ein neues Projekt zu verdeutlichen. Neue Projekte sind in dieser Phase noch nicht genehmigt, sondern werden in den „Topf" integriert, um eine weitere Vertiefung und Genehmigung zu ermöglichen.

Das Projekt Programm dient somit als Kommunikationsinstrument, welche Projekte für die entsprechenden Zeitfenster durchgeführt und umgesetzt werden.

Ab der nächsten Phase beziehen sich die Aussagen auf die Einzelprojektebene und nicht mehr auf die Programmebene.

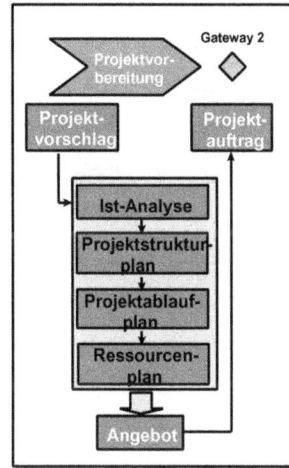

Abb. 3: Phase Projektvorbereitung.

1.1.2   Projektvorbereitung

Speziell bei neuen Projektinitiativen gilt es entsprechende Vorarbeiten zu leisten, um das Projekt genehmigen zu lassen. Basis ist der Projektvorschlag, in dem die Idee kurz und knapp formuliert ist. Bisher sind im wesentlich Ideen zusammen getragen und grobe Planungen durchgeführt worden. Um aber ein Projekt genehmigt zu bekommen, müssen Argumentationen aufgebaut werden, warum dieses Projekt für das Unternehmen bzw. für den Bereich eine entsprechende Wichtigkeit hat. Hierfür werden entsprechende Ist-Analysen auf einer hohen Ebene durchführt, um die Problematik bzw. Ausgangssituation und Zielsetzung darzustellen.

Die entsprechende Vorgehensweise zur Erreichung des Projektziels wird in dem Projektstruktur- und Projektablaufplan erarbeitet. Wesentlich ist es, den Nutzen des Projektes (qualitativ und quantitativ) herauszuarbeiten.

Letzter Bestandteil eines Angebotes ist die Planung der Kapazitäten, des Budgets (Fremdleistungen) und der Investitionen. Speziell für den ersten Punkt ist ein Vorschlag zur Projektorganisation mit den entsprechenden Verantwortlichen ebenfalls zu integrieren.

Das Angebot für ein neues Projekt muss mit den Kunden und Beteiligten abgestimmt sein. Insbesondere die geplanten Kapazitäten müssen dabei berücksichtigt werden. Wichtig für jedes Projekt ist eine Unterstützung aus der Management-Ebene. Rein aus der operativen Ebene sind Projekte nicht zu realisieren.

Das Angebot durchläuft üblicherweise mehrere Genehmigungsinstanzen, bis an das benannte Projektteam ein Auftrag erteilt wird.

Mit dem genehmigten Projektauftrag beginnt die nächste Phase Projektinstallation.

1.1.3   Projektinstallation

Die Phase Projektinstallation ist sicherlich im Gesamtablauf eines Projektes eine kurze Phase, aber deshalb nicht weniger wichtig.

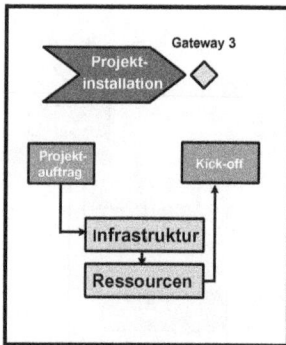

Abb. 4: Projektinstallation.

Für einen erfolgreichen Projektstart müssen Infrastruktur und Ressourcen etabliert sein.

Die Infrastruktur wie Räumlichkeiten, Telefon, PC, Netzwerk, Daten-Administration, sollten für ein Projekt zu einem frühen Zeitpunkt zur Verfügung stehen, damit sich die Projektmitarbeiter schnell und effizient mit den projektspezifischen Inhalten auseinandersetzen können. Noch wichtiger als die Infrastruktur ist allerdings, dass die entsprechenden Ressourcen zu der geplanten Auslastung und Kapazität dem Projekt zur Verfügung stehen. Hierzu gehören: Mentor, Projektleiter, Projektmitarbeiter, Experten und finanzielle Mittel.

Zum eigentlichen Start eines Projektes, ist ein offizieller Kick-Off sehr hilfreich. Er dient vor allem der Transparenz des Projektes (Vorgehen, Aufgaben, Ziele und Rollen), zur Motivation durch Mentor bzw. Projektleiter und zur Teamentwicklung.

1.1.4 Projektdurchführung

Die Kernphase in einem Projekt ist die Projektdurchführung. Sie kann den größten Zeitbedarf benötigen.

Wesentliche Bestandteile sind das Erarbeiten der Projektergebnisse und -inhalte, ein kontinuierliches Berichtswesen, das eigentliche Projekt-Management und die Beratungsleistung durch das interne Consulting.

Prinzipiell lässt sich diese Phase in zwei Hauptprozesse unterteilen:

- Vorgehensweise im Projekt,
- Projekt Management-Prozess.

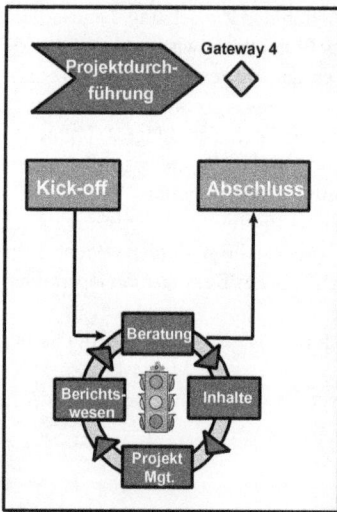

Abb. 5: Projektdurchführung.

Ein Modell zur Vorgehensweise ist in der folgenden Abbildung dargestellt.

Ein Vorgehensmodell unterstützt ein standardisiertes Vorgehen bei der Abwicklung von Projekten. Jeder einzelne Schritt beschreibt dabei konkrete Inhalte. Die Ergebnisse jedes Schrittes unterliegen dabei einem stringenten Freigabeprozess. Eine Freigabe ist notwendig, um die Ergebnisse auf ihre Richtigkeit und Vollständigkeit zu überprüfen. Desweiteren werden über den Projekt-Lebenszyklus Meilensteine eingerichtet, um die Ergebnisse jeder Phase mit den Zielen abzugleichen. Gegebenenfalls muss eine Korrektur des Ablaufs und der Ziele erfolgen. Die Steuerung erfolgt über das Änderungsmanagement (siehe Projekt Management-Prozess), damit das Vorgehen an die neuen Bedingungen angepasst und auch mit allen Beteiligten abgestimmt wird.

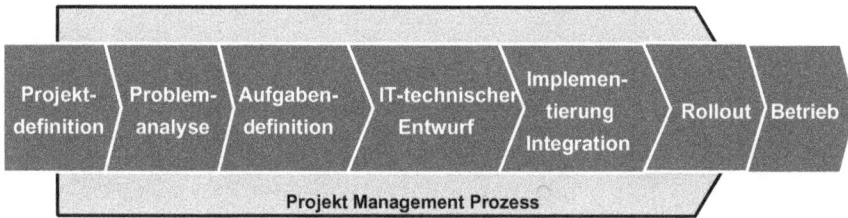

Abb. 6: Beispiel einer Vorgehensweise in der Projektdurchführung.

Hierbei gilt:
- Projektdefinition entspricht der Phase zur Erstellung eines Angebotes und der Freigabe eines Projektauftrages.
- Problemanalyse:
  Für die im Projektauftrag festgehaltene Problemstellung werden zunächst Lösungsalternativen erarbeitet und deren Machbarkeit untersucht. Danach erfolgt die Auswahl der Lösungsalternativen und die Genehmigung durch den Auftraggeber. Auf der Basis der gewählten Lösungsalternativen wird ein Konzept erstellt.
- Aufgabendefinition:
  In dieser Phase werden die fachlichen Aufgaben verfeinert und aus Benutzersicht dokumentiert. Dieses Dokument baut auf den Ergebnissen der Vorphase auf und richtet sich im wesentlichen an die Anwender und die Umsetzer (Informationstechnologie).
- IT-technischer Entwurf:
  In dieser Phase wird das IV-System entworfen. Ziel ist die Umsetzung des Konzeptes aus der vorangegangenen Phase in einen implementierungsorientierten Entwurf. Die parallele Erstellung von Prototypen für komplexe, kritische und technisch neue Module muß geprüft werden, um die technische Machbarkeit nachzuweisen.
- Implementierung & Integration:
  In dieser Phase erfolgt die Realisierung des in einem Fach- und IV-Konzept entworfenen IV-Systems: Von Programmierung und Test der einzelnen Module über die schrittweise Integration zu Subsystemen bis zu Integration und Test des gesamten IV-Systems. Ergebnis dieser Phase ist das getestete IV-System. Bei den Tests ist die Realisierung der übergreifenden Konzepte mit zu berücksichtigen.
- Rollout und Betrieb:
  Die getesteten IV-Systeme bzw. die entsprechende Leistungsstufe wird installiert und erprobt mit dem Ziel, das Zusammenspiel zwischen Prozessen, Aufbauorganisation und IV-System unter realen Bedingungen für einen vordefinierten Zeitraum nachzuweisen. Ergebnisse sind hierbei das abgenommene IV-System und die implementierten Prozesse (Schulung).
- Der Betrieb gewährleistet die Verfügbarkeit des Systems.

Das Projekt ist prinzipiell damit abgeschlossen. Wichtig ist, dass das Projekt-Team von einem Entscheidungsgremium offiziell aus der Verantwortung des Projektes entlassen und an die Linienverantwortlichen übergeben wird.

1.1.5 Erfahrungssicherung

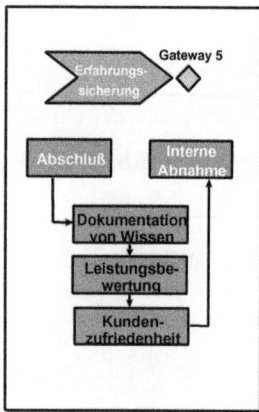

Abb. 7:
Erfahrungssicherung.

Relativ selten ist in deutschen Unternehmen die Phase Erfahrungssicherung etabliert. Dies wird sehr stark in amerikanischen Unternehmen verfolgt. Das gelernte Wissen bzw. die Erfahrungen aus dem Projekt sind aber ein Erfolgsfaktor für das Unternehmen, um zukünftig Projekte noch effizienter und besser abwickeln zu können. Bestandteile der Erfahrungssicherung sind die Dokumentation des Wissens (Inhalte, Erfahrungen, etc.); eine Leistungsbeurteilung des Projektes und nicht zuletzt auch eine Bewertung der Kundenzufriedenheit für das interne Consulting, um auch speziell in diesem Umfeld eine Weiterentwicklung zu ermöglichen.

Diese Erfahrungssicherung wird im wesentlichen auf der Beratungsebene durchgeführt, da hier auch die meisten Projekte zusammenlaufen, wodurch eine Erfahrungsweitergabe gewährleistet ist. Insofern wird diese Phase durch eine interne Abnahme (internes Consulting) durchgeführt.

1.1.6 Umsetzungskontrolle

Eine Umsetzungskontrolle sollte üblicherweise nach 6-12 Monaten durchgeführt werden, um das operative Geschäft, das durch das Projekt optimiert bzw. etabliert worden ist, bewerten zu können. Die interne Beratung nimmt hierzu Kontakt zu dem operativ Verantwortlichen auf und bespricht die bereits erhaltenen Erfahrungswerte.

Dies wird mit Hilfe eines standardisierten Fragebogens durchgeführt, um eventuelle Schwächen bzw. notwendige Ergänzungen herausfiltern zu können. Sollten entsprechende Aspekte erkannt worden sein, so werden Maßnahmen eingeleitet.

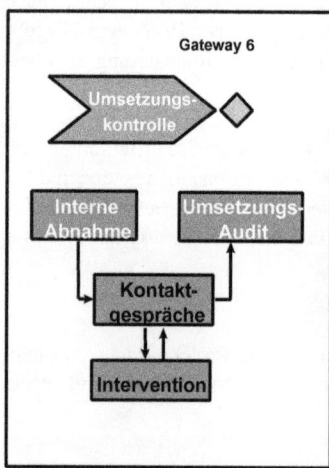

Abb. 8: Umsetzungskontrolle.

1.2 Projekt Management Prozess

Wie bereits in Kapitel 1.1.4 erwähnt, spielt der Projekt-Management-Prozess für den Erfolg des Projektes eine wichtige Rolle.

Wesentliche Bestandteile sind anfänglich die Planung und die Strukturierung eines Projektes. Diese beiden Punkte sind bereits in vorhergehenden Kapiteln abgehandelt worden. Während der Durchführung des Projektes ist die kontinuierliche Steuerung mit den in der Abbildung 9 erwähnten Werkzeugen Projektpläne, Projektstatus, Änderungsmanagement maßgeblich. Nicht zuletzt der offizielle Abschluss eines Projektes und die Übergabe an die Linie führen dazu, dass es nicht zu endlosen Projekten kommt, sondern zu klar definierten Inhalten mit entsprechenden Zeitvorgaben.

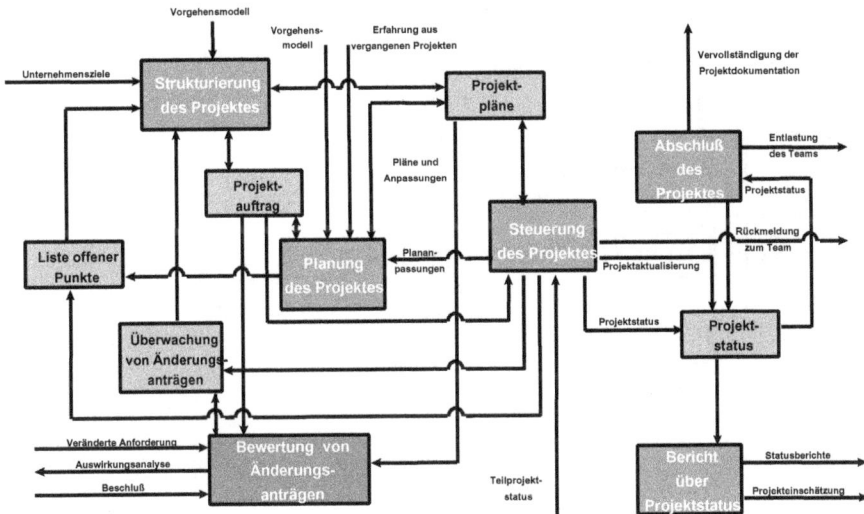

Abb. 9: Projekt Management Prozess.

1.3 Toolbox

Je nach Größe eines Projektes sollten Standardwerkzeuge eingesetzt werden. Diese Werkzeuge unterstützen ein standardisiertes Vorgehen und lassen sich parallel zu einem Projekt entwickeln bzw. erweitern.

Diese Werkzeuge können durch die interne Beratung erarbeitet und allen Projekten zur Verfügung gestellt werden.

Beispielsweise können dies Vorlagen für Gesprächsprotokolle, Statusberichte, Änderungsmanagement, Checklisten, Meilenstein-Planung, Hilfestellungen für Workshops, Brainstorming Methoden, etc. sein.

Prinzipiell sollten die Werkzeuge allen Beratern und auch Mitarbeitern im Unternehmen zugänglich sein. Da eine Serverstruktur nicht besonders anwenderfreundlich ist, gibt es Systeme wie Lotus Notes oder auch Intranet, wo entsprechende Tools abgelegt werden können. Neben den reinen Tools lassen sich auch dort Ergebnisse und Erfahrungen aus den Projekten, Kontakte zu internen und externen Mitarbeitern, Weiterbildungsmaßnahmen und Termine ablegen. Eine sog. Wissensdatenbank kann somit als Berichtssystem, aber auch als Wissensspeicher dienen.

1.4 Zusammenfassung Projekt-Lebenszyklus

Insgesamt lassen sich Projekte sehr ähnlich strukturieren. Ein standardisiertes Vorgehen mit entsprechenden Werkzeugen ist hierfür sehr dienlich. Zu beachten ist allerdings auch, dass die Bürokratie in einem Projekt nicht überhand nehmen sollte, damit die Effektivität und auch Motivation nicht gebremst werden.

Insgesamt hat sich ein gleiches Vorgehen in Projekten für ein Unternehmen ausgezahlt, da der Lerneffekt am größten ist.

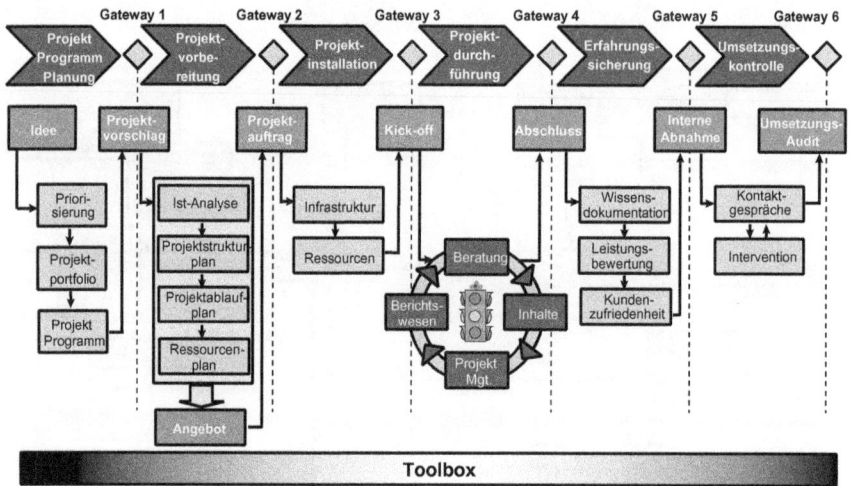

Abb. 10: Projekt-Lebenszyklus.

In der Abbildung 10 ist der gesamte Projekt Lebenszyklus nochmals abgebildet, um die Abhängigkeiten und Zusammenhänge darzustellen. Wichtig dabei ist, dass die einzelnen Gateways als entsprechende Hürden zu interpretieren sind, um ein zielorientiertes Vorgehen zu gewährleisten.

1.5   Programm Management

Neben dem eigentlichen Projekt ist ein übergreifendes Programm Management erforderlich. Damit wird die Verbindung zwischen den einzelnen Projekten und den strategischen Zielen verfolgt. Häufig werden Projekte aufgesetzt, die nicht zu den Unternehmenszielen beitragen und damit wichtige Ressourcen für Nebentätigkeiten verwendet.

Prinzipiell wird zwischen dem operativen und strategischen Programm Management differenziert. Das operative Programm Management verfolgt die einzelnen Projekte bzgl. inhaltlicher und terminlicher Interdependenzen. Das strategische Programm Management hingegen schafft die Verbindung zu der Zielableitung und damit zu den Unternehmenszielen.

Basis für das Programm Management ist die Unternehmensplanung und die daraus resultierenden Ziele für die entsprechenden Funktionsbereiche, das bereits erwähnte Programm- und Projektportfolio, sowie eine Prozesslandkarte. Die Prozesslandkarte für die einzelnen Funktionsbereiche dient zur Orientierung, ob alle Prozesse mit entsprechenden Maßnahmen belegt sind, bzw. Prozesse auch mit Maßnahmen überfrachtet sind.

Das Programm Management kann zusätzlich auch als entsprechende Berichtsplattform für unterschiedliche Hierarchiestufen über Fortschritt, Kosten, etc. fungieren.

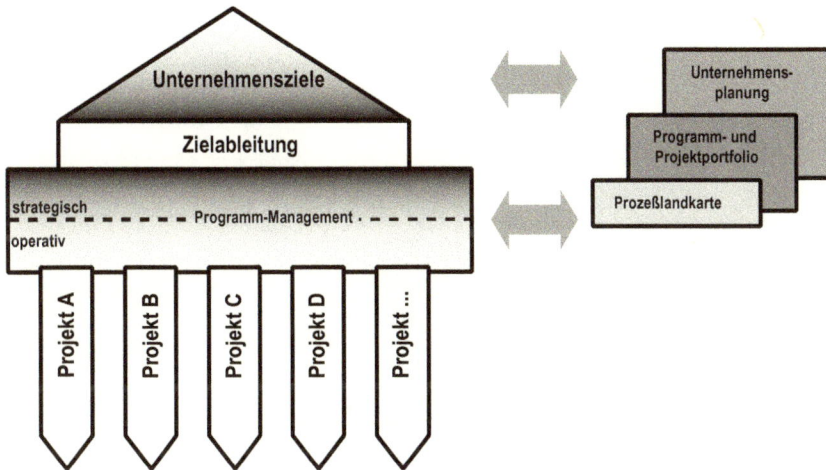

Abb. 11: Programm Management

1.6   Kritische Erfolgsfaktoren in der Projektarbeit

Unabhängig von der Projektart wiederholen sich immer wieder die gleichen Erfolgsfaktoren. Hierzu gehören:

- Klare Unterstützung durch das Management und die Kunden über den gesamten Projektlebenszyklus,
- Qualifikation und Motivation der Projektleitung und Projektmitarbeiter,
- Transparenz über die Ziele und die Vorgehensweise für jeden Projektmitarbeiter,
- klare Strukturierung des Projektes nach Aufgaben, Ergebnissen, Terminen und Interdependenzen innerhalb und außerhalb des Projektes,
- kontinuierlicher Abgleich zwischen allen Projektbeteiligten und dem Umfeld.

Zusammengefasst gelten für jedes Projekt ein klares Commitment, Transparenz und Zielorientierung.

2   Umgang mit dem internen Kunden

Im allgemeinen besteht kein Unterschied zwischen dem Umgang mit dem Kunden für interne und externe Dienstleister. Der interne Kunde muss das Gefühl erhalten, dass das interne Consulting für ihn als Unterstützung dient und nicht als Überwachungsfunktion durch den Vorstand. Zusätzlich müssen dem Kunden auch die Vorteile des Einsatzes der internen Beratung in der Projektwelt gezeigt werden.

Zur Akzeptanz kann insbesondere die inhaltliche Mitwirkung beim Kunden in den Projekten beitragen. Hieraus können sich auch entsprechende Vertrauensverhältnisse ergeben.

Als interner Berater kann man einem Fachverantwortlichen als kontinuierlicher „SparingsPartner" dienen, um einfach aus neutraler Sicht Gedanken und Ideen zu diskutieren.

Nicht zuletzt kann die interne Beratung auch den Mitarbeitern des Kunden als entsprechende Weiterentwicklungsplattform dienen.

Organisations- und Implementierungsformen professioneller interner Beratung

Arwid Baur, Deutsche Telekom AG, Managementberatung

Inhaltsverzeichnis

1   Einleitung

Berater nehmen im heutigen Wirtschaftsleben eine wichtige Aufgabe beim geplanten Wandel der Unternehmen wahr. Sie werden als Erweiterung nicht nur der quantitativen, sondern auch der qualitativen Kapazität der Unternehmensführung auf Zeit willkommen geheißen. Die Inanspruchnahme von Beratungsleistung ist zu einer „make-or-buy"-Überlegung geworden, wie es im industriellen Bereich bei Fertigteilen schon lange der Fall ist.

Aufbau und Führung einer internen Beratungseinheit stellt die Unternehmen vor neue- und andersartige Gestaltungsprobleme. Der vorliegende Artikel versucht Organisationsprinzipien zur Institutionalisierung und damit zur erfolgreichen Substitution externer Berater durch interne Beratung herzuleiten.

Beispielhafte Umsätze externer Berater	Umsätze in Deutschland (Mio. DM)			Umsatz weltweit (Mio. DM)		
	1997	Wachstums-rate	1998	1995	Wachstums-rate	1996
McKinsey & Company	600	16%	700	3240	11%	3600
Roland Berger & Partner	503	14%	574	905	14%	1033
Th Boston Consulting Group	270	14%	310	486	15%	558
A.T.Kearney Group	185	33%	246	333	33%	443
Arthur D. Little	140	31%	183	252	30%	330

Abb. 1: Wachstum im Beratungsmarkt.

2 Die Herausforderung

Der Markt der Unternehmensberatungen wächst in schwindelerregender Weise (siehe Abb. 1).

Von 1997 bis 1998 wiesen Beratungsunternehmen in Deutschland ein Umsatzwachstum von durchschnittlich 15 % p.a. aus. Spitzenreiter in der Branche ist die A.T. Kearney GmbH mit einem Umsatzwachstum von 33 % p.a. Beeindruckend sind auch die Umsätze pro eingesetzten Berater: 1996 betrug der Umsatz je Berater bei Arthur D. Little 878.992 DM.

Für den Aufbau einer internen Beratung ist es notwendig, den Erfolg externer Beratungen bezüglich ihrer Erfolgsfaktoren und Organisationsstruktur zu verstehen, um daraus Ziele und Funktionalität einer internen Beratung in „Konkurrenz" zu externen Beratungen herzuleiten. Als Beispiel sei dazu McKinsey herangezogen.

2.1 Was macht externe Beratungen erfolgreich?

Die Gründe, die Manager bewegen, sich an Unternehmensberatungen zu wenden, sind vielfältig. McKinsey sieht drei hauptsächliche Gründe warum Unternehmen sie nachfragen. (Interview mit einem Partner von McKinsey, 15.9.1999)

1. Verfügbarkeit von State of the Art Know-how
   Erfolgsentscheidend ist aus Sicht McKinsey nicht nur das Vorhandensein von aktueller fachlicher Expertise, sondern dieses Wissen effizient und schnell an jedem Punkt der Erde zu jeder Zeit zur Verfügung zu stellen. Dieses Wissen, gepaart mit anwendungsorientierten Methoden, stellt die Problemlösungskompetenz von McKinsey für den Kunden dar.
2. Pool von „starken" Mitarbeitern
   Der Einstieg bei McKinsey erfolgt erst nach erfolgreichem Durchlaufen eines rigorosen Auswahlverfahrens. Gesucht werden Mitarbeiter, die zu einem definierten Profil den größten „Fit" haben. Dieses Profil wird während der Zeit bei McKinsey durch Feedback, Coaching und Bewertungsinstrumente geschärft.
3. Hohes Maß an Unabhängigkeit
   Im Fokus steht für McKinsey der „professional approach" zu ihren Kunden, d.h. es wird eine langfristige Begleitung des Kunden über den Zeitverlauf angestrebt. McKinsey fungiert dabei als neutraler Gesprächspartner mit denen Manager Ideen und ihr Tun reflektieren können.

2.2 Erfolgsstrukturen externer Berater

Über die Zeit akkumulieren Beratungsorganisationen eine Menge an Wissen und Methoden und speichern es in den Köpfen ihrer Mitglieder, aber auch in den formalen und informalen Regeln, in „Routinen", sowie in der Organisationskultur. Es gilt also zu fragen, wie eine erfolgreiche Organisationsstruktur, hier am Beispiel McKinsey, aussieht. (Interview mit einem Partner von McKinsey, 15.9.1999):

1. Kein Organigramm, sondern Organisation in Zellen
   McKinsey ist in den Dimensionen Regional, Sektoral und Funktional aufgestellt. Die Weiterentwicklung dieser Zellen wird in Deutschland von sechs bis sieben Partnern vorangetrieben.
2. Keine Hierarchie, sondern Rollenverteilung
   Die einzelnen Partner besitzen, lt. Interview, keine Weisungsbefugnis. Die Steuerung erfolgt jedoch auf Grundlage von „guiding principals". Bei Entscheidungen wird durch gemeinsame Diskussion ein inhaltlicher Konsens angestrebt. Gelingt dies nicht, wird der Konfliktfall in Gremien entschieden.
3. Beratung beim Kunden in kleinen Teams
   Die beim Kunden eingesetzten McKinsey Beratungsteams steuern sich durch starke soziale Kontrolle selbst und weisen meist eine Stärke von 3-4 Mitgliedern auf.

Die Organisation von McKinsey orientiert sich dabei grundsätzlich an dem Kulturverständnis „Client first". Der Vergleich mit weiteren externen Beratungen zeigt, daß dieser Organisationsansatz in verschieden Variationen wiederzufinden ist.

Soll eine internen Beratung, als direkter Wettbewerber zu externen Beratungen, im Unternehmen gegründet werden, stellt sich nun die Frage wie sie sich vor dem internen Unternehmensumfeld institutionalisieren und organisieren sollte.

3 Modellvarianten der internen Beratung

Der Aufbau einer internen Beratung ist eine strategische Entscheidung und hat langfristige Wirkung. Wichtig ist, dass die Unternehmensleitung die Entscheidung für die Institutionalisierung einer Inhouse Beratung fällt und damit ihre Existenz berechtigt. Nur so kann sie sich auf Dauer etablieren. Ist dies geschehen, beurteilt der interne Kundenkreis mögliche Wettbewerbsvorteile der internen Beratung und beeinflußt damit den Grad der Substitution externer Beratungen. Er bestimmt, welche Art von Beratungsleistung, zu welchem Preis und zu welcher Qualität zur Verfügung stehen soll.

Grundsätzliche kann die Unternehmensleitung zwei unterschiedliche Zielrichtungen für den Aufbau einer internen Beratung verfolgen.

Zum einen kann die Inhouse Beratung als ein Führungsinstrument im Rahmen einer prüfungsorientierten Beratung, ähnlich einer erweiterten Controlling- oder Revisionsabteilung genutzt werden.

Zum anderen kann die Unternehmensleitung die interne Beratung auch als entwickelnde Kraft im Unternehmen einsetzen. Dieses moderne Verständnis einer internen Beratung erfreut sich in Deutschland zunehmender Beliebtheit und wird im folgenden in den Fokus der Untersuchung gerückt, nicht zuletzt vor der wachsenden Notwendigkeit externes Beraterbudget zu substituieren.

Die interne Beratung als entwickelnde Kraft im Unternehmen muß vor allem drei Aufgaben gerecht werden:

–   Projektbezogene Problemlösung,
–   Kommunikations- und Koordinationsfunktion,
–   Personalentwicklungsfunktion.

Diese Aufgaben müssen bei der organisatorischen Aufhängung und Ausgestaltung der internen Beratung berücksichtigt werden.

3.1   Projektbezogene Problemlösung

Interne Beratungen müssen über eine ganzheitliche und integrierende Denk- und Sichtweise bei der Lösungskonzeptionierung verfügen.

Projektbezogene, fachliche und methodische Problemlösungskompetenz ist die originäre Aufgabe der internen Beratung. Sie muß in der Lage sein, Problemsituationen in ihren relevanten Grundzusammenhängen zu erfassen und dabei vorhandenes Expertenwissen zur Problemlösung zu bündeln und einzusetzen. Interne Berater zeichnen sich dabei durch die Fähigkeit aus, vorhandenes Wissen aus der Linie zur Problemlösung einzusetzen. Die interne Beratung führt zu einer dezentralen und markt- sowie klientennahen Problembewältigung im Unternehmen. Probleme werden am Ort ihrer Entstehung unter Nutzung der zentralen Knowhow- sowie der Erfahrungspotentiale der internen Berater gelöst. Dabei sammelt die interne Beratung das im Unternehmen dezentral vorliegende Know-how und die Erfahrungen, bündelt sie zentral und stellt sie wiederum dezentral allen Unternehmensbereichen zur Verfügung. Die interne Beratungsstelle leistet damit die unternehmensinterne Übertragung von Teilbereichserfahrungen.

Damit die interne Beratung dieser Aufgabe gerecht werden kann, ist bei der organisatorischen Ausgestaltung der internen Beratung zu beachten, dass die Positionierung der internen Beratung im Unternehmensgefüge keinen Einfluß auf die Denk- und Sichtweise der Berater hat (Ressort- und Bereichsunabhängigkeit). Je höher die hierarchische Anbindung desto höher ist die Unabhängigkeit und damit die kritische Distanz zu den Problemen des Auftraggebers. Unabhängigkeit fördert die Wahrnehmung des internen Beraters für ganzheitliche Entwicklungen im Gesamtunternehmen.

3.2   Kommunikations- und Koordinationsfunktion

Das Maß der Kommunikations- und Koordinationsfunktion ist abhängig vom Informationszugang des internen Beraters.

Interne Beratungsbeziehungen sind keine im voraus regelbaren Verhältnisse zwischen Akteuren. Sie stützen sich vielmehr auf informale Beziehungen und bedürfen einer hohen informalen Kommunikationsdichte im Unternehmen. Hierfür ist eine Kommunikationskultur notwendig, die entsprechenden Werten wie Unabhängigkeit der Kommunikationsstrukturen vom formalen Dienstweg eine hohe Stellung beimißt. Für die interne Beratung entstehen die erforderlichen Kommunkationswege einzelfallspezifisch und bedarfsorientiert, sie kennen keinen Dienstweg. Der interne Berater kann sich auf jeder Stufe des Kommunikationssystems ein-

---

[1]   Blunk, Thomas, Funktionen und Gestaltung institutionalisierter interner Beratungsleistungen, 1993

schalten und die dort erhaltenen Informationen im Projekt verarbeiten, er wirkt damit Informationsfiltern formaler Hierarchiestufen entgegen und kann gezielt Informationen im Unternehmen plazieren. Die Vertraulichkeit der Informationen wird durch die interne Stellung des Beraters gewahrt.

Für den Einsatz der internen Beratung als gezieltes Kommunikationsinstrument ist es wichtig, inwieweit der interne Berater Zugriff auf Informationssysteme hat und inwieweit er seinen Informationsbedarf selber festlegen kann. Der Informationszugang ist wiederum abhängig von der Unabhängigkeit und dem Vertrauen (Offenheit), die dem internen Berater entgegengebracht wird. Der Informationszugang ist auch eine Frage der Kompetenz des internen Beraters. Diese Kompetenz kann auch in Form eines formalisierten Informationsrechts ausgestaltet werden.

3.3   Personalentwicklungsfunktion

Interne Beratung bedeutet auch die Beeinflussung von Wissen, Fähigkeiten und Einstellungen im Unternehmen.

Die bewußte Umgestaltung interner Dienstleistungen zu Beratungsleistungen bringt eine ausgeprägte Personenorientierung mit sich. Die professionellen Fähigkeiten und Erfahrungen sowie die persönlichen Entwicklungsziele der einzelnen Berater bestimmen ihre Einsatzmöglichkeiten. Die „Organisation ad personam" wird zum tragenden Prinzip der Gestaltung interner Beratungsleistungen. Der interne Berater bearbeitet während seiner Zeit bei der internen Beratung in hoher Frequenz unterschiedliche Problemstellungen. Der dadurch erzeugte Trainingseffekt wirkt sich direkt auf seine fachlich-analytischen, persönlichen sowie projektbezogenen Fähigkeiten aus. Es ist zu beachten, dass die hohe Frequenz der Projekte eher zu einem generalistischen Ansatz führt als zu Spezialistentum auf der anderen Seite jedoch das Handeln im gesamtunternehmerischen Interesse fördert.

Die Effektivität der Personalentwicklungsfunktion wird dann erhöht, wenn die interne Beratung als ein solches Instrument im Unternehmen erkannt wird. Die interne Beratung sollte in ein modernes Management-Development-Programm einbezogen werden. Auch im Rahmen eines Aufstiegsplans kann die interne Beratung eine Entwicklungsstelle zwischen zwei Linienpositionen darstellen. Dies erfordert die richtige zeitliche und individuelle Laufbahnplanung mit der Personalabteilung.

4   Prinzipien zur erfolgreichen Substitution externen Beratungsbudgets

Aus den Aufgabenstellungen für eine interne Beratung ergeben sich drei Organisationsprinzipien die beim Auf- bzw. Ausbau einer internen Beratung beachtet werden sollten.

4.1   Autonomie

Als Service Center oder Profit Center konzipiert, verfügt die interne Beratung über die erforderliche große Autonomie im Unternehmen. Sie wird zu einer selbstständig lebensfähigen Einheit. Zugleich führt dies zu einer konsequent marktorientierten Führung der internen Beratung und bietet die Voraussetzung für eine wettbewerbsfähige Kostenstruktur. Damit verbunden ist eine allein an der internen Nachfrage nach Beratungsleistungen orientierte quantitative und qualitative Kapazitätsfindung.

4.2   Selbstorganisation

Die interne Beratung selbst wird nach dem föderalistischen Organisationsprinzip gestaltet. Ihre interne Arbeitsteilung und Konfiguration weisen eine einfache und flache Struktur auf. Sie besteht aus einer kleinen führungsverantwortlichen Spitze und einem operativen, weitgehend strukturlosen Mitarbeiter-Pool. Die interne Beratung kann, so organisiert, als Träger und zur Pflege einer spezifischen (Sub)Kultur dienen, die die Werte und Verhaltensweisen der bestehenden Unternehmenskultur bewußt in Frage stellt und in Bewegung hält. Mittels ihrer internen Beratungprojekte und ihrer Personalentwicklungsfunktion können neue Werte und Verhaltensweisen gezielt im Unternehmen verbreitet werden. Die interne Beratung wird zu einem Instrument der unternehmenskulturellen Gestaltung.

4.3   Unternehmertum

Die Beratungsleistung wird vom Klienten auf freiwilliger Basis nachgefragt. Es besteht also keine Weisungsbefugnis zwischen beiden Parteien und ist völlig Unabhängig vom Kompetenz- und Autoritätsgefüge des Klientensystems. Das interne Beratungverhältnis stellt eine im Sinne des Subsidiaritätsprinzips stattfindende, autonome und selbstorganisierte Kooperation zwischen den Beteiligten dar. Ihr projektbezogenes Ziel ist ein individueller Problemlösungsbeitrag, welcher in Zusammenarbeit mit dem internen Kunden in der Regel unter hoher Interaktionsintensität erarbeitet wird.

Recruiting
der internen Beratungseinheit

Hermann Siegling, Deutsche VerkehrsBank

Inhaltsübersicht

1   Einleitung

Consulting ist eine Wachstumsbranche mit jährlichen Wachstumsraten im zweistelligen Bereich und bietet somit hoch interessante Karriereperspektiven. Traditionell wurden Berater von Unternehmen als externe Dienstleister beauftragt, um spezielle Projekt- und Managementaufgaben zu übernehmen. Hauptgründe hierfür waren neben der Neutralität des Beraters, die Möglichkeit, kapazitative Spitzen abzudecken und sich hochwertiges Know-how einzukaufen. Auf Dauer gestaltete sich der Beratereinsatz jedoch meist als sehr kostenintensiv. Gleichzeitig kam es durch den sich immer schneller vollziehenden Wandel von Gesellschaft und Weltwirtschaft und die daraus resultierenden erhöhten Anforderungen an die Flexibilität der Unternehmen zu einer generellen Entwicklung hin zum projektorientierten Arbeiten. Beide Entwicklungen zusammen sorgten dafür, daß seit Anfang der 90er Jahre ein zunehmende Anzahl von Unternehmen den Einsatz von externen Beratern durch interne Beratungseinheiten unterstützte bzw. substituierte. Inhouse-Beratung hat mittlerweile bei fast allen großen Unternehmen signifikante Bedeutung und mittelständische Unternehmen folgen zunehmend diesem Trend.

Um den innovativen Charakter des Ansatzes auch strukturell abzubilden, wird das Inhouse Consulting typischerweise als eigenständige Organisationseinheit aufgebaut und nicht durch bestehende Organisationsabteilungen wahrgenommen. Als weiterer Grund hierfür kommt hinzu, dass in den meisten Fällen die für die neuen Aufgabenstellungen erforderlichen Mitarbeiter nicht allein intern gewonnen werden können. Aufgrund der spezifischen Know-how- und Qualitätsanforderungen an einen professionellen Berater müssen diese extern gewonnen werden, wodurch dem Thema Recruiting eine zentrale Bedeutung zukommt.

Am Beispiel der Deutschen VerkehrsBank werde ich im folgenden erläutern,

Prinzipdarstellung

Abb. 1: Die Inhouse-Consulting Einheit der Deutschen VerkehrsBank.

– warum wir uns mit dem Thema Inhouse-Consulting beschäftigen,
– welches Konzept wir verfolgen,
– wie unser Recruiting-Prozess aufgebaut ist und abläuft,
– welche Erfahrungen wir dabei gemacht haben (lessons learned).

2 Inhouse Consulting bei der Deutschen VerkehrsBank

Die Deutsche VerkehrsBank weist eine Bilanzsumme von ca. 12 Mrd. DM auf und betreibt neben dem Firmenkundengeschäft die Geschäftsbereiche Sorten- und Edelmetallhandel (zusammen mit unserer 100%-Tochter ReiseBank) sowie die Zentralbankfunktion für die Sparda-Banken. Im Firmenkundengeschäft sind wir seit über 75 Jahren Spezialbank der Verkehrswirtschaft und bauen unsere Marktposition in den Segmenten Luft (aviation), Wasser (shipping) und Land (rail&road) national wie international konsequent aus. Der Erwerb eines Flugzeugportfolios im Jahr 1998 hat wesentlich dazu beigetragen, dass wir mittlerweile der dritt-grösste Flugzeugfinanzierer in Europa sind. Durch den Kauf der NedShip Bank Ende 1999 werden wir auch in der Schiffahrt künftig weltweit tätig sein. Im traditionell starken Segment des Landverkehrs haben wir uns auf Europa konzentriert und betreuen bereits heute über 1000 nationale und europäische Kunden. Wir verstehen uns als reinen Branchenspezialisten und differenzieren uns gegenüber dem Wettbewerb sowohl über unser Branchen-Know-how als auch über verkehrsspezifische Produkte und Finanz- und Beratungsdienstleistungen.

Um unsere strategischen Ziele zu erreichen und unseren Marktauftritt zu optimieren, haben wir uns bereits 1997 entschlossen, ein eigenes Know-how-Zentrum aufzubauen und in diesem spezialisierte Berater einzusetzen, die sich nicht nur in den relevanten Verkehrsmärkten exzellent auskennen sondern ebenfalls über gutes betriebswirtschaftliches Know-how verfügen. Sie verstehen sich als vertriebs- und unternehmensorientierte Partner, die sowohl intern als auch extern als Berater fungieren. Hauptaufgaben sind dabei

Was soll er tun? (Tätigkeitsprofil)	Was soll er mitbringen? (Anforderungsprofil)	Was bieten wir? (Unser USP)
• Erstellung spezifischer Marktstudien • Analyse und Beurteilung von Verkehrssegmenten • Unternehmens- und Projektbewertungen • Akquisitionsbegleitung • Steuerung des internen Know-how-Entwicklungsprozesses • Projekt- und Kundenberatung • Öffentlichkeitsarbeit • Konsequentes "Networking"	• Tiefgehende Kenntnis über das betreute Segment (Marktstrukturen, Player, Technik, Trends, etc.) • Methoden-Know-how • Berufserfahrung • Analytische Skills • Kommunikationstalent • Teamorientierung • Engagement und Eigeninitiative	• Ausbildung zum kombinierten Finanz- und Verkehrsprofi • Sehr hohe Freiheitsgrade • Möglichkeit zur Gestaltung unserer Zukunftskonzeption
Wir suchen Know-how-Spezialisten im Verkehr	Wir wollen high potentials	Wir generieren Multitalente

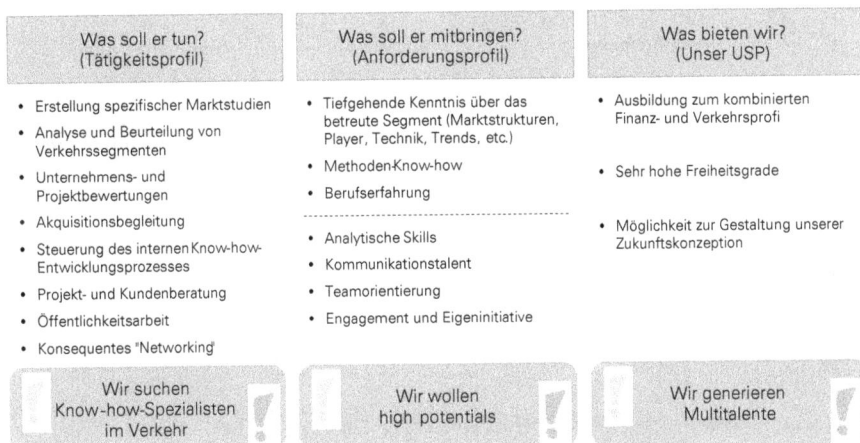

Abb. 2: Das Consulting-Konzept der Deutschen VerkehrsBank.

– die Steuerung des internen Know-how-Entwicklungsprozesses,
– die Erstellung von Marktanalysen,
– die Beurteilung von Unternehmen und verkehrstechnischen Konzepten sowie,
– die Beratung unserer Kunden.

Zurzeit umfaßt das Branchen-Zentrum 6 Mitarbeiter und ist organisatorisch im Bereich der zentralen Vertriebssteuerung angesiedelt (s. Abbildung 1).

3 Das Consulting-Konzept der Deutschen VerkehrsBank

Die meisten Inhouse Beratungen sehen sich nicht als verlängerter Arm der traditionellen Betriebsorganisation, sondern orientieren sich am Profil der externen Top-Beratungen. Demzufolge muß der Kreis der Bewerber entsprechend hohes Potential aufweisen. Da der Kreis geeigneter Top-Potentials eng begrenzt ist, gibt es einen harten Wettbewerb um diese Bewerber – auch bekannt unter dem Begriff "war for talents". Auf der anderen Seite argwöhnen die Bewerber immer noch zu häufig, dass sich hinter dem schicken Begriff des "Inhouse Consultants" der Stabsmitarbeiter alter Couleur verbirgt. Diesen Konflikt gilt es mittels einer stringenten Konzeption sowie eines scharfen Profils der internen Beratungs-einheit aufzulösen. Wir haben daher zunächst definiert, wie das Tätigkeitsprofil unserer Consultants aussehen soll, welche Talente die Bewerber hierfür mitbringen müssen und welchen USP wir den Bewerbern bieten können. Wie aus Abbildung 2 ersichtlich, ist es für uns wichtig, Know-how Spezialisten im Verkehr zu gewinnen. Dafür sucht die Deutsche VerkehrsBank high-potentials, wobei wir uns bewußt sind, dass es überaus schwierig werden würde, als mittelgroßes Haus die Top 5 % der Bewerber zu erreichen, da diese eher direkt in die Beratung oder ins inhouse consulting eines großen Konzerns mit entsprechendem brand wie Siemens oder der Deutschen Bank gehen dürften. Um dennoch attraktive Mitarbeiter zu gewinnen, haben wir neben den allgemein üblichen Voraussetzungen wie Gehalt, Freiheitsgrade oder flache Hierarchien unseren USP klar definiert: wir bieten die Ausbildung zu einem Multitalent, d.h. die

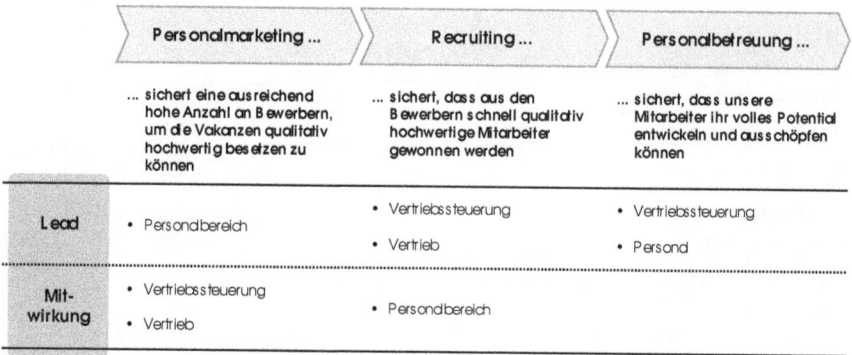

	Personalmarketing ...	Recruiting ...	Personalbetreuung ...
	... sichert eine ausreichend hohe Anzahl an Bewerbern, um die Vakanzen qualitativ hochwertig besetzen zu können	... sichert, dass aus den Bewerbern schnell qualitativ hochwertige Mitarbeiter gewonnen werden	... sichert, dass unsere Mitarbeiter ihr volles Potential entwickeln und ausschöpfen können
Lead	• Personalbereich	• Vertriebssteuerung • Vertrieb	• Vertriebssteuerung • Personal
Mit-wirkung	• Vertriebssteuerung • Vertrieb	• Personalbereich	

Abb. 3: Nur ein ganzheitlicher Einstellungsprozess führt zum Ziel.

Ausbildung zum kombinierten Finanz- und Verkehrsprofi. Damit beantworten wir auch klar die Frage, warum ein Bewerber sich gerade für uns entscheiden soll.

4 Der Recruiting-Prozess

Wir verstehen unter Recruiting den ganzheitlichen Prozeß, der vom Personalmarketing bis zur laufenden Betreuung der Consultants reicht (s. Abbildung 3).

Hierbei schließt das Personalmarketing sämtliche Aktivitäten ein, die der Gewinnung einer ausreichend hohen Anzahl von Bewerbungen dient, um die Stellen qualitativ hochwertig besetzen zu können. Dazu setzen wir ein weites Spektrum von Personalmarketinginstrumenten ein (s. Abbildung 4). Obwohl wir uns hinsichtlich des Kranzes der eingesetzten Instrumente nicht wesentlich von allen anderen Unternehmen unterscheiden, müssen wir dem Einsatz dieser Instrumente besondere Bedeutung zukommen lassen, da der Strom unaufgeforderter Bewerbungen vergleichsweise gering ist. Kurzum: Wir müssen mehr tun als einige andere.

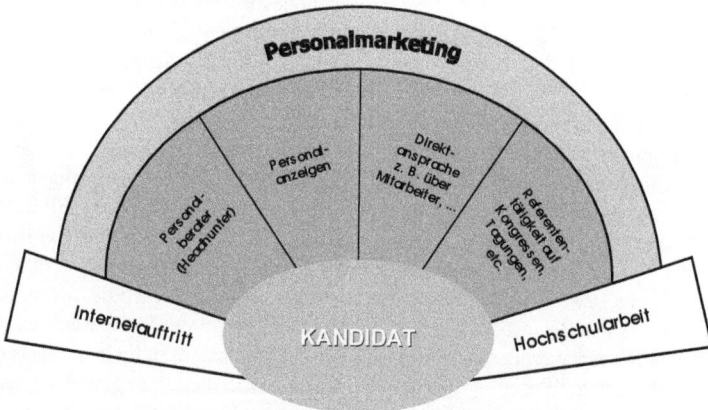

Abb. 4: Eingesetzte Instrumente des Personalmarketing.

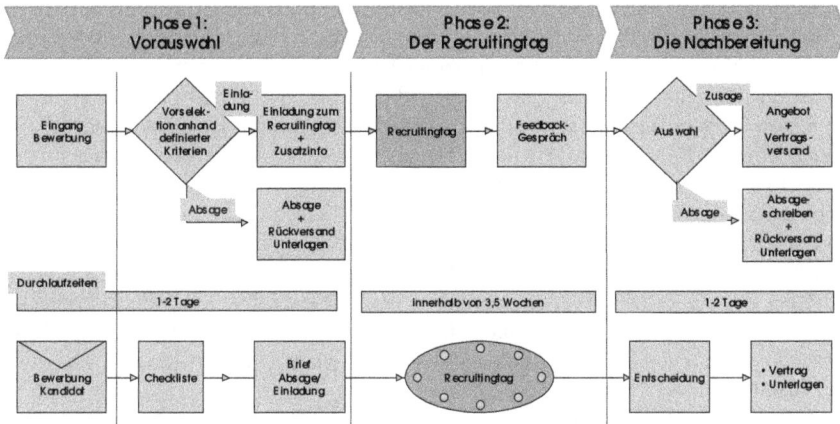

Abb. 5: Der Recruitingprozess.

Sobald eine Bewerbung bei uns eingegangen ist, beginnt der eigentliche Auswahlprozeß. Dieser ist in drei Phasen untergliedert: die Vorselektion, der Recruiting-Tag sowie die Nachbereitung (siehe Abbildung 5). Da sich der Faktor Zeit als kritischer Wettbewerbsfaktor erwiesen hat, darf der ganze Prozeß nicht länger als 4 Wochen dauern. Die Vorselektion, die von unserem Personalbereich anhand einer Checkliste mit definierten Must-Kriterien (z.B. spezifische Berufserfahrung bzw. Ausbildung, Noten, Anschreiben, etc.) vorgenommen wird, nimmt maximal zwei Tage in Anspruch. Wird der Bewerber in die engere Wahl gezogen, erhält er binnen dieser Frist eine Einladung zum Recruiting-Tag. Der Recruiting-Tag ist sehr anspruchsvoll und deckt sämtliche Talente und Fähigkeiten ab, die wir von den Kandidaten erwarten (s. Abbildung 6). Ganz bewußt haben wir auf eine enge Verzahnung des Personalbereichs, der Vertriebsbereiche sowie der zentralen Vertriebssteuerung besonderen Wert gelegt. Wir erreichen damit, daß durch die Einbindung sehr unterschiedlicher Charaktere ein hohes Maß an Objektivität in der Beurteilung erreicht wird und gleichzeitig die Bewerber die Vielfältigkeit unseres Hauses kennenlernen. Dem Bewerber fällt es somit wesentlich leichter, festzustellen, ob die persönliche Chemie stimmt. Ein weiterer Baustein, den sozialen fit abzugleichen, ist das Persönlichkeits-Interview, das der Personalbereich mit dem Bewerber führt. Ergänzt wird

Abb. 6: Aufbau des Recruitingtages.

die persönliche Seite durch das Mittagessen mit einem der Interviewer. Die fachlichen Aspekte stehen in den zwei Verkehrsinterviews und dem BWL-Interview im Vordergrund. Mitarbeiter aus dem Vertrieb bzw. der Vertriebssteuerung begutachten die Branchen- und Methodenkompetenz. In einer case study vernetzen wir banktechnische und verkehrsorientierte Problemstellungen. Wichtig ist uns dabei, dass wir nicht nur die Bewerber kennenlernen, sondern auch die Bewerber die Möglichkeit erhalten, sich über die Tätigkeit und das Umfeld bei der Deutschen VerkehrsBank ausführlich ein Bild zu machen. Dies erreichen wir über die Einbindung möglichst vieler Mitarbeiter unseres Hauses sowie einen separaten Interviewteil, in dem der Bewerber einen Consultant des Hauses befragen kann. Jedes Recruitingmodul wird durch den Interviewer einzeln bewertet. So ist es uns am Ende des Tages möglich, jedem Bewerber ein ausführliches Feedback zu geben, das ein Gesamtbild seiner Performance widergibt, wobei wir den Kandidaten die definitive Zu- oder Absage innerhalb von 3 Tagen danach separat erteilen. Unser Recruitingverfahren hat sich sehr bewährt, da es allen Beteiligten klare Vorteile bietet (s. Abbildung 7).

5   Lessons learned

In den vergangenen Jahren haben wir vielfältige Erfahrungen beim Recruiting sammeln können und unsere Konzeption und Vorgehensweise ständig optimiert. Ohne Anspruch auf Vollständigkeit oder zeitliche Dauerhaftigkeit erheben zu können, haben sich eine Reihe von zentralen Erkenntnissen herauskristallisiert:

– Grundvoraussetzung für Erfolg beim Recruiting ist eine saubere inhaltliche Konzeption.

Wir müssen zunehmend feststellen, dass gerade die Top-Bewerber sehr kritische Fragen stellen und die Unternehmen eingehend auf den Prüfstand stellen. Derjenige, der diese Fragen nicht beantworten kann, hat deutlich geringere Erfolgschancen.

– Schnelligkeit im Prozeß ist ein zentraler Erfolgsfaktor.

Gerade Unternehmen mit relativ unbekanntem brand name werden nur dann erfolgreich sein, wenn sie schneller sind als die vielleicht schwerfälligeren großen. Auch hier gilt: Nicht immer frißt der große Fisch den kleinen, sondern oft der schnellere den langsamen.

– Der zeitliche Vorlauf bis zur Stellenbesetzung ist länger als normal.

Grund hierfür dürfte sein, dass das Bewerberpotential (noch) geringer ist als bei anderen Positionen. Wir müssen einen Vorlauf von 4-8 Monaten einplanen, bis eine hochspezialisierte Stelle letztendlich besetzt ist.

– Opportunitäten gilt es konsequent wahrzunehmen.

Vor dem Hintergrund der oben genannten Faktoren wäre es geradezu fatal, sich in starren Strukturen wie der traditionellen Stellenplanung zu bewegen. Es gibt immer wieder hoch attraktive Bewerbungen, die sich aufgrund persönlicher oder sonstiger Umstände ergeben. Diese Gelegenheiten sollten konsequent genutzt werden, und zwar unabhängig davon, ob gerade eine Stelle vakant ist oder nicht. So ist es uns bereits mehrfach gelungen, für uns Spezialisten zu gewinnen, die wir uns zu anderer Zeit sicherlich nie hätten erschließen können.

– der offene Umgang mit befristeten Lösungen ist ein deutliches Plus

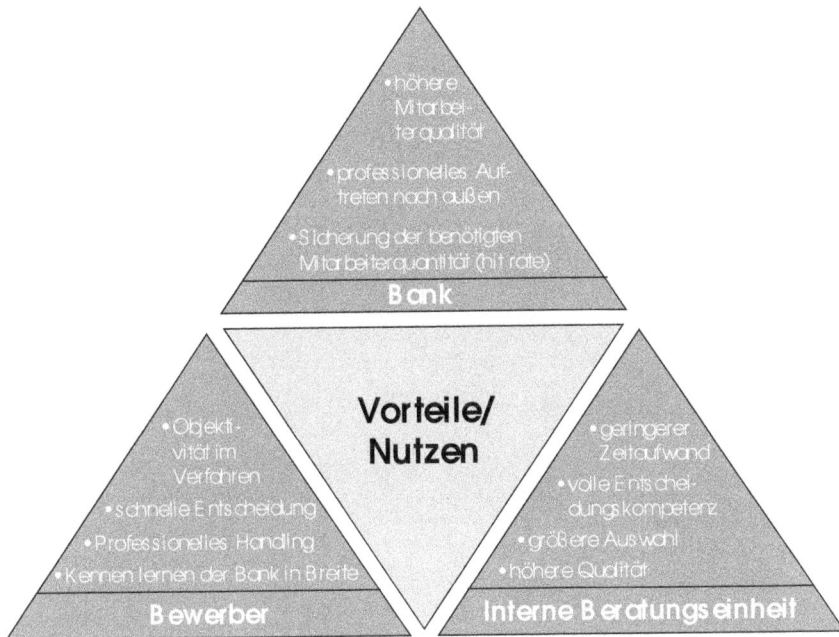

Abb. 7: Vorteile des Verfahrens.

Es ist sicherlich ungewöhnlich, bereits im Bewerbungsgespräch eine Exit-Strategie als Teil einer antizipativen Karrierentwicklung zu entwickeln. Nicht so bei uns. Inhouse Consultant zu sein, ist für viele Bewerber nur ein Zwischenschritt in ihrer Karriereplanung. Dem sollte aktiv Rechnung getragen werden. Auch ein Einsatz von nur 2-3 Jahren kann sehr wertvoll sein, insbesondere wenn in dieser Zeit das Know-how auf die Bank übergeht. Zudem sind die Eckpunkte der Zusammenarbeit klar abgesteckt, so daß es später zu keinerlei Irritationen diesbezüglich mehr kommen kann. Und die Praxis zeigt, dass Mitarbeiter durchaus bereit sind, noch das ein oder andere Jahr dranzuhängen, wenn die Aufgabe Spaß und Erfüllung bringt.

Durch umfassendes Impact Controlling den Nutzen von Inhouse Consulting messbar machen

Dr. Horst H. Kayser, Leiter Siemens Unternehmensberatung, Siemens AG

Inhaltsübersicht

1 Impact in Beratungen

„The force or impression of one thing on another: an impelling or compelling effect" heißt es im „Webster's Collegiate Dictionary" zum Stichwort „Impact". Große Bedeutung kommt diesem Begriff im Zusammenhang mit Unternehmensberatungen und insbesondere mit internen Beratungen zu! Gerade bei Beratungsprojekten, in denen externe Experten zur Verbesserung eines Geschäftes herangezogen werden, ist es wichtig, dass der durch die Projektarbeit generierte Nutzen wesentlich größer als der entstandene Aufwand ist. Und bei der Form der internen Beratung nimmt dieser Anspruch ein noch viel größeres Ausmaß an. Denn nachhaltiger Impact ist eine Grundvoraussetzung für die Existenz einer unternehmenseigenen Beratungsabteilung. Weshalb sonst sollte sich ein Unternehmen den „Luxus" leisten, eine eigene Organisationseinheit zu unterhalten, deren Hauptziel die Beteiligung an einer kontinuierlichen Verbesserung des Gesamtgeschäftes ist, wenn keine Wirkung erkennbar ist?

Eine Herausforderung stellt sich den Beratungen dabei in der Methode, wie dieser Impact aufgezeigt und gemessen werden kann. Es ist nicht ausreichend, einmalig ein Projektergebnis in Präsentationsform darzustellen. Vielmehr muss der realisierte Impact eindeutig, kontinuierlich und quantitativ oder qualitativ nachvollzogen werden können.

Die Siemens Unternehmensberatung (SU) zeigt erreichte Ergebnisse und Umsetzungserfolge klar und transparent auf. Seit sie im Jahre 1996 als eigenständiges Profit-Center gegründet wurde, erarbeitet die mittlerweile 100-Berater zählende Abteilung in ca. 30 Projekten pro

Jahr Produktivitätspotenziale in Milliardenhöhe. Transparenz wird dabei durch ein konsequentes Controlling geschaffen, das sowohl SU-projektspezifisch als auch projektübergreifend und dabei qualitativ und quantitativ ist. Das Augenmerk liegt auf einer eindeutigen Impact-Transparenz für die Klienten, bei denen Projekte durchgeführt werden, und für den gesamten Siemens-Konzern.

Wie funktioniert dies? Welche Voraussetzungen, Maßnahmen, objektive/subjektive Methoden und Reporting-Instrumente sind notwendig, um ein klares, für jedermann nachvollziehbares Abbild der durch die Projektarbeit erzielten Produktivitätssteigerungen zu erreichen?

2   Veränderungsbereitschaft als Voraussetzung für nachhaltigen Impact

Als Ziel für ihre Klienten sieht die SU weltbeste Performance bei wertsteigerndem Wachstum durch überlegenen Kundennutzen und bei Produktivität durch optimierte Prozesse. Diesem bewusst hochgesteckten Anspruch kann SU nur gerecht werden, wenn bestimmte Voraussetzungen auf Klientenseite erfüllt sind. Zum einen muss eine bewusste Bereitschaft zur Veränderung und Umsetzung vorhanden sein. Die Bereitschaft zur Veränderung resultiert oftmals bereits aus der Tatsache, dass die Projektakquisitionen bei der Siemens Unternehmensberatung überwiegend aus Projektanfragen von Klientenseite kommen. Die Klienten sehen sich mit Problemen konfrontiert, die sie mit den vorgegebenen Ressourcen alleine nicht zu bewältigen sehen. Aus dieser Bedarfssituation heraus wenden sie sich an Berater, die sich im Wettstreit um Projekte bewerben. Sind Projekte einmal vergeben, ist die Notwendigkeit für eine Umsetzung vorgegeben.

Zum anderen muss ein klares Verständnis über die gemeinsame Durchführung dieser Veränderungen vorhanden sein. Die Siemens Inhouse-Beratung sieht ihre Tätigkeit als „Hilfe zur Selbsthilfe". Das heißt, dass Ergebnisse in gemischten Berater/Klententeams erarbeitet werden und das Management integriert wird. Die Integration in die Projektarbeit drückt sich in regelmäßigen Teamtreffen mit Beratern und Management, Zwischenstands- und Ergebnispräsentationen mit dem Siemens Top Management (Zentralvorstand, Bereichsvorstand) und ganz besonders in einer Vollzeitzusammenarbeit mit den Schlüsselpersonen des Geschäfts aus. Nur die Zusammenarbeit mit den „Champions" des Geschäfts macht nachhaltigen Impact möglich und schafft Akzeptanz für das Ergebnis.

Die SU priorisiert klar die Projekte, bei denen die aufgezeigten Voraussetzung erfüllt sind und nachhaltiger Impact damit gewährleistet werden kann.

3   Benchmarking als Ausgangsbasis für Veränderung und Controlling

Um nachzuweisen, dass Impact generiert wurde, sind mindestens zwei unterschiedliche Zeitpunkte notwendig. Einer davon ist die Ausgangsbasis mit einem definierten Basisjahr (Vergleichsjahr), der andere bzw. die anderen dann die Vergleichszeitpunkte (Folgejahre) nachdem die Veränderung eingeleitet wurde. Die Beratungsmethodik der Siemens Unternehmensberatung folgt genau diesem Prinzip. Mit Benchmarking-Projekten wird eine Diagnose der Geschäftseinheit vorgenommen und die Ausgangsbasis für das Controlling definiert. In anschließenden Restrukturierungs-, Umsatzsteigerungs- und Change-Management-Programmen wird der Veränderungsprozess angestoßen und ein kontinuierliches Controlling in Gang gesetzt. Gekoppelt bilden die verschiedenen Projekttypen die Grundlage für ein projektspezifisches quantitatives und qualitatives Impact Controlling.

Spricht man von quantitativem Impact, so sind alle an Messgrößen gekoppelten Veränderungen gemeint. In Benchmarking-Projekten ermittelt die Siemens Unternehmensberatung anhand einer intern entwickelten Methodik eine Produktivitätslücke zum Wettbewerb. Diese bildet die quantitative Ausgangsbasis für das nachfolgende Impact Controlling. Der Grundstein für qualitativen Impact wird ebenfalls in Benchmarking-Projekten gelegt. In intensiven Studien untersucht ein Projektteam die eigene Unternehmenskultur und die der Wettbewerber. Zudem werden bei Wettbewerber- und Best-Practice-Besuchen Erfahrungen ausgetauscht, die als Grundlage für den weiteren Impact-Vergleich dienen.

Bei Restrukturierungs-, Umsatzsteigerungs- und Change-Management-Programmen werden Maßnahmen für Veränderung definiert. Projektteams legen die Treiber für die Veränderung fest und setzen den Prozess in Gang. Regelmäßig kontrolliert die SU erzielte Ergebnisse und vergleicht diese in Form von Hochläufen mit dem Ausgangszustand.

Doch wie sieht nun der gesamte Impact-Controlling-Vorgang bei der Siemens Unternehmensberatung im einzelnen aus? Welche Instrumentarien werden dazu verwendet? Die SU unterscheidet objektives und subjektives Controlling. Beide Blöcke wiederum gliedern sich in eine projektspezifische und eine gesamtberatungsbezogene Ebene, für die es individuelle Instrumente gibt. Objektives Controlling orientiert sich an fest definierten Maßzahlen. Beim subjektiven Controlling wird eine standardisierte Feedbackabfrage der Beteiligten vorgenommen. Die von der Siemens Unternehmensberatung eingesetzten Controllinginstrumente sind so aufeinander abgestimmt, dass nach Einsatz ein möglichst vollständiges objektives Bild des generierten Impacts resultiert.

4   Objektives Impact Controlling ist an Messgrößen gekoppelt

4.1   Quantitatives Controlling

Bereits während der Projektphase, unabhängig vom Projekttyp, dokumentieren die Teams die erzielten Ergebnisse in Steckbriefen. Inhalt dieser Kurzzusammenfassung sind jeweils allgemeine Daten zum Projekt, wie Klientenkennzahlen, Untersuchungsumfang, angewendete Methodik und Zeitplan. Am Ende der Klientenzusammenarbeit werden die gewonnenen Erkenntnisse mit in die Dokumentation aufgenommen. Die Gesamtaufstellung dient als Überblick für den Klienten oder auch als Grundlage für weitere gemeinsame Projekte.

Die SU-Beratern aggregieren die einzelnen Projektsteckbriefe zu einer kompakten Übersicht. Alle Eckpunkte des jeweiligen Projekt-Impacts werden zusammengestellt und transparent für den Siemens-Konzern gemacht. Inhalte dieser Projektübersicht sind: Projektname, Projekttyp, Bereich, Laufzeit, Untersuchungsumfang, identifiziertes Potenzial, Potenziallücke sowie Hauptansatzpunkte/Ergebnisse. Aus Sicht des Konzerns wird so eine kontinuierliche Ergebnisdarstellung und ein transparenter Überblick über bearbeitete Projekte gewährleistet.

Das Herzstück des Controlling-Instrumentariums bildet ein selbst entwickeltes und in vielen Projekten eingesetztes finanzielles Controlling. Ausgehend von einer quantitativen Kosten- bzw. Umsatzbasis (die z.B. in einer zuvor durchgeführten Benchmarkingphase im Rah-

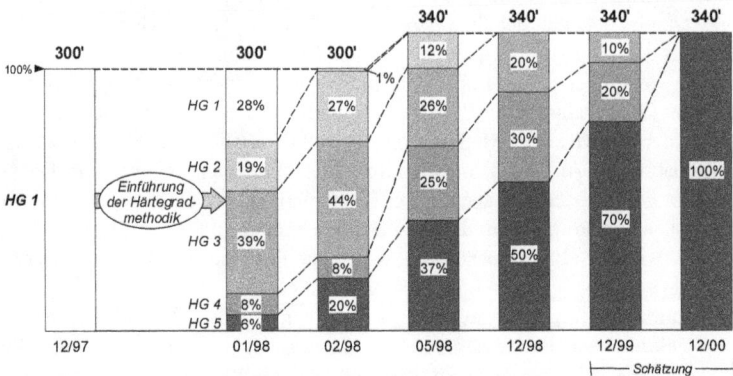

Abb. 1: Härtegradentwicklung der Sofortmaßnahmen bei GG Y, GJ 97/98-00/01, in DM.

men der Kostenlückenberechnung festgelegt wurde) werden Ziele zur Produktivitätssteigerung definiert und mit Maßnahmen hinterlegt. Grundlage dieser Maßnahmen bilden Potenziale zur Kostensenkung bzw. Umsatzsteigerung, die Experten mit Beraterunterstützung in Workshops ermitteln. Für jede Maßnahme werden Umsetzungs- und Maßnahmenverantwortliche benannt. Die Verantwortlichen aller betroffenen Einheiten zeigen ihr Commitment zur Umsetzung der Einzelmaßnahmen mit ihrer Unterschrift; dabei ist wichtig, dass die Umsetzungsverantwortung eindeutig auf Top-Management-Ebene liegt. Die mit Maßnahmen hinterlegten Potenziale werden in die Geschäftsplanung eingestellt.

Damit die sachliche Umsetzung der Maßnahmen und somit auch die Realisierung der Potenziale nachgehalten werden kann, bedient sich die SU einer speziellen Härtegrad-Systematik. Der Fortschritt der Maßnahmenumsetzung wird dabei in fünf Härtegraden dokumentiert, wobei die einzelnen Härtegrade den Umsetzungsgrad einer Maßnahme indizieren. Der Prozess einer Maßnahmenrealisation sieht folgendermaßen aus: Härtegrad eins ist bereits erreicht, wenn eine Zieldefinition für Kosten-/ Umsatzpotenziale stattgefunden hat. Sind für diese Zielvorgaben quantifizierte Ideen gefunden, ist Härtegrad zwei realisiert. In Härtegrad drei ist eine Maßnahme, sobald ein detaillierter Umsetzungsplan ausgearbeitet und vom Umsetzungsverantwortlichen unterschrieben wurde. Liegen alle Realisierungsvoraussetzungen vor und ist die Maßnahme kostenwirksam, spricht man von Härtegrad vier. Härtegrad fünf ist dann eingetreten, sobald die Maßnahme ergebniswirksam wird.

Alle Maßnahmen werden mit Härtegrad eins in ein Controlling-Tool eingespeist. Ein Controlling-Verantwortlicher erfasst jede Fortschrittsveränderung im Tool, so dass der Hochlauf der Härtegrade zu jedem Zeitpunkt beobachtet werden kann. In kurzen Abständen kontrolliert das Management die Härtegradentwicklung. (Vgl. Abb. 1)

Die Siemens Unternehmensberatung gewährleistet durch die strikte Anwendung dieser Härtegradlogik die Qualität der Umsetzung. Stellt sich im Laufe der Zeit heraus, dass einige der definierten Maßnahmen nicht realisierbar sind, so wird darauf gedrängt, dass diese durch Ersatzmaßnahmen kompensiert werden.

Der Stand der Umsetzung wird in einem kontinuierlichen Prozess gemessen und in Review-Sitzungen verfolgt. Nach Abschluss des Projektes wird die Geschäftseinheit von SU-Seite

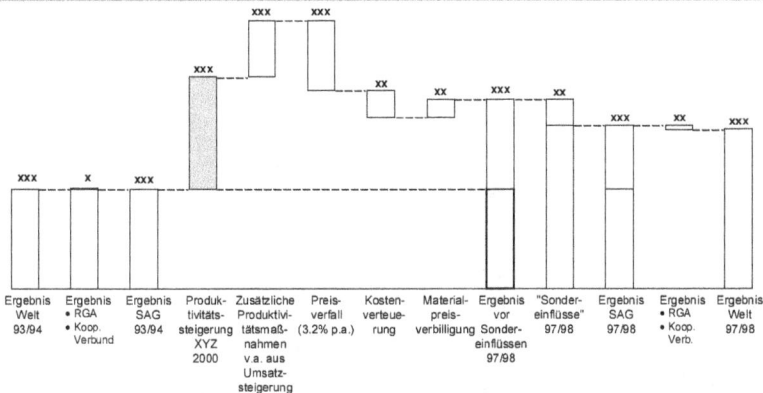

Identifizierung des Projekt-Impacts in der Ergebnisüberleitung

Durch das Projekt XYZ 2000 wurde eine Produktivitätssteigerung
von ... DM erzielt

Abb. 2: Überleitung operatives Ergebnis XYZ, 93/94 bis 97/98, in DM.

regelmäßig kontaktiert, um den Stand des Härtegradhochlaufs abzufragen. In jährlichen Abständen erfolgt eine Kontrolle der Maßnahmenumsetzung, indem der Hochlauf des Härtegrades fünf projektspezifisch festgehalten wird.

Doch damit noch nicht genug des finanziellen Controllings. Analog der Hochlaufdarstellung der individuellen Projekte, berichtet die Siemens Unternehmensberatung den Gesamtimplementierungsstand über alle Projekte in regelmäßigen Review-Meetings. Getrennt nach Kostensenkungs- und Umsatzsteigerungspotenzialen wird die Härtegradentwicklung konsolidiert für die abgeschlossenen Projekte dargestellt. Jede Veränderung wird in die Betrachtung mit einbezogen, so dass die einzelnen diskreten Zustände ein stetiges Gesamtbild der eingespielten Potenziale ergeben.

Neben der Härtegrad-Systematik bedient sich die SU noch einer weiteren Möglichkeit, den objektiven finanziellen Impact von Produktivitätssteigerungsprojekten transparent zu machen. Mittels einer Ergebnisüberleitung wird das erwirtschaftete Ergebnis eines Basisjahrs in verschiedenen Schritten auf ein Vergleichsjahr transformiert. Zum einen werden alle Produktivitätssteigerungen direkt ihren Hebeln zugeordnet. Des weiteren werden aber auch die Ergebnisminderungen wie Preisverfall, Kostenverteuerung in der Überleitung berücksichtigt. Als Resultat ergibt sich eine vollständige schlüssige Kette vom operativen Ergebnis des Basisjahrs bis hin zum Ergebnis des Vergleichsjahrs. Jeder finanzielle Impact lässt sich so einem auslösenden Impuls zuordnen. (Vgl. Abb. 2)

4.2   Qualitatives Controlling

Mit einem ausgewogenen Methodenportfolio und der notwendigen Konsequenz lässt sich quantitativer Impact gut messen und aufzeigen. Komplexer wird es bei qualitativem Impact. Das Wirkungsprinzip von Projekten auf die Unternehmenskultur erfolgt in Anlehnung an das 7-S-Modell (entwickelt u.a. von McKinsey). Laut diesem lässt sich eine unternehmenseigene

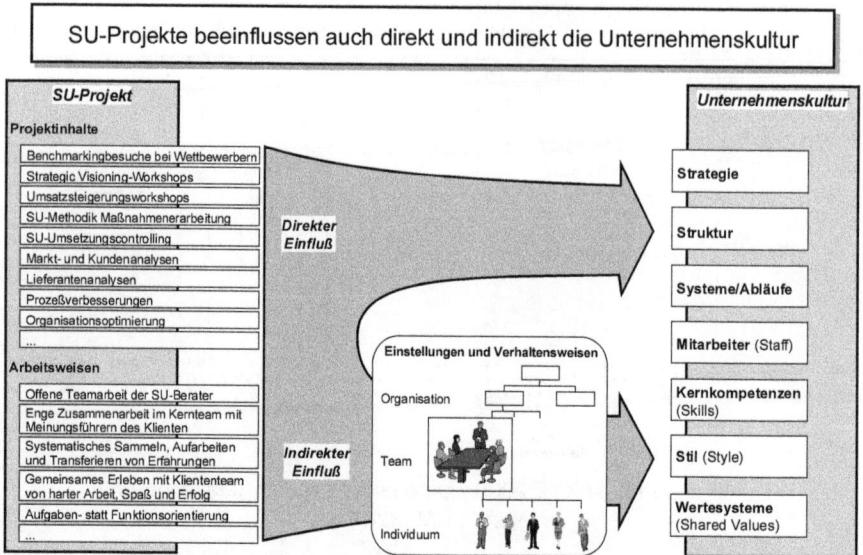

Abb. 3: Wirkungsprinzip von SU-Projekten.

Kultur mit sieben Variablen beschreiben: Strategie, Struktur, Systeme/Abläufe, Mitarbeiter (Staff), Kernkompetenzen (Skills), Stil und Wertesysteme (Shared Values). (Vgl. Abb. 3)

SU-Projekte beeinflussen die 7-S-Variablen durch die Inhalte in direkter und durch die Teamarbeit in indirekter Weise. Strategic Visioning-Workshops, Maßnahmenerarbeitung, Markt-/Kundenanalysen und Prozeßverbesserung sind nur einige Beispiele für Projektinhalte, die die Unternehmenskultur direkt verändern. Die offene Teamarbeit der Inhouse-Berater sowie die enge intensive Zusammenarbeit im Team beeinflussen Einstellungen und Verhaltensweisen der einzelnen Klientenmitglieder. Diese projizieren ihre neugewonnenen Erkenntnisse dann auf die gesamte Organisation. Indirekt kann sich ein Kulturwandel im Unternehmen vollziehen.

Das Projektteam bestimmt zu Beginn des Change Prozesses den aktuelle Stand aller 7-S-Variablen in der Klientenorganisation. Geeignete Messkriterien helfen bei der Bewertung. Nach einiger Zeit findet eine zweite, analoge Bestimmung der Unternehmenskultur statt, wobei sich dann Veränderungen und Projekt-Impact qualitativer Art aufzeigen lassen.

Bei der Projektakquisition sind die SU-Partner auf ein ausgewogenes Projektportfolio bedacht. Das Klientel erstreckt sich über fast den ganzen Siemens-Konzern. Sowohl regional- als auch bereichsbezogen ist in der relativ jungen Historie der SU eine anschauliche Abdeckung erreicht worden. Auch die Gesamtzusammensetzung der akquirierten Projekttypen muss stimmig sein. Die Tätigkeit der Berater darf sich nicht zu einer Art „Ersatzmanagement" entwickeln. Vielmehr muss der Schwerpunkt ergebnisverbessernder Impact sein. Eine kontinuierliche Übersicht über alle laufenden Projekte schafft den nötigen Überblick über die Projektlandschaft. Die Gesamtlast der Benchmarking- und Restrukturierungsprojekte zeigt, dass die SU an einer kontinuierlicher Verbesserung des Gesamtgeschäftes beteiligt ist (Vgl. Abb. 4).

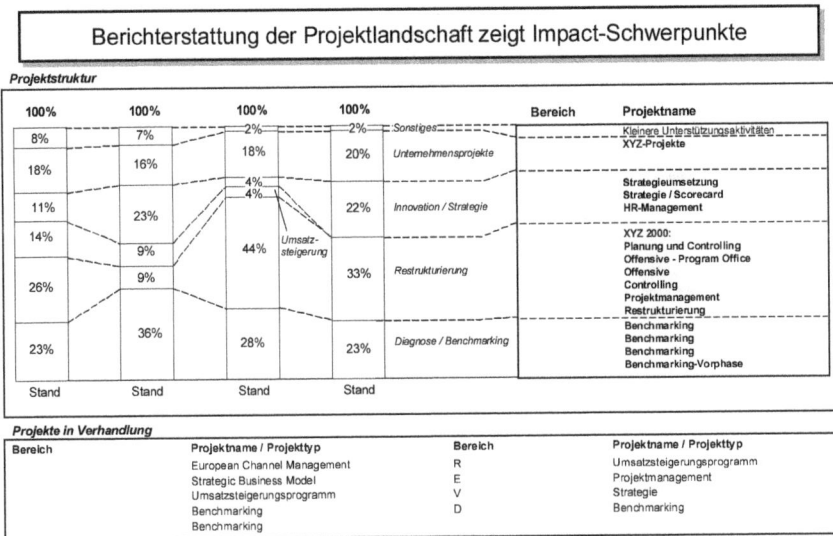

Berichterstattung der Projektlandschaft zeigt Impact-Schwerpunkte

Projektstruktur

100%	100%	100%	100%	Bereich	Projektname
8%	7%	2%	2%	Sonstiges	Kleinere Unterstützungsaktivitäten
					XYZ-Projekte
18%	16%	18%	20%	Unternehmensprojekte	
		4%			Strategieumsetzung
11%	23%	4%	22%	Innovation / Strategie	Strategie / Scorecard
					HR-Management
14%	9%	44%	Umsatz-steigerung		XYZ 2000:
					Planung und Controlling
					Offensive - Program Office
26%	9%		33%	Restrukturierung	Offensive
					Controlling
					Projektmanagement
					Restrukturierung
					Benchmarking
23%	36%	28%	23%	Diagnose / Benchmarking	Benchmarking
					Benchmarking
					Benchmarking-Vorphase
Stand	Stand	Stand	Stand		

Projekte in Verhandlung

Bereich	Projektname / Projekttyp	Bereich	Projektname / Projekttyp
	European Channel Management	R	Umsatzsteigerungsprogramm
	Strategic Business Model	E	Projektmanagement
	Umsatzsteigerungsprogramm	V	Strategie
	Benchmarking	D	Benchmarking
	Benchmarking		

Abb. 4: Projektstruktur und Projekte in Verhandlung.

5 Subjektives Impact Controlling durch Feedback-Abfrage

5.1 Projektspezifische Feedback

Am Ende jedes SU-Projektes werden die Mitglieder des Kliententeams sowie Personen aus dem direkten Projektumfeld nach ihrer persönlichen Meinung zum durchgeführten Projekt befragt. Anhand eines anonymen Fragebogens bewerten diese Personen individuell die Leistungen und Kompetenzen des SU-Projektteams. (Vgl. Abb. 5). Der Befragungsumfang erstreckt sich auf sechs Kategorien:

–   Projektziel: Zielerreichung, Verhältnis Aufwand/Nutzen,
–   Klienteneinbindung: Integration von Management/Klientenmitarbeiter, Kommuniktion,
–   Beraterkompetenz: Qualität/Know-how, Engagement,
–   Implementierung: Verwendbarkeit der Projektergebnisse, eingeleitete Veränderung, Nachhaltigkeit der Ergebnisse,
–   Sozialkompetenz: Freundlichkeit, Hartnäckigkeit, Glaubwürdigkeit,
–   Siemens Unternehmensberatung: Weitere Zusammenarbeit, Vergleich SU – andere Beratungen.

Die Ergebnisse der projektspezifischen Abfrage werden ausgewertet und der Geschäftseinheit zurückgespielt. Innerhalb des SU-Teams dienen sie als Grundlage für eine Projektreflektion. Für diesen wichtigen Bestandteil eines jeden Projektabschlusses werden sogar externe Moderatoren eingeschaltet. Sie unterstützen einen Prozess, in dem die wesentlichen Erkenntnisse sowohl für jeden einzelnen Berater als auch für die Beratungsleistung der SU eindeutig identifiziert werden und in zukünftigen Projekten als Weiterentwicklung einfließen können.

Die Siemens Unternehmensberatung ist permanent bemüht, Ihre Leistungen weiter zu verbessern. Um Ansatzpunkte für Optimierungen zu erkennen, brauchen wir Ihre Meinung. Bitte bewerten Sie daher folgende Punkte für das mit der Siemens Unternehmensberatung durchgeführte Projekt. Die Befragung erfolgt anonym. Das Ergebnis wird Ihrem Geschäft zurückgespielt.

Bitte beurteilen Sie folgende Kriterien für das mit der Siemens Unternehmensberatung durchgeführte Projekt!	Bewertung						Kommentar
	nicht beur- teilbar	mangelhaft/ schlecht/nieder/ trifft nicht zu --	-	0	besser/hoch/ trifft voll zu +	sehr gut/ ++	
Projektziele							
• Nutzen des Projektes für das Geschäft	☐	☐	☐	☐	☐	☐	
• Grad der Zielerreichung des Projektes	☐	☐	☐	☐	☐	☐	
• Erarbeitung von Zielvorgaben für das Geschäft	☐	☐	☐	☐	☐	☐	
• Erarbeitung von für spez. Prozesse/Funktionen	☐	☐	☐	☐	☐	☐	
• Verhältnis von Aufwand zu Nutzen in dem Projekt	☐	☐	☐	☐	☐	☐	
• Werden Sie persönlich die erarbeiteten Ziele unterstützen?	☐	☐	☐	☐	☐	☐	
Klienteneinbindung							
• Einbindung des Managements in das Projekt	☐	☐	☐	☐	☐	☐	
• Einbindung der Kernteammitglieder in das Projekt	☐	☐	☐	☐	☐	☐	
• Kommunikationskultur	☐	☐	☐	☐	☐	☐	
• Identifikation der Berater mit dem Geschäft	☐	☐	☐	☐	☐	☐	
Beraterkompetenz							
• Klarheit des Vorgehens	☐	☐	☐	☐	☐	☐	
• Qualität/Know-how der Berater	☐	☐	☐	☐	☐	☐	
• Engagement der Berater	☐	☐	☐	☐	☐	☐	
• Wert des hinterlassenen Know-hows	☐	☐	☐	☐	☐	☐	
• Verhältnis von Konzept zu Pragmatik	☐	☐	☐	☐	☐	☐	
Implementierung							
• Verwendbarkeit der Projektergebnisse	☐	☐	☐	☐	☐	☐	
• Veränderung, die durch das Projekt bewirkt wurde	☐	☐	☐	☐	☐	☐	
• Nachhaltigkeit der Projektergebnisse	☐	☐	☐	☐	☐	☐	
• Wird die Umsetzung der Projektergebnisse erfolgen?	☐	☐	☐	☐	☐	☐	
• Werden Sie persönlich die Umsetzung unterstützen?	☐	☐	☐	☐	☐	☐	
Sozialkompetenz							
• Freundlichkeit der Berater	☐	☐	☐	☐	☐	☐	
• Hartnäckigkeit der Berater	☐	☐	☐	☐	☐	☐	
• Glaubwürdigkeit der Berater	☐	☐	☐	☐	☐	☐	
Siemens Unternehmensberatung							
• Planen Sie eine weitere Einbindung der SU?	☐	☐	☐	☐	☐	☐	
• Würden Sie die SU als Berater wieder wählen?	☐	☐	☐	☐	☐	☐	
• Wie schätzen Sie die SU im Vergleich zu anderen Beratern ein?	☐	☐	☐	☐	☐	☐	

Bitte zurück bis _____ **An Herrn / Frau** _____ **Tel.:** _____ **Fax:** _____

Abb. 5: Projektfragebogen.

Auch während der Laufzeit des Projekts legt die Siemens Unternehmensberatung großen Wert auf eine offene Kommunikation. Nicht selten kommt es vor, dass die einzelnen Berater von den Teammitgliedern des Klienten Feedback einfordern. Jede noch so unscheinbar wirkende Anmerkung wird mit offenem Ohr verfolgt. Gezielt kann so auf potentielle Schwierigkeiten, die den Projekterfolg gefährden könnten, bereits im Vorfeld pro-aktiv eingegangen werden.

5.2 Gesamtberatungsbezogenes Feedback

Ein weiteres Instrumentarium des Impact-Controllings ist die konzernweite Zufriedenheitsabfrage mit Beraterleistungen. Jedes einzelne Geschäftsgebiet der Siemens AG wird zu seinen Erfahrungen mit Management-Beratungen befragt. Dabei geht es zum einen um Feedback zu SU-Projekten, zum anderen auch um den Vergleich der Leistungen von verschiedenen Beratungen. Mit Noten von eins bis fünf bewerten die Geschäftsgebiete die Zusammenarbeit, Arbeitsqualität, Umsetzbarkeit der Ergebnisse und Qualität der Projektplanung der Beratungen. Des weiteren gibt es eine direkte Abfrage zum Projekt-Impact: Mit Fragen wie „Angemessene Aufwand/Nutzen-Relation?" und „Nachhaltige Verbesserung des Wissens im Geschäftsgebiet?" können die Klienten ihre Meinung kund tun.

Bei der 1998 durchgeführten Befragung der Geschäftsleitungen eines der größten Bereiche der Siemens AG war das Feedback zur Beratungsleistung der Siemens Unternehmensberatung sehr positiv. Diejenigen Geschäftsgebiete, die sowohl über Erfahrungen mit externen Beratungen als auch mit SU verfügten, schätzten die SU-Leistung höher ein als die Leistungen der externen Berater. Diese Umfrageergebnisse verifizieren den Impactanspruch, den die

SU an sich stellt. Sie sind ein Beleg dafür, dass die SU mit ihrem Beratungsansatz einschließlich der Controlling-Instrumentarien den richtigen Weg eingeschlagen hat.

Impact definieren, Impact auslösen und Impact umsetzen, so kann der Leistungsbeitrag der internen Beratung für den Konzern abstrakt beschrieben werden. Mit Benchmarking lässt sich die Position der Geschäftseinheiten feststellen. Die Beratungsfelder Strategie und Innovation verhelfen die Veränderung anzustoßen, und in Restrukturierungs- und Umsatzsteigerungsprojekten werden Geschäftsverbesserungen begleitet. So gestaltet die SU mit jedem Projekt die Zukunft der Siemens AG mit. Und dass dies auch honoriert wird, zeigt die exzellente Reputation bei den Klienten und das sehr gute Standing im gesamten Konzern.

Corporate Universities als Plattform für strategische Unternehmensentwicklung und internes Consulting*

Prof. Dr. Rolf-Dieter Reineke, Leiter des MBA-Studiengangs Internationale Unternehmensberatung, Hochschule für Wirtschaft Ludwigshafen

Inhaltsübersicht

Daimler Benz hat eine, die Lufthansa hat eine, bei der Deutschen Bank und Bertelsmann ist die Gründung eine beschlossene Sache – keine Frage, Corporate Universities sind „in". Im folgenden Beitrag wird der Frage nachgegangen, ob und unter welchen Bedingungen Corporate Universities in Kombination mit internem Consulting einen Wertbeitrag für die strategische Unternehmensentwicklung bringen können.

1 Stellenwert und Historie von Corporate Universities

Nachdem Jack Welch die inzwischen legendäre Corporate University (CU) in Crotonville als Dreh- und Angelpunkt für nachhaltige Veränderungen bei General Electric (GE) ausgebaut hatte, wurde das Konzept schnell populär. Aus der praktischen Arbeit heraus wurden richtungsweise Management- und Beratungskonzepte wie das Management by Objectives oder die SWOT-Anlayse maßgeblich mitentwickelt (vgl. (1)). Die Gründungswelle solcher Einrichtungen erfaßte zunächst den angloamerikanischen Sprachraum, wo inzwischen über 1000 solcher Einrichtungen existieren. Gegenwärtig erfaßt diese Welle unübersehbar auch die deutschen Unternehmen.

---

* Der Verfasser dankt Herrn Andreas J. Harbig, Bereichsleiter Strategisches Human Resources Management der VEBA AG, für anregende Diskussionsbeiträge.

Zu diesem massiven Interesse an unternehmenseigenen Universitäten tragen mehrere Entwicklungen bei:

- Die zunehmende Umweltdynamik, die eine schnelle Reaktion auf neue Entwicklungen erfordert, begünstigt das Entstehen interner Beratungseinheiten, die sich (im Gegensatz zu externen Beratern) nicht erst in die spezifischen Gegebenheiten eines Unternehmens einarbeiten müssen. Zusätzlich entfällt das „not invented here – Syndrom", das die Realisierungsquote von extern entwickelten Konzepten deutlich senkt. Corporate Universities können die Basis für internes Consulting sein, auch für die effektive Zusammenarbeit mit externen Beratern.
- Die klassische Personal- und Weiterbildungsarbeit steht auf dem Prüfstand. Es hat sich gezeigt, daß die Lücke zwischen Theorie und Praxis bei Off the job – Trainings kaum zu schließen ist. Diese sogenannte Transferlücke ist bei einem On the job – Training, das zunehmend mit der konkreten Mitarbeit an internen Veränderungsprojekten verknüpft ist, weit geringer ausgeprägt.
- Die Angebote externer Institutionen sind nicht spezifisch genug: Trainings- und Beratungskonzepte müssen auf das Unternehmen zugeschnitten sein und werden „just in time" nachgefragt.
- Die „Employability" der Mitarbeiter auch bei anderen Arbeitgebern wird zu einem wichtigen Imagefaktor beim Wettbewerb um die besten Nachwuchskräfte. Renommierte Corporate Universities leisten dazu einen wichtigen Beitrag.
- Die negativen Aspekte der ausgeprägten Dezentralisierung von Organisations- und Führungsstrukturen werden deutlich. Auf der Suche nach verbindenden Elementen sind Corporate Universities ein Lösungsansatz.

Nun sind längst nicht alle Einrichtungen, die diesen Namen tragen, Corporate Universities im eigentlichen Sinne. Die meisten sind kaum von gewöhnlichen Aus- und Fortbildungsabteilungen zu unterscheiden und deshalb als organisatorische Heimat von internen Consultingeinheiten denkbar ungeeignet. Damit stellt sich die Frage nach den Ausprägungsformen von Corporate Universities und den Bedingungen, die gegeben sein müssen, damit diese als strategische Know-how- und Innovationsplattformen oder auch als interne Beratungseinheiten erfolgreich operieren können.

2   Typen und Elemente von Corporate Universities

Im wesentlichen lassen sich drei Typen von unternehmensinternen Dienstleistungszentren unterscheiden (vgl. auch (2)), die den Namen einer Corporate University tragen (siehe Abbildung 1). Viele dieser Einrichtungen beschränken sich auf die Verbesserung der individuellen Mitarbeiterqualifikation. Wenn überhaupt ein Unterschied zur klassischen Weiterbildungsabteilung zu erkennen ist, dann dadurch, daß eine solche Einheit organisatorisch aus der Personalabteilung herausgelöst ist und ein intensivierter Austausch mit externen Weiterbildungsinstituten erfolgt. Eine interne Beratungsfunktion wird dabei nicht wahrgenommen.

Nach einem weitergehenden Konzept ist die Corporate University ein zentraler Lern- und Begegnungsraum des Unternehmens und damit eine nationale und internationale Plattform organisatorischen, kulturellen und strategischen Wandels. Hierbei werden interne und externe Berater eingesetzt, um aus dem eigenen Unternehmen heraus operative, vor allem aber strate-

Abb. 1: Basistypen von Corporate Universities.

gische Veränderungsinitiativen zu gestalten und umzusetzen. Unternehmens- und Personalentwicklung werden dabei sinnvoll verknüpft („Learning by Earning"). Der Fokus ist jedoch noch primär nach innen gerichtet.

Das weitestgehende Konzept versteht die Corporate University als Kerninstrument der Unternehmensführung zur wechselseitigen Nutzung internen und externen Know hows mit dem Ziel, strategische Wertbeiträge zu leisten. Dies geschieht in Form eines intensiven Partnerings mit allen Stakeholdern, um letztendlich die Spielregeln einer Industrie neu zu definieren. Für GE beispielsweise hat das gemeinsame Nachdenken über Zukunftsthemen in einem Fall nicht nur zu einem Großauftrag zur Lieferung von Turbinen geführt, sondern auch zu einer maßgeblichen Rolle bei der Gestaltung eines umfangreichen organisatorischen Veränderungsprozesses bei diesem Kunden. Solche Synergieeffekte lassen sich nur dann realisieren, wenn der Fokus der Corporate University nicht nur nach innen gerichtet ist, sondern auch stark nach außen orientiert ist.

Eine gute Corporate University ist – bildlich gesprochen – kein „Palast", sondern ein „Zelt" auf einem globalen Campingplatz, auf dem im Rahmen eines sich dauernd verändernden Beziehungsgefüges von Wissensaustausch, Lernen und Dienstleistungen ein Mehrwert für alle Beteiligten entsteht (siehe Abbildung 2). Der Netzwerkgedanke ist das vorherrschende Prinzip: wenig bzw. keine festen Allianzen, statt dessen werden zeitnah und projektspezifisch die jeweils besten externen Inputs eingebracht. Partner sind alle Individuen oder Gruppen, die auf Basis der Win-Win-Philosophie etwas zur Weiterentwicklung des Unternehmens beitragen können. Im Rahmen der Weiterbildungsfunktion einer CU dienen Kooperationen mit anderen Unternehmen u.a. dem Kapazitätsausgleich, sind aber auch ein bewußtes Element von Seminarprogrammen, um einen Ideenaustausch zu ermöglichen.

Die Aufgaben, die dabei wahrgenommen werden können, sind potentiell vielfältig, hängen aber stark vom unternehmensinternen Stellenwert, der Philosophie der Einheit und den verfügbaren Ressourcen ab. Ein Praxisbeispiel eines sehr weitreichenden CU-Konzepts verdeutlicht die Möglichkeiten (siehe Box 1).

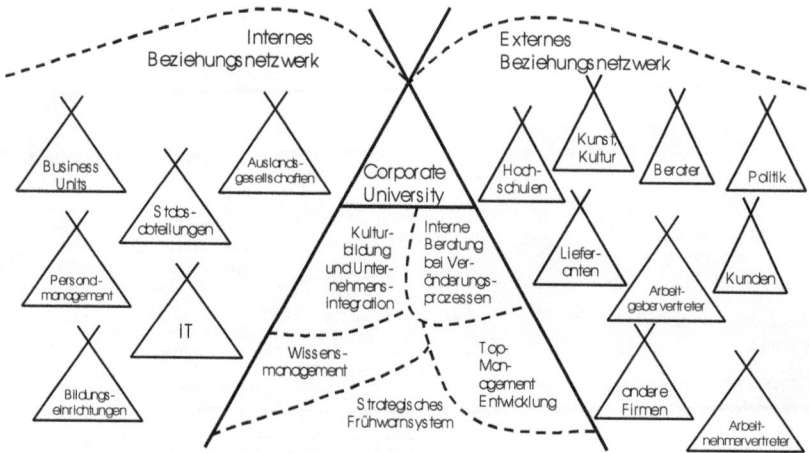

Abb. 2: Corporate University als Zeltorganisation.

Box 1

Praxisbeispiel

Aufgabenprofil der Corporate University eines diversifizierten Konzerns:

– Konzeption und Durchführung konzernübergreifender strategischer Veränderungsinitiativen, Identifikation und Umgang mit Lernbarrieren, Übernahme der Rolle eines
   „Cultural Mediators" und Gewährleistung der Kontinuität bei unternehmensweiten Initiativen (z.B. bei Themen wie Mergers & Acquisitions, Post Merger Integration, Informationstechnologien, Innovation)
– Konzeptionelle Gestaltung und deren Umsetzung von unternehmensübergreifenden Vorhaben zu Corporate Identity, Corporate Design, Corporate Communication und Unter-
   nehmensethik
– Interne Consultingdienstleistungen
– Unternehmensübergreifende Aus- und Weiterbildung, insbesondere bei der Entwicklung
   des Top-Managements
– Just-in-time – Trainings zur Unterstützung interner Projekte, damit verknüpft ist der star-
   ke Einsatz von Videoconferencing und Distance Learning Systemen auf Multimedia-Basis
– Coaching von Individuen und Gruppen (Bedarfserhebung und Vermittlung)
– Unternehmensinterner Think Tank zur Entwicklung eines spezifischen „Intellectual Ca-
   pitals", Aufnahme und Verarbeitung schwacher Signale im Sinne eines Frühwarnsystem
– Zentrale Anlaufstelle für Recherchen und Studien, Anlaufstelle für Wissensvermittlung
   („Knowledge Navigator")
– Entwicklung intelligenter Wissensmanagement-Systeme, Schaffung einer Wissensbasis
   für Veränderungsprojekte und einer „Organizational Memory"
– Lern- und Wissenscontrolling (bezogen auf Veränderungswissen)
– Zentrum interkulturellen Lernens
– Event-Planung und -Durchführung
– Bereitstellung von Plattformen für den Dialog mit Stakeholdern und den relevanten ge-
   sellschaftlichen Gruppen
– Zentrale, nach innen und außen offene Begegnungsstätte des Unternehmens, die zu ei-
   nem Attraktor für die relevanten Branchen wird.

3 Erfolgsfaktoren und Risikoquellen bei der Errichtung von Corporate Universities

Ein unbedingtes, auch emotionales Commitment der obersten Führungsebene ist Gründungs-voraussetzung, auf die keinesfalls verzichtet werden kann. Wenn dieses Engagement nicht sichtbar vorgelebt wird, ist ein weitreichendes CU-Konzept nicht umzusetzen.

Zwei Wahrnehmungen bei den operativen Unternehmenseinheiten hinsichtlich der Rolle einer Corporate University sind für deren Akzeptanz fatal: zum einen ist dies der Eindruck, daß die CU ein Spielzeug der Unternehmensleitung ist, die damit ihren „schöngeistigen" Neigungen nachgeht. Das andere zu vermeidende Extrem ist Wahrnehmung der CU als Macht- und Beeinflussungsinstrument der Unternehmenszentrale. Sobald die internen Consultants als "Spione" der Unternehmensleitung erlebt werden, ist ein eigenständiger Wertbeitrag dieser Einheit nicht mehr zu erwarten. Verstärkt wird diese Positionierungsproblematik, wenn ein Unternehmen aus mehreren eigenständigen und sehr selbstbewußten Unternehmen bzw. Business Units zusammengesetzt ist. Diese Einheiten pflegen häufig ein eigenes Profil und eine Kultur, die eher auf Abgrenzung denn auf die Realisierung von Synergiepotentialen ausge-richtet sind.

Um zu erreichen, daß der „Prophet im eigenen Lande" etwas gilt, bedarf die CU einer weitgehenden Unabhängigkeit. Dies betrifft einerseits die organisatorische Unabhängigkeit, auf die an anderer Stelle noch eingegangen wird, zum anderen ist damit das Problem der Finanzierung angesprochen. Sofern die Corporate University als Plattform des strategischen Wandels verstanden wird, ist eine Gewinnorientierung nach dem Profit Center Konzept we-nig sinnvoll. Damit würde einer kurzfristig orientierten Gewinnorientierung Vorschub gelei-stet, die den Fokus auf gängige, gut zu vermarktende Dienstleistungen richten würde. Das Cost Center Prinzip wird in vielen Fällen dem strategischen Charakter der Aufgabenstellung angemessener sein. Damit verbunden ist freilich die Definition von Deckungsbeiträgen der CU, die durch interne, ggf. auch externe Beratungs- und Trainingsdienstleistungen erbracht wird. Die Investitionskosten werden in der Regel aus zentralen Budgets finanziert. Unterneh-men, in denen CU einen hohen Stellenwert haben (wie Motorola oder General Electric), inve-stieren dafür jährlich mehr als 500 Millionen Dollar, der durchschnittliche Aufwand bei ande-ren Unternehmen mit CUs ist jedoch erheblich geringer.

Bei international tätigen Unternehmen stellt sich ferner die Frage nach der Einbeziehung der Auslandstochtergesellschaften. Erste Ergebnisse einer eigenen Studie zum internationa-len Change Management zeigen, daß Veränderungsinitiativen auch bei Unternehmen mit ei-nem hohem Internationalisierungsgrad die Grenzen des Stammlandes oft nicht überschreiten. Konzepte, die in der Zentrale heftig diskutiert werden, werden im Ausland nicht zur Kenntnis genommen, geschweige denn in angepaßter Form adaptiert. Auch zur internationalen Ent-wicklung und Realisierung von Veränderungsinitiativen kann eine Corporate University ei-nen Beitrag leisten, sie kann sogar zum Katalysator der Internationalisierungsstrategie wer-den. Ausgangspunkt entsprechender Aktivitäten ist der Sitz der CU, der sich in aller Regel im Stammland befindet. Lose Formen der Koordination über lokale Ansprechpartner, virtuelle Organisationsformen mit internationalen Projektteams und schließlich der sukzessive Aus-bau eigener CU-Ableger im Ausland sind mögliche Formen. Auch GEs Crotonville hat inzwi-schen etliche Dependenzen, seit kurzem auch in Deutschland. Die Motorola University hat 14 regionale Campus-Orte (6 in Amerika, 4 in Europa und 4 in Asien). Die Zuständigkeit umfaßt dabei stets mehrere Länder bzw. eine ganze Region.

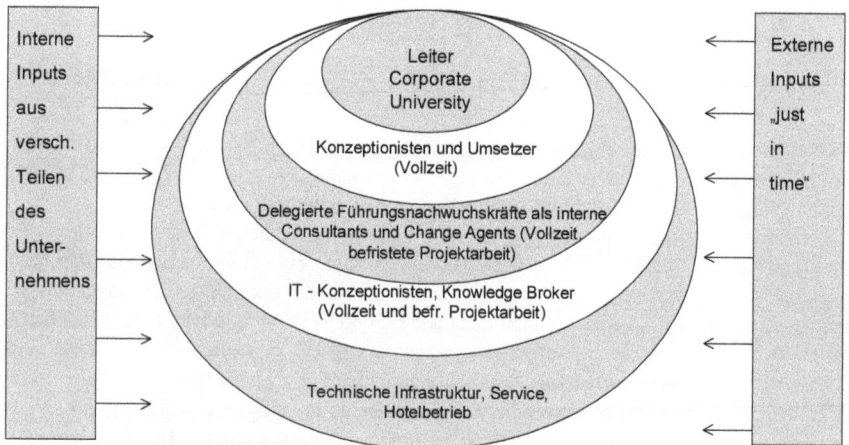

Abb. 3: Das Mitarbeiterteam einer Corporate University.

4 Organisatorische Einbindung und Personalpolitik

Die Strukturierung der Corporate University nach Prioritäten, die von der Philosophie der „Plattform des strategischen Wandels" bestimmt ist, bedingt eine hohe organisatorische Einbindung. Rechtlich ist die CU meist eine eigene Einheit.

Eine direkte Anbindung des Leiters von Corporate University an den Geschäftsführer oder Vorstandsvorsitzenden, zumindest aber an ein Mitglied des obersten Führungskreises, trägt der Bedeutung der Institution Rechnung. Es gibt auch Überlegungen, den CU-Leiter selber in den obersten Führungskreis berufen zu lassen.

Ein Advisory Board, bestehend aus hochkarätigen Linienmanagern, kreativen Köpfen und „Querdenkern" (jeweils sowohl interne als auch externe) gewährleistet die konzeptionelle Weiterentwicklung und hilft beim unternehmensinternen Lobbying.

Die Einwirkung auf die operativen Unternehmenseinheiten geschieht durch eine geeignete Mischung von nachfrageorientierten und angebotsorientierten Elementen. Letzteres z.B. bei von der Führungsspitze angestoßenen strategischen Initiativen.

Corporate Universities werden meist von einem kleinen Kernteam betrieben, deren Mitarbeiter einen unterschiedlichen Bindungsgrad an die CU haben (siehe Abbildung 3).

Der CU-Leiter wird von wenigen Mitarbeitern unterstützt, die als Fachkonzeptionisten in den Feldern Beratung, Training und Wissensmanagement Vollzeit zur Verfügung stehen. Delegierte Führungsnachwuchskräfte arbeiten als interne Berater und Change Agents idealerweise ebenfalls auf Vollzeitbasis für einen bestimmten Zeitraum oder im Rahmen eines bestimmten Projekts. Um dafür die entsprechenden Anreize zu schaffen, muß die CU-Mitarbeit als Auszeichnung verstanden werden und ein zentrales Element der Nachwuchsförderung bzw. der Führungskräfteentwicklung im Unternehmen sein. Die Gruppe der IT-Konzeptionisten und Knowledge-Broker besteht häufig aus einer Mischung von Vollzeit- und Teilzeitkräften.

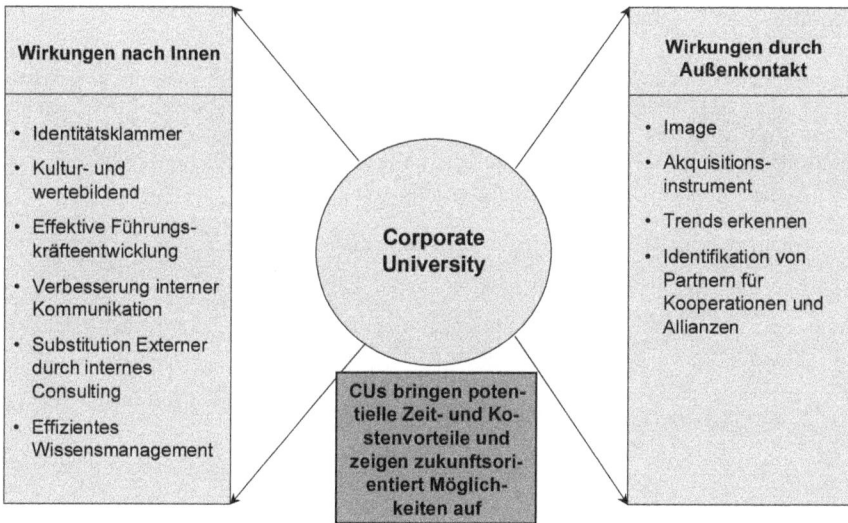

Abb. 4: Potentielle Nutzenkategorien von Corporate Universities.

Da eine CU sicherlich kein „Zelt" im physischen Sinne ist und oft in einer ansprechenden Umgebung abseits der Firmenzentrale und mit einem Hotelbetrieb errichtet wird, wird weiteres Personal für Service und technische Infrastruktur benötigt.

Generell werden die eigenen festangestellten Personalressourcen auf ein Minimum beschränkt. Dies gilt auch für interne Berater- und Trainerkapazitäten, die vor allem für firmenspezifischen Themen vorgehalten werden. Mit externen Dienstleistern wird intensiv in den Bereichen Training, Veranstaltungen und Consulting zusammengearbeitet. Standardserviceleistungen (z.B. im Hotelbereich) werden fast immer extern vergeben.

5   Fazit

Der gegenwärtig zu beobachtende Gründungsboom von Corporate Universities hat sicher auch ein modisches Element, trägt im Kern aber einem modernen Verständnis der Unternehmensentwicklung Rechnung, einschließlich der Rolle und des Stellenwertes interner Beratung. Eine Corporate University ist eine Investition in die Zukunft, die potentiellen Hauptnutzenkategorien sind in Abbildung 4 noch einmal zusammengefaßt.

Ein weitreichendes CU-Konzept im Sinne einer Plattform für die strategische Weiterentwicklung des Unternehmens hat nur dann eine nachhaltige Realisierungschance, wenn ein ausgeprägtes Commitment der obersten Führungskräfte vorhanden ist. Bei international tätigen Unternehmen gilt dies auch für die Leiter der Auslandsgesellschaften.

Das Konzept der Corporate University ist freilich nicht nur für Großunternehmen geeignet. Gerade die auf Kooperationen und Allianzen abgestellte Philosophie eröffnet auch dem Mittelstand Möglichkeiten, entsprechend angepaßte CU-Konzepte zu entwickeln.

Literatur

(1)   Noel M. Tichy, Stratford Sherman: Control your Destiny or Someone Else Will – How Jack Welch is Making General Electric the World's Most Competitive Corporation, New York u.a. 1993.

(2)   Roland Deiser: Corporate Universities – Modeerscheinung oder strategischer Erfolgsfaktor?, in: Organisationsentwicklung Nr. 1/98, S. 36-49.

Die Autoren

Matthias von Alten, BMW AG

Arwid Baur, Deutsche Telekom AG, Managementberatung

Thomas Beemelmann, Managing Director, Inhouse Consulting Deutsche Bank AG

Thade Bredtmann, Berater ABB Management Consulting GmbH

Steven A. Clark, President, Association of Internal Management Consultants (AIMC)

Johannes Heuck, BASF AG, Leiter Zentrales Controlling

Hartmut Hoyer, Deutsche Telekom AG, Corporate Risk and Insurance Management

Dr. **Klaus Juncker**, Geschäftsführer Deutsche Bank Management Support GmbH

Dr. **Horst H. Kayser**, Leiter Siemens Unternehmensberatung, Siemens AG

Prof. Dr. **Christel Niedereichholz,** Leiterin des Arbeitskreises Internes Consulting (AIC);
- Gründerin und Professorin des MBA-Studiengangs Internationale Unternehmensberatung, Hochschule für Wirtschaft Ludwigshafen
- Wissenschaftliche Leiterin der Heidelberger Akademie für Unternehmensberatung (HAfU)
- Chefredakteurin des Fachmagazins „Unternehmensberater"
- Herausgeberin der „Edition Consulting" der Oldenbourg Verlages

Prof. Dr. **Rolf-Dieter Reineke**, Leiter des MBA-Studiengangs Internationale Unternehmensberatung, Hochschule für Wirtschaft Ludwigshafen

Ulrich Roth, Sal. Oppenheim jr. & Cie., Leiter Konzerncontrolling

Hermann Siegling, Deutsche VerkehrsBank

Rainer Springs, Geschäftsbereichsleiter ABB Management Consulting GmbH

Hendrik Weiler, Geschäftsführer ABB Management Consulting GmbH

Frank Wendiggensen, Prokurist MIT & OC Consulting

Dr. **Wolfgang Werner**, Degussa-Hüls AG, Integrationsoffice & Beratung

Jan D. Wiedei, Project Manager, Inhouse Consulting Deutsche Bank AG

Jan Wurps, VW Coaching GmbH, Leiter des Geschäftsfeldes Consulting

Sachwortregister